What Saint Paul Really Said

N.T. Wright

Was Paul of Tarsus the Real Founder of Christianity?

使徒パウロは何を語ったのか

N・T・ライト［著］

岩上敬人［訳］

いのちのことば社

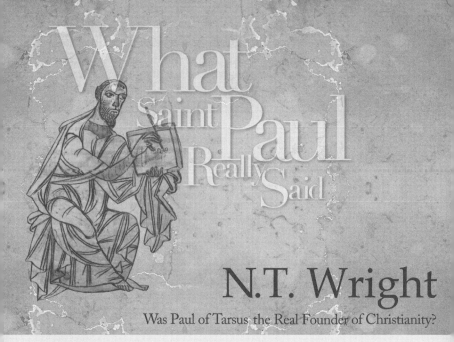

What St Paul Really Said

Original edition published in English under the title *What St Paul Really Said*
by Lion Hudson IP Ltd, Oxford, England.

まえがき

パウロは、彼の生きた一世紀と同じように現代の人々にも大きな波紋を投げかけています。当時の人々はパウロに向かって石を投げつけました。現代の私たちもパウロにさまざまな言葉を浴びせかける傾向にあります。ある人々にとっては、パウロはペストのような危険人物です。ある人々は、主イエスご自身の後に活躍したキリスト教の最も偉大な教師と考えます。彼についての広範囲にわたるさまざまな意見は、一般の人々の間だけでなく学術書の中にも見られます。

私はこれまで二十年以上にわたって、聖パウロとともに歩んできました。ローマ人への手紙についての博士論文を書き、コロサイ人への手紙やピレモンへの手紙の注解書、またキリストと律法に関するパウロの見解ということで研究書を執筆しました。そのほか、パウロ書簡の中の聖句やテーマについてもさまざまな論文を書いてきました。それでも私は、登頂する山のまだ中腹にいるように感じています。まだまだ探求すべき領域があり、一瞥すべき景色が広がっているのです。他の研究者の著作を読むと、私は（もちろんいつもではありませんが）しばしば、山頂に上って行くのではなく、むしろ霧の中を迷いながら山を下りているのではないかという感覚に陥ります。山頂をめざすためになすべきことがたくさんあるといつも思っています。

本書は、私の研究のいわば中間報告書のようなもので、その点で完成されたものではありません。『イエスと神の勝利（*Jesus and the Victory of God*）』（SPCK and Fortress, 1996）の中でイエスについて扱ったように、パウロについてまとまった大きな書物を著したいと思っていますが、まだ準備段階にあります。過去五年間で私はあちらこちらでパウロの思想について講義をしてきました。これを聞いた人たちは、この内容をもっと多くの人々に知らせてほしいと励ましてくれました。リッチフィールド大聖堂でのセルウィン・レクチャー、ケンタッキー州ルイヴィルにあるサザン・バプテスト・セミナリーのギーンス・レクチャー、エクセター大学でのプライドー・レクチャーをはじめ、ケンタッキー州アズベリー・セミナリー、サスカチュワン州レジャイナのカナディアン・セオロジカル・セミナリーでゲストスピーカーとしてお招きを受けたことに感謝を表したいと思います。迎えてくださった方々はとても良くしてくださり、聴衆の皆さんは非常に熱心に耳を傾け、とても鋭く的確な質問もしてくださいました。深く感謝しています。

これらの場所で行った講演を一冊の本にまとめるにあたり、パウロ神学の広範な部分を扱っていないことは気づいています。つまり、本書はまだ完成したパウロ研究ではないということです。「バランスがとれた」内容をめざしているとも言えないでしょう。ここで私が試みようとしているのは、パウロの福音宣教とその意味の重要な領域に焦点を当てることです。そして、それらの議論から「聖パウロは本当に何を語ったのか」を明らかにしようと思うのです。

基本的な事柄について、いくつかの注意点を記しておきたいと思います。パウロ書簡を記しているパウロと、使徒の働きに描かれているパウロとがどれくらい合致し、どれくらい合致していないのかについては、堂々巡りの論争がこれまで繰り返されてきました。私は本書でそのような議論をするつもりはありません。とはいえ、私がパウロ書簡の重要な論点からパウロ神学を分析するなかで、この議論に関しても何らかの意見を述べることになるだろうと思います。また研究者たちは、パウロの名前で書かれた手紙が実際にパウロの執筆したものかどうかについても、長い議論を続けています。本書で私が焦点を当てているのは、いわゆる「パウロの真正性が議論されていない」手紙、とりわけローマ人への手紙、コリント人への手紙第一と第二、ガラテヤ人への手紙、そしてピリピ人への手紙です。私自身はコロサイ人への手紙もパウロの著作だと考えていますし、エペソ人への手紙もパウロを真似た別人のものではなく、パウロ自身によって書かれたと信じています。いずれにしても、本書における私の議論では、これに左右されません。

それ以外では、本書で、私の同僚であるパウロ研究者たちの研究を基にすることも、これに反論することも試みていません。私の議論は私自身がこれまで出版してきた論文や書籍を土台にしています。参考文献に記している私の書籍や、その他の書籍は、専門的な研究に役立つでしょう。研究者の仲間は、本書が専門的な研究書ではないことに気がつくと思います。一般の読者の方々には、私がところどころ脇道に逸れたり、複雑な議論に入り込むことをお許しいただければと思います。

本書をほぼ書き上げたころ、英国のジャーナリストで小説家、伝記作家であるA・N・ウィルソンの新刊書が出版されました（編集段階で私のもとにコピーが送られてきました）。ウィルソンは、古くからあった議論を再び取り上げています。その議論とは、パウロがキリスト教の本当の創始者である。イエスのことを誤って伝え、歴史上のイエスとは無関係の「キリスト」という人物像を中心とする神学を創り出した、というものです。このような仮説はさまざまな姿で現れてくるものなので、私は本書において、ウィルソンに対して何らかの応答をすべきだと考えました。それで本書の第十章を書き足して、そうした議論について、とりわけウィルソンの問題を扱いました。もちろん、このような問題について詳しく扱っている書籍はほかにもたくさんあります。ですから、できるだけ同じ内容にならないように心がけました。

リッチフィールドのキース・ストン主教は、セルウィン・レクチャーに私を招いてくださいました。その講演の中で、本書の内容のいくつかのことが初めて公に紹介されたのです。ストン先生の支えと友情のゆえに、私はリッチフィールド大聖堂に移ってから、多忙な務めの中で、研究と執筆を継続することができました。先生のキリスト教宣教師としての働き、特に多くの苦難を喜びをもって担っていくその姿は、私たち多くの人々にとって、パウロ自身が生き、また記している現実を指し示す道標となり、模範となりました。先生に対して私と私の家族が抱いている感謝の気持ちとして、本書をキース・ストン先生に献呈します。

一九九七年　聖パウロの回心記念祭に　リッチフィールドにて

トム・ライト

目次

第一章　パウロを理解する試み

使徒の働きの中でパウロは、「私たちが神の国に入るには、多くの苦しみを経なければならない」〈訳注＝使徒一四・二二〉と、アジアの回心者に対して警告を与えました。本当にそうなのかと疑念を持つ人がいたなら、パウロは、自分の人生がそのことを十分に証明していると言ったに違いありません。パウロは脅迫され、攻撃され、誤解され、難船を経験し、批判され、あざけられ、ばかにされ、嘲笑され、石を投げられ、殴られ、暴言を受け、侮辱されました。それこそ彼が人生で経験したものだったのです。パウロにとって最悪とも言えるのは、後の教会によって自分の手紙が正典の中に入れられたために、後世の読者が「パウロは権力を持つようになった」と非難するようになったことです。（ところが教会は、パウロのことを正しく理解せず、その足跡に倣うことに失敗したことへの言い訳をするかのように、「聖パウロ」と呼んだのでした。）

私はときどき、もしもパウロが今世紀における自分の扱いを見たら何と言うのだろうかと考えます。「物事が変われば変わるほど、その本質は変わらないものだ。」これはあくまでも私の推測ですが、もし今日パウロが生きていたら、自分が語った多くの言葉の中に、このフランスの格言を加えたかもしれません。今世紀においてパウロがたどった道は、彼が生きていた時のものとはまったく異なっています。今日、キリスト教について考えようとすれば、パウロのことを無視する人はだれもいないでしょう。しかしながら、彼のことを無視することは可能ですし、実際に私たちは無視しているのです。私たちはパウロを正しく扱わず、かえって誤解し、自分のカテゴリーに無理やり押し込め、見当違いの問いかけをしては、なぜパウロがきちんと答えてくれないのかといぶかるのです。また恥も外聞もなく彼から題材を借りてきては、パウロ自身が認めないような別の配列に当てはめているのです。人々は自分たちこそがパウロに従う者であり、パウロこそ自分たちを導くスターだと公言しますが、パウロの思想の一つの側面だけを過大評価し、パウロが同じように関心を抱いていた他の側面を過小評価し、あるいは理不尽にも否定してしまっているのです。

　エペソでの暴動〔訳注＝使徒一九章〕のときと同じように、自分たちが何を言っているのか、よくわからない人々によって、多くの騒音が両陣営から出ているような状態ではないでしょうか。神やイエスに対して激しい怒りを持っていながら、どちらにも怒りをぶつけることができない人たちが、パウロのような人に怒りをぶつけ、それを抑えることもしません。また、神学的・宗教的体系をつかみ取ろうとしながら、それが本当に神の思いを表しているとの確信を持つことに躊躇を覚えている人たちが、法廷で自分のために証言をしてくれる友人のように、パウロが自分の側についてくれていると主張します。パウロは、こうした自分に対する敵意や好意に当惑しているのではないでしょうか。私は、パウロがもうこのようなことに慣れっこになっていると想像していますが。

私は、私自身もそのようにしてしまう罠から逃れられるかと不安になります。偉大な著作家の思想について考察することは、確かに危険なことであり、注意を要する作業です。そこで私たちにできる最善のことは、推測しながらアプローチすることなのです。それがうまくいっているかどうかを知るためには、次のように問わなければなりません。ある特定の方法でパウロを見ることで、これまで難解だと言われていた箇所が理解できるようになっているか。特殊な状況のもとで書かれた手紙に、別の所にも通じる一貫したものを新たに見いだすことができるか。いくらか細かいと思われるところを損なうことなく、パウロの全体像を描くことができるか。一見細かいと思われるところが非常に重要であるという認識を深めることができるか。二〇世紀におけるパウロの扱いを見ていくとき、私たちはこれらの問いに対して、「できていない」と答えざるを得ないでしょう。一つの領域での長所が、別の領域では短所になってしまうのです。私は本書で同じような過ちに陥らないようにと願っています。

パウロについて書くということは、これまでのパウロ研究の対話に加わることを意味します。多くの書物がパウロ研究の歴史の中で著されてきました。ここでは、重要な研究者数名について一瞥することしかできません。それでも、そうすることは必要です。これらの研究者は、パウロに対して問いを投げかけ、期待どおりの答えを引き出して、今日のパウロ研究の方向性を定めた人々だからです。

二〇世紀におけるパウロ

◆シュヴァイツァー

二〇世紀におけるパウロ研究[1]は、イエス研究でも同様ですが、アルベルト・シュヴァイツァーの金字塔的研究にさかのぼることができるでしょう。シュヴァイツァーによるパウロ神学の研究[2]は、長年にわたる医療宣教活動で遅れはしました。けれども、私たちがパウロ研究の現状を理解しようと思うなら、パウロとその解釈者についての彼の初期の著作は、今も一読に値します。それはある種、斜に構えた姿勢から書かれたものではありますが。[3] シュヴァイツァーは、二つの単純な問いを投げかけることで、相当数の研究者の著作を分類しています。その問いはパウロの研究分野の王道を占め続け、本書にとってもたいへん重要なものです。一つは、パウロはユダヤの思想家なのか、ギリシアの思想家なのかという問いです。もう一つは、パウロ神学の中心は何なのかという問いです。すなわち、パウロ神学の中心は「信仰義認」なのか、それとも「キリストの内にある」ことなのかということです（シュヴァイツァーは、このどちらを選ぶかがとても重要であると考えました）。これら二つの問いは絡みあっており、シュヴァイツァーは「キリストの内にある」ことがユダヤ的神学の本質であり、「信仰義認」はユダヤ教への強い批判であると確信していました。

シュヴァイツァー自身の答えは明確でした。彼は、パウロを理解するうえで異教的なヘレニズムの思想家に分類しようとする研究者を非難しました。シュヴァイツァーによると、たとえ異邦人のためのユダヤ人使徒として、その著作を通して、キリスト教がヘレニズム化する準備をしたとしても、パウロは徹頭徹尾ユダヤ的だったのです。同様に、信仰義認とそれにまつわる複雑な問題は、パウロ神学の中心ではなく、無割礼の異邦人が教会に受け入れられるという特殊な課題に用いられた攻撃用の議論であった、と主張しました（信仰義認の主題は結局のところ二つの手紙、そして第三書簡の一節で扱われていることである、と)。パウロ神学の中心はむしろ、シュヴァイツァーが「キリスト神秘主義(Christ-mysticism)」と呼ぶものでした。このときに、シュヴァイツァーはパウロの有名な「キリストの内にある」という教理に言及し、その教理を黙示的ユダヤ教の背景から理解しました。イスラエルの神は、メシアであるイエスを通して、劇的にかつ黙示的にお働きになったというのです。真の神の民とは、何らかの形でこのメシア・キリストに繋がった者たちである。彼らはキリストと一つになったというのです。

こうした分析とともにシュヴァイツァーは、パウロ書簡の鍵となる聖書箇所を読むうえで重要な多くの方向づけを行いました。最もよく知られていて影響力のあるものは、パウロの傑作として認められている「ローマ人への手紙」の読み方です。もしも「信仰義認」がパウロ神学の中心であると私たちが考えるなら、一~四章を手紙の中心として強調するでしょう。シュヴァイツァーのように「キリストの内にあること」がパウロ神学の中心であるとするなら、五~八章を強調するでしょう。(ローマ人への手紙やその他の書簡で展開されている特別な議論も、パウロの基本的な神学を反映しているということに、皆さんはもちろん異議を唱えないでしょう。けれども、好むと好まざるとにかかわらずローマ人への手紙はその役割を担わされてきたし、シュヴァイツァーは、まさにそうした考え方を持つ多くの研究者の一人なのです。)

シュヴァイツァーのパウロ研究に付随する三番目の問いは、実際的で最も重要な問いです。今日の私たちにとってパウロはどんな意味を持つのか、ということです。シュヴァイツァーにとって、積極的意味と消極的意味の二つがありました。まず積極的な意味から言えば、理屈をこねまわすような義認論ではなく、「キリストの内にある」ということが重要であるなら、私たちは、新しく異なる仕方で、キリストのいのちを自由に生きることができるということです。私が思うに、これこそが、ユニークで素晴らしい人生を送り、働きをなしたシュヴァイツァー自身を支えたものです。そして、消極的な意味は、私たちは、正統的教会が行っていることに過剰な注意を払う必要がなくなるということです。なぜなら、教会が組織神学者パウロに未だにしがみついていたからです。こうしてシュヴァイツァーは、二〇世紀の最初の半世紀を通して、彼自身の道筋を切り開きました。彼は派手で浅薄な研究者の多いなかで、孤高かつ学識の深い巨人として存在しているのです。

端的に言えば、シュヴァイツァーはパウロに関して常に問われる四つのことを私たちに示し、残してくれました。

1　紀元一世紀の宗教史の中で、パウロをどこに位置づけるのか。

2　パウロ神学について、その出発点と中心をどのように理解するのか。

3　パウロ書簡各書をどう読むのか。つまり、パウロ自身が手紙の中に書き込んだものをどのように聞き取るのか。（研究者用語で言うなら、これは「釈義（exegesis）」という作業になります。この言葉は「読み込み（eisegesis）」の反対語です。読み込みとは、パウロが意図しなかった新しい意味を吹き込んでしまうことです。）

4　今日の私たちの生活と働きに、どんなものがもたらされるのか。

つまり、歴史、神学、釈義、適用の四項目について、パウロのことを語る著作家はいろいろな形で取り組んでいるのです。なぜシュヴァイツァーが重要かという理由の一つは、この四つの問いにしっかりと取り組んだところにあります。彼の出した答えは、質的にはばらつきがありますが、後に続く研究に一つの基準を提供してくれました。

◆ブルトマン

二〇世紀における次の偉大な解説者は、ルドルフ・ブルトマンです。[4] 著書『新約聖書神学』の中で、ブルトマンはパウロを自身の神学構造全体の一つの支柱としています

（もう一つはヨハネ）。ブルトマンによれば、パウロは人間の問題点とその解決策についてきわめて大切な分析をしているのです。そしてパウロやルターの言葉を使って、人類の最大の敵（罪、律法、死）と偉大な解決策（恵み、信仰、義、いのち）について論じています。この分析の中で、ブルトマンは歴史研究と同じぐらい、現代哲学に重点を置きます。特に、有名なマルティン・ハイデガーが始めたドイツ実存主義をそこで展開しています。それで、ブルトマン神学と彼のパウロ像に関して残る疑問は、それがキリスト教的な実存主義なのか、実存主義的なキリスト教なのかということです。

先の四つの質問に対するブルトマンの答えは、おそらく次のようになるでしょう。パウロはヘレニズムの文脈に属している。結局のところ、異邦人の使徒だった彼は、初期のユダヤ教思想を捨てて、自分のメッセージを広いギリシア世界のカテゴリーや言葉で表現した。それで自分の同胞であるユダヤ人の世界に立ちはだかった。ユダヤ人たちは、律法を遵守することで、律法の終わりであるキリストにあって提供された本物の存在を否定した。ブルトマンにとって、パウロ神学の中心は、人間の問題と解決策をもたらす決断（信仰）の分析にありました。パウロは、世の終わりがまもなく来るというユダヤ教信仰を保持しましたが、ユダヤ人の持っていた歴史的希望を捨てて、時を超えたギリシア思想にそのメッセージを翻訳したというのです。

ブルトマンがローマ人への手紙を読んだとき、シュヴァイツァーのようでありながら、それでもまったく違う理由から、ローマ人への手紙五〜八章、特に七、八章がこの手紙の中心であると考えました。そこではブルトマンが「律法の下にある人間」と呼ぶ問題が生き生きと描かれています。実際、現代に対するパウロの痛烈なメッセージは、キリスト教世界を含めた世界が崩壊している中で、キリスト者は信仰を堅く守るようにということでした。バルトやその他の神学者と同じように、ナチスが台頭してきた時代にブルトマンが神学的成熟に達したことを私たちは忘れてはならないでしょう。

ブルトマンがもたらした神学的統合は素晴らしいものです。ただし、パウロ書簡のある箇所はブルトマンの理解とはまったく相容れないものでした。そういった箇所は、ブルトマンの考えによれば、パウロによるものではなく、「説明」（後代の著作家がパウロの文書に言葉や語句を付け加えたもの）あるいは、パウロの成熟した神学の中でパウロ自身あまり考えていなかったユダヤ教的背景の断片が現れたものであるということです（私は、パウロ以上にパウロの思想を考察できるという主張は怪しいと考えています。詳細はあとで記します）。

◆デイヴィス

ブルトマンは二〇世紀前半の新約聖書学の著名な研究者ですが、彼の研究によって「パウロをユダヤ的文脈で読む」というシュヴァイツァーの意見に、人々は耳を傾けなくなりました。そしてパウロは主要な思想、主題、神学をユダヤ教からではなく、ヘレニズムから得たという理解が、多くの優秀な研究者の著作の中に残るようになりました。これはユダヤ教そのものを誤読していたからですが、それについては、これから取り上げていきたいと思います。ところが第二次世界大戦直後、こうした潮流が大きく変わります。その先駆者は、生涯アメリカで研究を費やした若きウェールズ人です。W・D・デイヴィスは、当時の新約聖書学者がほとんど勉強していなかったラビ・ユダヤ教を研究しました。彼は、ラビとパウロとを比較して、ブルトマンたちがパウロのギリシア的背景として理解してきた特色を、ユダヤ教の中にもはっきりと見て取ったのです。デイヴィスはその主要な著作『パウロとラビ・ユダヤ教』の中で、パウロは基本的に、ナザレのイエスがユダヤ人のメシアであると信じたユダヤ人ラビである、と論じました。[5]

デイヴィスは、戦後の研究者たちが議論を深め、あるいは反論した一つの学説を設定します。シュヴァイツァーはパウロを、終末を待ち望む黙示的ユダヤ人であると考えましたが、デイヴィスはそのようにパウロを理解しませんでした。とはいえ、デイヴィスはパウロ研究をシュヴァイツァーの方向に戻します。つまり、パウロの思想がヘレニズムから出ているとする理解を拒否して、パウロを本来の土壌であるユダヤ教にしっかりと根づかせたのです。特に重要なのは、デイヴィスがシュヴァイツァーと同じように、神学的にも釈義的にもパウロのユダヤ教批判のある側面にこだわったことです。デイヴィスによれば、パウロは、ユダヤ教の中で長い間待ち望まれていた「来たるべき時代」がイエスとともに到来したと強調しているのです。そして来たるべき時代は、新しいトーラー（律法）、すなわち「キリストの律法」（ガラテヤ六・二）とともに、新しい神の民を生み出したというのです。

デイヴィスは、戦後のパウロ研究において、ユダヤ教に対する新たな考え方を提示しました。それまではほとんどのパウロ解説者にとって、ユダヤ教は間違った宗教の顕著な例でした。ユダヤ教は、人間の自己努力と律法主義、先入観とプライドを代表する宗教でした。パウロがヘレニズムから着想を得たという従来の考え方には、ユダヤ教思想が決定的に間違っているという理解があったのです。ユダヤ教思想を用いることは、いわば信仰の妥協を意味していました。しかし、デイヴィスの出現とともに、そのような考え方は大きく変わりました。これはカール・バルトによる研究、いわゆる「聖書神学」運動とも合致します。もちろんそこには、ユダヤ人大虐殺の原因となった反ユダヤ主義に対する戦後の反動もありました。ユダヤ教が突然、はやり始めたわけです。ユダヤ教思想は良いものとみなされ、ヘレニズム思想は「異教的」で、どちらかと言えば悪いものだと考えられるようになりました。歴史、神学、釈義、そして適用の先の問いは、デイヴィスによる研究の結果、新たなところが強調されるようになりました。多くの学者が、ラビ・ユダヤ教の資料（デイヴィスも認めているように、その多くはパウロよりも何世紀も後代のもの）からパウロ的な部分を引き出すデイヴィスの手法に従ったわけではありません。けれども少なくともデイヴィスは、パウロをユダヤ教の枠組みから追い出すことができないことを示したのです。

◆ケーゼマン

私たちが扱うべき四番目の学者はエルンスト・ケーゼマンです。彼は一九六〇〜七〇年代、テュービンゲン大学の教授でした。多くの著作の中で、最高傑作が『ローマ人への手紙』ですが、彼はパウロ神学の新しい統合を行いました。[6] ケーゼマンは、シュヴァイツァーとブルトマンの良い部分を保持しようとしました。彼はシュヴァイツァーの見解に同意して、パウロの背景に黙示的ユダヤ教があると考えました。その一方で、ブルトマンやルター派の人々の見解にも同意し、パウロ神学の中心には義認の神学があり、それは人間の律法主義と宗教的傲慢の中心を批判するものであると考えました。このようにして、ケーゼマンはブルトマン以上にパウロの著作を詳細に、かつ正しく扱いました。ブルトマンの分析によって床にばらまかれた多くのパウロの断片を拾い集め、あるべき場所へ縫い合わせ、修復しました。特に、パウロが罪の力と反逆的な世界に対する真の神の勝利に関心を寄せていた、とケーゼマンは主張しました。神はキリストにあって、悪との戦いに勝利を収め、今、福音の宣教を通してその勝利を成就しようとしておられる。人間の傲慢（とりわけ宗教的傲慢）は、へりくだった神の勝利を受け入れるよりむしろ、自力で勝利を収めようと試みた。不敬虔な者を義と認めるということ（ローマ四・五）が、その事実を明確に示すのです。

　ケーゼマンの議論の中に、私たちのパウロ理解にとって非常に重要なテーマの糸口があります。つまり、ユダヤ的文脈から、またその中においてパウロはユダヤ教批判を始めたということです。それまで新約聖書学の中では、ユダヤ教の思想家は、ユダヤ教をほとんど批判しない、あるいはまったくしない、と考えられてきました。あるいは、その逆に、仮にユダヤ教を批判するなら、その材料をユダヤ教以外のところから持ってこなければならない、と考えられてきました。ところがケーゼマンは次のような認識を持ちました。それは、「身内批判」はユダヤ教の歴史における中心的な特色だったということです。これは当然のことで、バプテスマのヨハネやイエスに言及するまでもなく、旧約の預言者を見れば明らかなことでした。ケーゼマンによると、黙示的思想を持ったパウロは、十字架のイエスは真に主であり、ユダヤ人のプライドと反抗心をはじめ（このことは特にモーセの律法への態度に見ることができる）、すべての人間のプライドと反抗心の責任を取るよう召された方である、と世界中に言い広めたのです。ケーゼマンにとって、このパウロ理解の適用のある部分は、彼の先達以上に、政治的神学に土台を置いています。ケーゼマン自身、第三帝国におけるドイツ告白教会の一員で、反ナチス活動のために投獄されました。ドイツの小ブルジョア宗教はヒトラーに従順で、宗教用語を使って、ヒトラーの地位を支持していました。それを目にしたケーゼマンはその行動に反発を覚えました。ケーゼマンは、誠実かつ詳細なパウロ釈義に基づいて社会的政治的な抵抗を試みたのです。

もしも私が無人島にパウロ研究の著作を持っていくなら、おそらくケーゼマンのものをと思います。その力量、意欲、釈義に対する真摯な姿勢、完璧さ、真理と自由に対する情熱、どれをとっても読む価値があります。ケーゼマンによって、私は何度もパウロに対する見方を刷新することができるのです。ケーゼマンに同意できない点は確かにありますが、それによって、彼に対する尊敬や感謝が薄れることはありません。近年のパウロ研究で、どの学者よりもケーゼマンから大きな影響を受けた研究者が、エド・P・サンダースです。彼はオックスフォードでの私のかつての同僚であり、現在ノースカロライナ州ダラムのデューク大学の教授です。[7]

◆サンダース

サンダースがパウロ研究にもたらした功績について、世界中のパウロ研究者がこれを「サンダース革命」と呼んでいます。その学説に敵意を持つ人々でも、サンダースがこの研究分野に大きな転換をもたらしたことは否定できないでしょう。サンダースより前、サンダースの見解以前の多くの著作は、時代遅れで、退屈で、パウロのあるべき姿を描いていない、と感じるほどです。私自身はサンダースに同意できない点がいくつかありますが、ある点には同意し、それを深めたいと思っています。また二〇世紀前半の五十年の巨塔がシュヴァイツァーとブルトマンであるとするなら、二〇世紀最後の二十五年の巨塔はサンダースであると言っても決して過言ではありません。

サンダースによるパウロ研究の主要な著作は『パウロとパレスチナ・ユダヤ教』です。デイヴィスの響きがするのは、そのことが意識されているからです。サンダースはデイヴィスの門下であり、サンダース自身、新しい手法ではあってもデイヴィスの強調点を受け継いでいるからです。サンダースは、パウロをラビ・ユダヤ教の背景から単純に読むのではなく、死海文書（もちろん、デイヴィスの初期の執筆時には死海文書は入手できなかったが）、外典、偽典、知恵文学などに注目して、パウロ時代のパレスチナ・ユダヤ教という、より広いキャンバスを用いたのです。サンダースの主要な論点は、とても単純です。そしてその他の点もそれに追従しています。パウロ時代のユダヤ教は、これまで考えられてきたような律法主義的な行いによる義認の宗教ではなかったということです。私たちがユダヤ教をそのように理解し、パウロがそうしたユダヤ教を攻撃してきたと考えるなら、それは、ユダヤ教に対しても、パウロに対しても大きな誤解であるというのです。ほとんどのプロテスタントの釈義者はこれまで、まるでユダヤ教がいにしえの異端であるペラギウス主義のようなものであるとして、パウロを、そしてユダヤ教を理解してきました。ペラギウス主義は、人間は道徳的な自助努力によって自分を引き上げ、義認、義、そして救いを獲得すると考えます。サンダースはそうしたユダヤ教理解に対してノーを突きつけます。[8] ユダヤ教において律法を守るとは、常に契約の枠組みの中で機能していたというのです。神の恵みは、人間（特にユダヤ人）の応答に先行します。ユダヤ人は感謝、つまり恵みにふさわしい応答として律法を守るのです。換言すれば、契約の民となるためではなく、契約にとどまるために律法を守るのです。「契約の中にある」ことは一義的に神の賜物です。この枠組みをサンダースは「契約遵法主義（covenantal nomism）」と呼び、これがよく知られるようになりました（ギリシア語の「ノモス」、「律法」から来ている言葉）。ユダヤ人が律法を守るのは、神が主導した契約に対する人間の応答なのです。

サンダースは、これまで主流であった、特にプロテスタント主流派のパウロ理解を一気に打ち崩しました。ユダヤ教はこれまでも、また今も宗教様式として正当かつ適切なものである、と彼は主張しました。サンダースによると、パウロの唯一のユダヤ教批判とは、それが「キリスト教」ではなかったという点でした。パウロはキリスト教のうちに救いを見いだし、ユダヤ教では不十分だという結論を出さざるを得なくなったというのです。パウロの思想の中心は（ここでサンダースはシュヴァイツァーの側につく）信仰義認でも、イスラエルへの批判でもなく、サンダースが「参与（participation）」と呼ぶものでした。これは「キリストの内にある」というパウロの複雑な思想を表現するサンダースの用語です。

ところが皮肉なことに、サンダースは、パウロの思想を再考するという改革を最後までやり通すことをしませんでした。彼は、パウロの別のテーマについては、あまり組織的とは言えない手法で扱い、それで満足してしまったのです。節ごとの釈義をすることはありませんでしたし、特定の枠組みをどのように実践に移すのかという現実的な試みもしませんでした。それでも彼の枠組みは実に明快です。キリスト者はこれまでより、もっとユダヤ人を尊敬すべきであり、特に、ユダヤ人に宗教形態の責任を負わせるべきではないということです。この点について彼らに罪はないのです。パウロの側のキリスト者や一世紀のパレスチナ・ユダヤ教の後継者は、これまでずっとやってきたように、互いに異端であると言い合うべきではないということです。

「サンダース革命」の衝撃は、しだいに明らかになってきました。ある人々はすぐに流行に飛びつき、サンダースの相対的な結論や、あまり注意深いとは言えない釈義的土台、歴史の再構築、また神学的構造体系を擁護しました。またある人々、特に保守的なグループの人々は、サンダースに敵意をもって応えました。ユダヤ教に対する古い理解、つまり、ユダヤ教はペラギウス主義の一形態であり、またパウロは人間の自己努力（律法の行い）を否定する意味で信仰義認を語った説教者である、という古いパウロ観を復興させるために尽力しました。ドイツでは多くのパウロ研究者が、自分で何を言っているかわかっていない危険人物、とサンダースをみなしています。それにもかかわらず、サンダースはパウロ研究の展望を支配しています。その中心的な学説が否定されるまで、研究者はしっかりと彼に向き合わなければならないでしょう。私は今後この学説が否定されることはないだろうと思っています。もちろん、かなりの変更は必要でしょうが、基本的な主張は確立していると考えます。

今日における問い

これまでもずっとそうだったのではないかと思いますが、パウロ研究における最近の状況は、おもしろいように混乱しています。主要な研究の流れ、重要な変化をしっかりと判断するのは、後になってのことです。今までもそうであったように、現在も非常に多くの人々がパウロをさまざまに取り上げて、当惑しています。あのシュヴァイツァーによる四つの問いの答えが求められています。一つひとつについて短くコメントしたいと思います。

◆歴史

現在、ほとんどの研究者はパウロをユダヤ人思想家と見ています。どのようなユダヤ教にパウロが立っているのか、福音の光と照らし合わせながら、どれだけユダヤ教を再考すればよいのか、などの問いについては、まだまだ議論の余地があります。（もちろん、私たちは一世代前と比較して一世紀ユダヤ教について多くの知識を得ています。）パウロを歴史的にどのように位置づけるか、という別の問いもあります。社会学や古代の執筆技術（「修辞学」）研究は、パウロを当時の文化の別の側面から理解しようとしています。パウロをまだ徹頭徹尾ヘレニストとして位置づける研究者も一人、二人います。（二〇世紀初頭のようではなく、多くの場合、パウロの評価を下げようとするものです。）しかしこのような人たちは、多くの同意を求めているわけでもありません。

◆神学

パウロ神学の中心については、まだ合意に至っていません。ドイツの多くのパウロ著作者や北米の保守的グループの著作者は、十字架と義認がパウロ神学の中心であると主張しています。しかし、これも広く議論されています。ある人の思想の中心は何かということを私たちがどのように論じられるのかという問題があります。それが理にかなっているのかどうか、ここ十年、多くの主流派の学者たちが疑念を持っています。近年の流行は「物語」（ストーリーまたはナラティヴ）を神学に組み込む分野です。この分野をどのように使うか、その結果何が導き出されるかについても合意がありません。特に北米の（近代聖書学が主流となっている）グループでは、聖書学を神学から分離していますが、それはつまり哲学的・神学的な訓練を受けていない人々、またそのような訓練が必要ないと感じる人々によって、パウロ研究が進められていることを意味しています。多くの新約聖書研究者は、威圧的で、思考停止をもたらす保守主義から逃れるために詳細な釈義を行っています。パウロ神学を包括的にまとめあげようとする試みは、新約研究者にとっては、ある種の組織体系を再構築しようとするものです。この人たちはこれまでの体系から自由になりたいと願っているのです。ある別の研究グループでもそうですが、自らの過去を拭い去るために歴史の研究を用いることはとても魅力的です。けれども、このようなことは、あまり効果的ではなく、癒しの一形態だと疑念を抱いている人もいます。

◆釈義

パウロ書簡の研究は、パウロの用法や思想に類似しているユダヤ人や異教徒の著述家による主要な資料を参照しながら、急速に発展してきました。同様に、その質はさまざまですが、膨大な二次的文献もあります。それで完璧を期す解説者は学術誌を渡り歩き、そこで発見したことを正しく扱おうとして、途方もない作業に直面します。最近の解説者は、神学的に重要な発言をするよりも、詳細な情報を収納する学問的倉庫であろうとしています。これは悪いことではないかもしれません。もし将来、神学を読み解くための基礎が備えられたとするならば、たくさんの詳細な研究が容易に、それでいて興味を掻き立てられる形で手に入り、その中で最善のものを構築できるようになるからです。（私たちはそれができると期待します。）

◆適用

今日の私たちにパウロがどのように生かされるのかという問いは、相変わらずテーブルの上に置かれたままです。ある人々は、パウロを歴史的文脈の中に位置づけ、彼をそこに置いておくことを想定してゲームに加わっています。これが最近の解釈が提案するものです。つまり、私たちが自分たちの世界観や神学を構築するときに、パウロを無視する、というものです。ある人々は、人間の根本的問題は罪とプライドであり、根本的解決はキリストの十字架であるとする古いスタイルの「福音の宣教」を正当化するためにパウロを持ち出します。ある人々は、パウロのこのメッセージを否定することなく、パウロ神学全体で譲歩の余地がないように見える、より広いカテゴリー、より大きな問いを正しく扱おうと苦心しています。実はそれこそが、私が今取り組んでいることなのです。本書がそれを明らかにしてくれることを願っています。ここでは、一九九〇年代、そして二〇〇〇年代に現れたさまざまな種類の問いを取り扱おうと思います。そうすることで、かつてどちらかと言うと曖昧であると分類されていたパウロのいろいろな面が繋がっていることを発見するでしょう。たとえば、私たちが西洋世界における新異教主義——一方で蔓延する物質主義、他方で「ニューエイジ」哲学——と対決しようとするなら、パウロの行った基本的な宣教はその当時の異教徒に対するものであって、ユダヤ人に対するものではないこと、そしてパウロが現代の異教主義にまさに語っていることに心を留めるのは、絶好のタイミングと言えるでしょう。これ以上については別のところで扱うことにします。

私たちがパウロ自身に焦点を当てるために学問的なレンズを研ぎ澄ませるなら、その背景に、パウロが重要な位置を占める、より広い問いを見始めるでしょう。キリスト教の基礎を築くうえでパウロが果たした役割は何か、パウロは真のイエスの解釈者だったのか。それとも新しい宗教を始めた一匹オオカミ的な存在であって、イエスが意図したものとは関係がないのか。そうであるなら、「イエス」という人物はどのように中心的役割を果たしたのか。そういった問いです。

こうしたことは、一、二の現代の著述家が、特にユダヤ教的枠組みと文献の中から論じていることです。著名なユダヤ人研究者であり、護教家であるハイアム・マコビーは、数多くの著書の中で次のように論じています。キリスト者の「福音」によって、これまで完全に曖昧にされてきたイエスは、実際のところパリサイ人で、また善良かつ忠実なユダヤ人であり、どのような点においても、ユダヤ教を捨てて新しい宗教を始めることなど夢にも考えていなかった。しかし、パウロは（明らかにそう主張しているにもかかわらず）パリサイ人では決してなかった。マコビーはそう述べています。彼にとって、パウロはユダヤ教の末端にいつもいて、ギリシア的、おそらくグノーシス主義思想の枠組みでイエスを再解釈した、完全なギリシア思想家だったのです。パウロは彼独自の宗教・哲学的想像の産物である「イエス」をつくりだすことに成功した。その「イエス」とは実在のイエスとは無関係で、ギリシア宗教の世界に属している新興宗教の神だった。マコビーによると、パウロは、西洋の反ユダヤ主義の道筋を整えた人物だったのです。

Ａ・Ｎ・ウィルソンは、数年前にキリスト教を捨てると公言した作家、ジャーナリストです。彼は自分の背教を正当化するためにも、イエスに関する本を執筆しました。そして今度は同じような意図をもってパウロに関する本を出版しました。シュヴァイツァーは、パウロを説明するのに、ユダヤ教的概念が明らかにあるにもかかわらず、ギリシア的概念を引っ張ってくる人々に対して警告を発しましたが、ウィルソンはそのことを知らないようです。彼はいくぶんか上から目線で、パウロを一人の偉大な思想家として描いています。しかし、そこでは、イエスが何者であるかという最も大切な点が完全に抜け落ちています。ウィルソンによれば、パウロは、ヘレニズムのカテゴリーを用いて、イエスという存在の意味を、いくぶんか混乱しながらも熱心に解釈した、まさに「キリスト教の創始者」なのです。これらの二人の例をはじめ同じような多くの著作と比較しながら、本書を読み進めるなら、こうした学説が議論という霧深い丘陵地帯の中をただきまよっているにすぎないこと、上に登れば霧が晴れて、山頂、氷河、絶壁と岩棚がそびえていることがはっきり見えて、それがパウロ神学という本当の高地を形成していることに気づくでしょう。

紀元一世紀と同じように、二〇世紀のパウロも重用され、誤用されてきました。二〇世紀の締めくくりを迎える私たちは、もう少しパウロ自身に耳を傾けることができないでしょうか。パウロを誤解してきた手法を改めて、もう少しパウロ自身の手法を重んじられないでしょうか。本書はそのことを試みています。つまり、これまでパウロを読んできた手法から距離を置いて、パウロ自身が示唆する読み方で探索するのです。パウロ自身の言葉でパウロを研究しようとするのです。これこそが、パウロが本当に何を語ったのかを理解する試みです。

注

1　二〇世紀におけるパウロ研究については、Stephen Neill and N. T. Wright, *The Interpretation of the New Testament*, 1861-1986, 1998, pp. 403-430で詳しく解説されています。

2　Albert Schwitzer, *The Mysticism of Paul the Apostle*, 1968［1930］.〔邦訳は、武藤一雄・岸田晩節訳『使徒パウロの神秘主義』（上・下巻）シュヴァイツァー著作集　第十、第十一巻、白水社、一九五七年〕

3　Albert Schwitzer, *Paul and his Interpreters: A Critical History*, 1912.

4　Rudolf Bultmann, *Theology of the New Testament*, 1951-1955.〔邦訳は、川端純四郎訳『新約聖書神学Ⅰ』、『新約聖書神学Ⅱ』、『新約聖書神学Ⅲ』「ブルトマン著作集」第三～五巻、新教出版社、一九六三～一九八〇年〕

5　W. D. Davis, *Paul and Rabbinic Judaism*, 1980（3rd edition; 1st edition 1948）.

6　Ernst Käsemann, *Perspectives on Paul*, 1969〔邦訳は、佐竹明・梅本直人訳『パウロ神学の核心』ヨルダン社、一九八〇年〕; *New Testament Questions of Today*, 1971, *Commentary on Romans*, 1980.〔邦訳は、岩本修一訳、『ローマ人への手紙』日本基督教団出版局、一九八〇年〕

7　E. P. Sanders, *Paul and Palestinian Judaism: A Comparison of Patterns of Religion*, 1977; *Paul, the Law, and the Jewish People*, 1983; *Paul*, 1991.〔邦訳は、土岐健治・太田修司訳『パウロ』教文館、一九九四年〕

8　本書第二章「サウロの信仰と希望」の項目で契約に関する詳細な解説をしている。

第二章　迫害者サウロ・回心者パウロ

タルソのサウロが持っていた構想《アジェンダ》

ローマ人への手紙一〇章二節で、パウロは同胞のユダヤ人について書いています。その中で明らかに自伝的なニュアンスを含ませながら、次のように述べています。「私は、彼らが神に対して熱心であることをあかしします。しかし、その熱心は知識に基づくものではありません。」　パウロはピリピ人への手紙三章六節では、「その熱心は教会を迫害したほどで」あった、と語っています。またガラテヤ人への手紙一章一三～一四節では、さらに詳しく記しています。

以前ユダヤ教徒であったころの私の行動は、あなたがたがすでに聞いているところです。私は激しく神の教会を迫害し、これを滅ぼそうとしました。また私は、自分と同族で同年輩の多くの者たちに比べ、はるかにユダヤ教に進んでおり、先祖からの伝承に人一倍熱心でした。[1]

この「熱心」という言葉は、後述するように、タルソのサウロがどのようなユダヤ人だったのか、どのような構想《アジェンダ》を持つユダヤ人だったのかを示し、また若いころ彼が追求していたものを指す鍵となる用語です。[2] このような「熱心」なユダヤ人の構想《アジェンダ》は、いったいどういうものでしょうか。サウロに何が起こり、彼を教会の迫害者から説教者に変えたのでしょうか。

タルソのサウロについて調べるときに、その歴史をさかのぼれば、コリント人への手紙第一、一五章九節などとともに、やはり先に引用したパウロの自伝的な言葉が出発点となります。第一章で述べたハイアム・マコビーのように、パウロはパリサイ人ではなかったと主張する学者も確かにいますが、パウロが、あたかも自分自身パリサイ人であったかのようなフィクションを創作したといった説は、まったく考えられません。より可能性が高いと思われるのは、初代教会のだれもがパウロの迫害活動を知っていたために、それがどんなに恥ずべきことであったとしても、行く所どこにおいてもパウロがその事実を避けて通ることができなかった、ということです。もし、パウロの回心の性質や回心前と後の思想形成を知ろうと思うなら、そのことの背景をきちんと理解する必要があります。

◆どのようなタイプのパリサイ人か

教会に対するサウロの迫害と彼自身がそのことを描写するために用いた「熱心」という言葉によって、私たちは、一世紀のある特定のユダヤ教グループの中にサウロを位置づけることができます。そうすることで、サウロが持っていた構想《アジェンダ》と、聖地パレスチナの地域を越えてまで教会を迫害した意味を理解するための広範な情報が得られます。私たちが手にしている情報は、タルソのサウロがただのユダヤ人ではなく、パリサイ人であり、ただのパリサイ人ではなく、シャンマイ派パリサイ人であり、ただのシャンマイ派パリサイ人ではなく、非常に厳格なシャンマイ派パリサイ人であったことを伝えています。

シャンマイ派とは、どのような人々だったのでしょうか。シャンマイ派は、タルソのサウロが生まれる前に出現していたパリサイ派の一派でした。ヘロデ大王の治世（前三六～前四年）の間、二つの有力なユダヤ教の学派が存在していました。それは、ヘロデ時代の二人の教師ヒレルとシャンマイに従う学派です。ミシュナ（紀元二〇〇年ごろに法典化されたユダヤ教律法）の中に十数回、二人についての言及を見ることができます。そこでは常にヒレルは「寛容」な人物で、シャンマイは「厳格」な人物として描かれています。この二人の弟子たちも、律法の実践について寛容であるべきか、厳格であるべきかについて議論をしています。

ミシュナが書かれた時代、紀元二世紀の終わりごろまでには、ヒレル派が主流となり、その教えがミシュナの大半を占めています。しかし紀元一世紀後半のヒレルとシャンマイの時代と、紀元二世紀初頭の偉大なラビ・アキバの時代との間に、パリサイ派のこの二つの派閥間で大論争がありました。サウロは、このような激しい議論と学派に対する忠誠心の中で成長したのかもしれません。彼は、異教徒である異邦人が支配する世界に生きるユダヤ人というだけではありませんでした。また、多くのユダヤ人が異教と妥協する世界（パリサイ派の視点から見て）に生きるパリサイ派のユダヤ人というだけではありませんでした。強硬路線のパリサイ人であるシャンマイ派（現代で言えば過激派右翼）ユダヤ人であったのです。

それでは、ヒレルとシャンマイは何に関して寛容であり、厳格だったのでしょうか。ミシュナをはじめその他の後期ラビ文学を見ると、それらはトーラーが命じることを個人的に遵守することについて寛容か厳格かという印象を受けます。ところがパウロの時代、物事はそれほど単純ではありませんでした。律法を「寛容」に解釈すべきか「厳格」に解釈すべきかという問題は、単に宗教上の問題ではなかったのです。また、個人的敬虔の問題に限定されるものでもありませんでした。争点は「神学的」であるとともに「政治的」でもありました。それはイスラエルがめざすものと彼らが持つ構想《アジェンダ》について、つまり、イスラエルの民とその相続地、神殿に関わることでした。

それまでのユダヤ人の歴史の中で、多くのユダヤ人たちが抱いてきた問題は、その当時の政治的状況とどのように向き合い、どのように受け入れるかというものでした。ヒレル派はだいたいにおいて「他人は他人、自分は自分」という方針でした。ユダヤ人が平穏にトーラー（ユダヤ人の律法）を学び、実践することを許されるかぎり、ヘロデ一族や総督ピラト、大祭司カヤパ一族にこの世界を支配させ、イスラエルでさえも政治的にはその支配に委ねようというものです。シャンマイ派はそれでは不十分だと考えました。トーラー自体が、イスラエルが異邦人の支配から解放されること、自由かつ平和のうちに神に仕えること、唯一の神、まことの神、ヤハウェのみを主と呼ぶことを要求している、と信じたのです。

これが、一世紀ユダヤ教において「神に対する熱心」あるいは「先祖からの伝承に対する熱心」〔訳注＝ガラテヤ一・一四〕の意味するところなのです。私たちは「熱心」という言葉を使って、心と霊が燃えていること、目的に向かう情熱を表します。それは一世紀のある人たちにも当てはまることだったでしょう。現代のキリスト者にとっての「熱心」とは、神の前にひざまずくこと、伝道すること、愛を実践することですが、一世紀のユダヤ人にとっては、剣を手に取ることでした。このように一世紀の熱心なユダヤ人は、ローマに対する革命を切望していました。彼らにとって、旧約聖書のピネハスやエリヤ、パウロの時代より二世紀前のマカベア家の英雄たちが模範でした。ユダヤ人たちは、自分たちが「ヤハウェに対して熱心」、「トーラーに対して熱心」で、たとえ暴力を用いてでも、その熱心を実行に移す権利と義務を持っていると考えました。この意味では、「熱心」は聖戦に容易に結びつきます。聖戦とは、志を同じくする人々が集まってゲリラ戦を戦うこと（最初はどの程度でも）でした。

私たちはこのような革命活動を、少数の性急な人々や、ある特定の短い期間（たとえば、ユダヤ戦争に至る紀元六六〜六七年）に限定すべきではありません。その証拠に、一世紀においてイエスの時代の前後には、多くの革命活動がありました。そこに加わった人々は、ある者にとっては驚きでしょうが、パリサイ派の主流であったシャンマイ派だったのです。この期間のユダヤ人の革命は、宗教的・神学的な問題に関心のない人々による、単なる政治的革命ではなかったわけです。現代のイスラム教過激派のように、聖なる文書を読むことや祈りと断食によって、ユダヤ人たちの革命への熱意はかき立てられ、燃え上がり、そして維持されました。マサダで死んでいった「シッカリ派」、「短刀派」と呼ばれる人たちが非常に敬虔なユダヤ人だったことは、考古学によっても証明されています。

これらのことから明らかなことは、シャンマイ派がヘロデ大王と紀元六六～七〇年のユダヤ－ローマ戦争の期間に主導権を握っていた、ということです。この期間の注目すべき有名なヒレル派の指導者が、使徒の働き五章三四～三九節に描かれているガマリエルです。彼はまさに「他人は他人、自分は自分」の立場を論じています。「もしもこの新しい運動（キリスト教）が神からのものでなければ、自滅するだろう、しかしもしも神からのものなら、あなたがたは反対すべきでない」と述べています。けれどもこの当時、ガマリエルにつく人々は、革命に傾きがちな熱心な人々よりも数の上では劣っていました。この「熱心」について、ヨセフォスが多くの箇所で述べています。シャンマイ派パリサイ人は神に対して熱心であり、トーラーに対して熱心で、自由を獲得して、長い間待ち望んでいる神の国を実現するためなら、どこへでも行き、どんなことでもし、仮に暴力さえ辞さない人たちである、と描いています。もしも紀元一世紀を通じて、仮に「熱心党」と呼ばれる一つの運動がなかったとしても、「トーラーに対して熱心」だとされる多くのユダヤ人たち、正確に言えばシャンマイ派という強硬派による幅広い動きが存在したことは明らかです。要約するなら、（私を含めた）多くの著者が他のところでも論じているように、シャンマイ派の右翼過激派の持つ「熱心」は、ある意味で私たちが普通に考える「熱心」と合致します。それは、聖なる革命に対する熱心です。その戦いで異教徒たちは殲滅され、背教のユダヤ人たちは異教徒とみなされ、異教徒といっしょに滅ぼされてしまうのです。

この点について、時代錯誤の危険性を踏まえたうえで、あえて現代の出来事と関連づけてみたいと思います。シャンマイ派パリサイ主義には、一九九五年十一月四日、テルアビブでイツハク・ラビン〔訳注＝当時のイスラエル首相〕を射殺するようにイガール・アミルを仕向けた思想と共通するものを見ることができます。アミルは「法律を学ぶ学生」と報道されました。西洋社会で言う弁護士や法廷弁護士の勉強をしていた人物という意味ではありません。トーラーを学ぶ学生だったのです。ニュースから明らかになったことは、アミルは、ラビン首相が裏切り者であり、魂を異教徒に売り渡したと信じていて、その信念をイスラエルやアメリカのラビたちは是認しているということでした。なぜなら、ラビンは、パレスチナ和平のために先祖伝来の偉大なシンボルである聖地を売ろうとしたからでした。

私は「ロンドン・タイムズ」の表紙を飾ったアミルの顔を見、記事を読んだとき、この人が二十世紀のタルソのサウロであることを知り、ショックを受けました。アミルの考え方は非常に理路整然としていました。彼は気が変になっていたのではなく、自分が正しいと確信していました。トーラーに書いてあるとおり、ヨルダン川西岸地区（ユダヤ人定住者に「ユダヤとサマリア」と呼ばれた地域）を含めた全土は、イスラエルの領土なのです。妥協する人々、特に敵の機嫌をとって妥協する人々は「アルコルシム」、つまり裏切り者です。アミルの行動に対して、イスラエルや世界中の多くのユダヤ人たちが抱き、広まっている懸念は、ガマリエルら古代ユダヤ人が持っていた当時の過激派に対する懸念と同質のものです。アミルは「トーラーに対する熱心」の意味を理解していました。この「熱心」とは敬虔主義的なものではないし、非政治的なものでもありませんでした。もちろん非暴力でもありません。それは、神の代理人として活動することなのです。それによって、イスラエルから腐敗を取り除き、神の国をもたらし、イスラエルを異教徒の支配から解放しようという構想《アジェンダ》なのです。私は、アミルの行動とサウロの行動がまったく同じであると主張するつもりはありません。それは誤った考えです。けれども、アミルのケースは、タルソの若者サウロを理解するうえで、長年にわたって多くの人たちが持ってきた認識よりも、はるかに良いモデルを与えてくれました。少なくともアミルは、熱心な祈りや自己義認の宗教というものよりも、熱心が何であるかを理解するための助けを私たちに提供してくれるでしょう。

紀元七〇年に神殿が破壊された後、ヒレル派ではヨナタン・ベン・ザッカイが指導者となり、シャンマイ派はエリアゼル・ベン・ヒルカノスが発言力を増すようになりました。二人のもとでヒレル派とシャンマイ派は融合されていったようです。当時の大きな争点は次のところにありました。自分たちはエルサレムを奪還して、神殿を再建し、ローマの支配から脱するべきか、そうすべきでないかということです。あまりはっきりとしないのですが、後期ヒレル派（非暴力あるいは反暴力主義）の文書から推測すると、ヒレル派はトーラーだけを重んじたようです。ですから、神殿を失ったことも、彼らにはそれほど大きな悲劇とはなりませんでした。なぜなら神殿を失っても、なおトーラーを学び、実践し、神殿があった時と同じように神の臨在を喜ぶことができたからです。シャンマイ派は暴力的な革命が必要だと主張しました。そうすることで、イスラエルが解放され、神殿を再建できるからです。この時期が終わるころ、最も偉大なラビとして尊敬を集め、ヒレル派からも称賛されるようになったアキバ〔訳注＝五〇〜一三五年ごろ〕は、シメオン・ベン・コシバ〔訳注＝バル・コシバという名前が一般的〕をメシア、「星の子」であると宣言し、その革命と運命を共にし、異教徒に対する聖戦に挑んだのです。

◆サウロの信仰と希望

タルソのサウロは、一世紀パリサイ派の信仰と活動のどのあたりに位置づけられるのでしょうか。使徒の働きにある説教（二二・三）の中で、彼は、ガマリエルが自分の教師だったと主張しています。他のパウロ書簡とも照らし合わせて、ある学者たちは、サウロが回心前にヒレル派に属していたと考えます。けれども、サウロによる教会の迫害が後代の作り話でないかぎり――そのような可能性はほとんどありませんが――、彼がヒレル派だったということは、まず考えられません。使徒の働き五章のガマリエルが、ステパノの石打ちに賛同することはなかったでしょう。またクリスチャンを捕らえて、殺すためにダマスコまで馬を走らせて行くなど夢にも考えなかったでしょう。サウロはガマリエルから多くのことを学んだとしても、立場を同じくはしませんでした。後になって、キリスト者として（たとえば離婚などの）問題を論じる際のパウロの見解はヒレルの立場に近いのですが、そこには回心の影響があるのであって、サウロがキリスト者になる前に持っていた考えを反映するものではなかったと思われます。

シャンマイ派パリサイ人の考え方を、タルソのサウロ自身が持っていたと想定すれば、彼について次のように描写することができるでしょう。まず、サウロは偉大な預言の約束がまだ成就していないことを強く確信していた。ダニエル書二章、七章、九章が神の国の速やかな到来を約束していると信じ、その確信に基づいて生きていた、と。それらの箇所は（創作であるかどうかに関係なく）、歴史的文脈ではバビロン捕囚の終わりについて語っています。しかし一世紀においては、たとえば「第四エズラ書」として知られている黙示文学書の作者は、何の躊躇もなく「バビロン」を「ローマ」に置き換えてダニエル書を読んでいました。

偉大な預言者たちによって語られたすべての預言がまだ成就していないことは明らかでした。物語《ストーリー》はまだ完結していなかったのです。イスラエルの回復は未だ実現しておらず、ゼカリヤ書に出てくる預言、すなわち十人の人が一人のユダヤ人の裾を堅くつかんで、「私たちもあなたがたといっしょに行きたい。神があなたがたとともにおられる、と聞いたからだ」（八・二三）と語る日はまだ到来していませんでした。ヤハウェはシオンの山に立ち、エルサレムに対抗するすべての国々を打ち負かすという預言も実現していませんでした（一四・一～五）。エゼキエルが幻の中で見た新しい神殿は建設されておらず、死海をさえよみがえらせる癒しの水の川も流れていませんでした（エゼキエル四七章）。そのような預言の中で突出しているイザヤの預言、すなわち慰め、赦し、平和と繁栄の幻は成就の兆候さえありませんでした（イザヤ四〇～五五章）。パリサイ人は、特定の派閥に属さない多くのユダヤ人とともに、「聖書にしたがって」大いなる出来事が起こることを待ち望んでいたのです。彼らは未だに捕囚の状態に置かれたままでした。クムラン文書が強く指し示しているように、人々は捕囚からの帰還がまもなく始まると、あるいは秘密裡にすでに始まっていると、期待しつつ信じていたのです。

これらの革命への期待を支えていた神学は、イスラエルの聖書を読むことによって養われました。聖書は、ユダヤ人が神の計画の中で生きていること、またこれから何をするべきかということをはっきりと教えていました。サウロは当時の大多数のユダヤ人と同じように、旧約聖書の物語《ストーリー》を読んだことでしょう。また自分の使命は、聖書の物語を完結させることだと確信していたことでしょう。その物語は、次のような流れになっています。イスラエルは創造者である神の契約の民であり、暗闇の世界を照らす光として選ばれた。神はイスラエルの民を、アダムの罪とそれが招いた結果とを打開するために召された。しかしイスラエルは罪深く、その結果、所有地を失い捕囚の民となってしまった。捕囚から解放され、地理的には所有地に帰って来たものの、本当の意味でまだ捕囚の状況は終わっていない。約束はまだ成就していないのです。真の神殿は再建されておらず、メシアはまだ到来していません。異教徒たちはイスラエルに服従していないし、トーラーを学ぶためにシオンへ巡礼することも始まっていません。イスラエルは異教徒たちと妥協し、罪深いままでした。

このような状況の中で、聖書は、すべてのことが正される時が必ず来ると、はっきりと語っています。聖書には未来に関して預言があちこちに散在していて、それらがずっと先の未来に起こるであろうさまざまな出来事を予知している、というだけではありません。聖書は物語を綴っているのです。イスラエルはその物語を生きているのです。その物語は、あるべき結末に向かって進んでいるのです。いつか近いうちにヤハウェは全世界の王となるでしょう。悪は決定的に打ち負かされ、イスラエル、特にイスラエルの中の真のユダヤ人たちが、唯一のまことの神の、まことの民として認められるのです――シャンマイ派の熱心さを燃やし続けたこのような聖書の読み方は、神学的に次のように要約することができるでしょう。この時代のユダヤ教神学には三つの大切なポイントがあります。それは「一神論」、「選び」、そして「終末論」です。神はただひとりであり、全世界の神は唯一まことの神です。イスラエルはこの唯一まことの神の民です。一つの未来が全世界を待ち受けています。それは近い将来のことであり、そのとき、まことの神はご自身を現し、悪を滅ぼし、ご自分の民を救ってくださる。タルソのサウロはこのことを信じて、自分の知るかぎり「聖書にしたがって」行動していました。彼は、聖書を論証のためのテキストを集めたものとしてではなく、結末を待ち望む物語として理解していました。その結末をもたらすために、自分自身も何かをしたいと願っていました。

シャンマイ派や、普通の革命家たちはトーラーに対する自分たちの熱心によって、これらの預言が成就されることを切望していました。彼らはただ座って待つのではなく、自分たちの手で事を行おうとしました。これもまた神に対する熱心であり、パウロがローマ人への手紙一〇章二節で述べていることです。唯一まことの神ヤハウェは、侮られている。神の栄光のために、異教徒や偶像礼拝者はそれにふさわしい報復を受けなければならない。ヤハウェは全世界の王となるべき方である。こうしたことを実現するために、イスラエルはトーラーを守る必要がありました。トーラーを遵守することで、そのときの成就が早まるからです。神が歴史のただ中で決定的な行動を起こされたとしても、そのときにユダヤ人たちがトーラーを守っていなかったなら、彼らも異邦人ともども神に滅ぼされてしまうでしょう。イスラエルにとってトーラーを守ることは、自分たちに与えられたこの使命を思い起こし、またそれを果たすようにと導かれることでもありました。時代錯誤にならないように注意しなければなりませんが、今日であれば、安息日遵守に固執し、それを実行している超正統的ユダヤ教徒が、聖なる暴力と称して、安息日に町の四分の一を走行した車を石打ちにするというようなことです。これが熱心の実践です。このような神に対する熱心、トーラーに対する熱心が神の国をもたらすと信じているのです。

ここで一つの点を強調しなければなりません。私が若いときに学んだ、回心前のサウロ像は、私がここで描いたサウロ像とはずいぶん違うということです。私は長い間、タルソのサウロが、私たちが信じるものと同じことを信じていたと教えられ、そう思い込んでいました。つまり、人間にとって一番大切なことは、死んでから天国に行くことであり、死んだ後に天国に行くためには、倫理的な教え全般を守らねばならないということです。私がかつて考えていたサウロは、ペラギウスを先取りしたような人物で、道徳的な生き方によって、自らを高めることができるとしている人でした。サウロにとっての関心事は、「道徳主義」、「律法主義」と呼ばれる救われるための方法を理解し、それを信じて実行することでした。それはどんな時代においても共通する救いへの道であり、死後の世界である至福の天国における「救い」と「永遠のいのち」という約束された祝福を得るための方法である、ということでした。

私は今、このようにパウロを理解することが完全に時代錯誤的なものであり（このような考え方はサウロの時代には存在しませんでした）、文化的にも的外れ（これはユダヤ人の思想とはまったく違うものです）なものだと思っています。その意味で、私はエド・P・サンダースは正しいと確信しています。もしも私たちが初期ユダヤ教、特にパリサイ主義をペラギウス主義の原型であると考えているとすれば、それはユダヤ教を完全に誤解していることになります。けれども、サンダース自身も別の点で時代錯誤に陥っています。彼はユダヤ教を一つの「宗教」として分析し、その政治的側面について考えようとしないからです（これまで述べてきたように、一世紀においては「宗教」と「政治」を切り離すことができないのです）。一世紀のユダヤ教は本質的に非政治的で、ただ宗教的なものであると理解しようとするサンダースは、ミシュナの立場に追従していると言うことができます。ミシュナ同様、彼は暗黙のうちにヒレル派の立場を受け入れているのです。

しかしタルソのサウロは、「行いによる義認」やその他のどんなものであろうと、あらゆる時代に適用する救いの方法などに関心を持ってはいませんでした。また、単にその救いの道に「入る」あるいは「とどまる」（これらはサンダースの用いたカテゴリー）といった宗教的なシステムと理解し、実践することに関心があったわけでもありません。サウロは、神がイスラエルを贖ってくださることを待ち望んでいたのです。彼はヘブル語聖書から自在に、イスラエルの神が成就すると約束しておられる聖句を引用することができました。さまざまなユダヤ人たちが（その中のいくつかのグループの文書は今日まで伝えられています）、歴史的、文化的、政治的苦難の中で、神が自分たちのために歴史に介入してくださるのを待ち望んでいましたが、実はサウロもそのようなユダヤ人の一人だったのです。この点はとても重要です。そのことに疑念を抱く人のために、もう一度ポイントを述べておきます。タルソのサウロのようなユダヤ人は、抽象的で非歴史的、普遍的な救いの方法に関心を持っていませんでした。その当時のユダヤ人の主な関心は、今日私たちの関心の的である「死んで天国にいく」ということではなかったのです（もちろん彼らは復活を信じていたし、復活の時に、神がすべてのユダヤ人をよみがえらせて、復興したイスラエルと新たにされた世界にいのちを与えてくださるという約束を信じていましたが）。彼らが信じていた救いとは、唯一まことの神の、ご自身の民であるイスラエルへの約束であり、彼らの関心はそこにこそあったのです。

ここで、この希望の一つの特色に注目してみましょう。ヘブル語聖書とそれに続く著作物の中に見られる契約の目的は、創造主がイスラエルを特別な民として選んだというところにはありませんし、世界のこれからの運命とも関係がありません。契約の目的は、イスラエルとの契約を通して創造者が全世界に語りかけ、これを救うことにありました。アブラハムが選ばれたのは、アダムの罪の問題を解決するためでした。しかし、イスラエルが捕囚の民となってしまったという事実が示すように、イスラエルそのものが贖いを必要としていました。神の救いの使者となるはずのイスラエルが、救いのメッセージを必要としたのです。問題解決のために立てられた民が問題の一部になってしまったのです。前述したように、一世紀のユダヤ人たちの多くは、捕囚が本当の意味で終わったと考えていませんでした。神殿は適切な形で再建されていなかったし、メシアもまだ到来していません。復興もまだ実現しておらず、トーラーも完全に遵守されていません。異邦人たちも主のみことばを聞くために、シオンの山に群れをなして上って来ていません。これらのことが起こるまで、神の目的と約束は実現しないのです。

　このことは、私たちが避けて通れない二つの神学用語の理解の土台を提供しています。まず第一に、このような文脈の中で「義認」という言葉が意味することは何かということです。「義認」は法廷用語です。ユダヤ人の文脈では、最も大いなる神のさばきの座を指しています。大いなる日に、まことの神がすべての国々、特にイスラエルに逆らってきた国々をさばかれるのです。神は最後にご自分の民に恵みを与え、異教の国々をさばき、まことの民を救い出されます。「義認」とは、契約（イスラエルが神の民である）の視点、そして法廷（神の最後の審判とは、イスラエルが勝訴するという法廷の場景）の視点から見れば、やがて訪れる贖いと救いの偉大な業を指しています。このように二つのテーマから一つの出来事を「見る」と、一世紀のユダヤ人がどのように世界を見ていたのかを理解する助けとなります。

この法廷のイメージは、契約の基本的な意味を知るうえで非常に重要です。ここで、契約とは何よりもまず世界の罪を扱うものです。（ヘブル的考え方では）罪を法廷で扱う場合、それは罪人を断罪し、正しい者を「義とする」つまり無罪判決を言い渡すこと、あるいは正しいと認めることです。すべてが最終的に解決されるという、この大いなる出来事が法廷のイメージで描写されるのは、非常に適切なことでした。神ご自身が裁判官で、悪しき人々（すなわち、異邦人や背教のユダヤ人）は最終的にさばかれ、罰せられるのです。神の忠実な民（すなわち、イスラエル、少なくともまことのイスラエル人）は義とされます。イスラエル人の贖いは、政治的自由、神殿の回復、究極の復活という目に見える具体的な形として理解されますが、それは法廷での決着、つまり偉大な裁判官の前での勝訴として目撃されるのです。ダニエル書、特に七章はこのシナリオの具体例を示しています。革命家たちがダニエル書を好んだことは、驚くことではありません。

私たちが避けて通れない、二つめの主要な専門用語は「終末論」です。この言葉を辞書で調べると、「死、審判、天国と地獄に関する教理」といったことが記されているでしょう。ところが、研究者が一世紀のユダヤ教とキリスト教との関連でこの言葉を用いるときには、それは違った意味を持っています。終末論とは、イスラエルの歴史、世界の歴史が大いなるクライマックスに向かって動いているというユダヤ人とキリスト者の信仰を表すものです。このとき、すべてのことが最終的に解決されるのです。(多くの人は、ここで典型的な間違いを犯します。つまり、ユダヤ人や初期のキリスト者が、「世界の終わり」に関する言葉を使うとき、文字どおりの世界の終わりについて語っているわけではないのですが、私たちはそのように誤解してしまうのです。ユダヤ人は、この世界と歴史が終わりを迎えるとは考えていませんでした。彼らは「世界の終わり」に関する言葉によって、いわゆる驚天動地の重要性を持つ、歴史上の大きな変動を表したのです。)「終末論」とは、歴史が大いなるクライマックス、大いなる転換点を迎えようとしている、あるいはすでに迎えたという信仰について述べたものです。このことを表現する言葉とその信仰の双方を、「黙示的」と表現することがよくあります。けれども、ある学者たちが「終末」という言葉といっしょに使わないようにしているほど、「黙示的」という言葉はとらえどころのない神学用語なのです。

これら二つの用語(義認と終末論)を合わせて考えることで、どういうことが起こるのでしょうか。「義認」は契約が完成されるとき、また大法廷の場面から見れば、大いなる救いの日であり、それゆえ「終末的」とも言えるでしょう。それはイスラエルが長い間待ち望んできた希望の成就であり、完成です。別の角度から言えば、ユダヤ人の終末的希望は義認の希望です。神がご自身の民を義と認めるからです。

この最終的な義認という出来事は、ある状況のもとで待ち望むものでした。トーラーを遵守し、特別な「熱心さ」を持つ、あるユダヤ人のグループは、自分たちこそが「まことのイスラエル」、終末に義とされるイスラエルであると自認していたようです。この点については第七章で取り上げたいと思います。

それでは、タルソのサウロが持っていた構想《アジェンダ》はどのようなものだったのでしょうか。三つの点から見ることができるでしょう。第一に、サウロはイスラエルの神に対して、またトーラーに対して熱心でした。これは明らかに、熱心な祈りや学びなどの個人的な敬虔の問題でした。彼のトーラーに対する熱心は、自力で救いに達しようというペラギウス的な宗教から生まれたものではありません。それは神に栄光が帰されることへの熱心でした。そのためには、どんな手段を用いても、ユダヤ人の中からトーラーに対する不服従を取り除き、どんな手段を用いても、イスラエルの国を汚し、契約の相続権である自由を阻んでいる異邦人の支配から抜け出なければなりませんでした。第二に、サウロは、自分も他のユダヤ人たちも今こそトーラーを心から守るべきであると考えていました。それによって、ヤハウェがご自身の民を救い、贖う、来たるべき大いなる日に、彼らが正しい者だと立証され、また正しい者として今ここに立つためです。第三に、必要であれば暴力を使ってでも、他のユダヤ人に自分の手法でトーラーを守らせ、それによって大いなる日の到来を早めることでした。サウロにとってこの三つは密接に繋がっていました。それらは、私的また個人的な目標とともに、政治的また公共的な目的を与えたのです。これらの目標を追い求めるなかで、一パリサイ人としてサウロはそのようにする権限を持っていなかったため、祭司長たちから権威を得ます。そして、キリスト者であれば男性でも女性でも捕らえて、牢獄に引きずり入れるために、ダマスコに下って行ったのです。彼にとって、キリスト者は、唯一のまことの神への忠誠からイスラエルを惑わせてしまう背教のユダヤ人でした。こうして、サウロはその日、ダマスコに向かっていたのです。どんな歴史家であっても、その日が世界の歴史を変える重要な日になったことは認めるでしょう。

サウロの回心とその重要性

◆ダマスコへの道、その出来事と重要性

パウロは、自分は本当にイエスを見たと、自らの回心を強く主張した人物でした。コリント人への手紙第一にあるように、他の使徒たちがイエスの復活後、自然な流れの中で生ける主を見たことを、パウロは知っていました。パウロ自身は、他の人々が復活の主を目撃することがなくなった後に、復活の主イエスと会いました。ルカの言葉を借りて言えば、パウロは昇天後の復活のイエスを見たのです。パウロの使っている言葉は、神秘的な言語ではありません。だれが見ても客観性のない、霊的、宗教的経験に用いる言葉ではないのです。パウロは常にイエスの臨在と愛と力を感じていましたが、それは、復活の主と出会うという経験とはまったくの別ものでした。

この事実はいくら強調してもし過ぎることはありません。なぜなら、イエスが死者の中から肉体をもってよみがえったというパウロの認識は、ダマスコ途上で彼に何が起こったのか、その重要性とは何かを理解するうえで非常に大切だからです。歴史的観点から見て、サウロの回心をある種の心霊体験のように見たり、心理分析の観点から考えた

りするのは妥当ではありません。ダマスコ途上での経験は、サウロが長年にわたって良心の痛みに苦しんでいたが、イエスと出会い、突然その心の重荷を降ろして、霊的な刷新を経験したというものではないのです。多くの人々が支持する次のような見方も妥当ではありません。すなわち、(a)タルソのサウロは、ユダヤ人の律法の規定から〔訳注＝申命二一・二三、「木につるされた者は、神にのろわれた者だからである」〕、十字架についたイエスがのろわれた者であると考えていた。(b)神が復活によって、律法ののろいを逆転させたことをサウロは理解した。(c)律法は今や破綻し、時代遅れになったと理解した。(d)こうしてサウロは世界に対して、神の民になる方法はほかにあることを世界に知らせ始めた。ここにおいて律法は何の役割も持っていない。この(a)から(d)の四つのうちのどれかに真実な部分があったとしても、それは、サウロの内側に起こったことの核心部分ではありません。

　ダマスコ途上で目が見えなくなり、おそらく怪我を負ったタルソのサウロにとって、イエスの復活の重要性は次のとおりです。時代のただ中で、唯一まことの神がナザレのイエスに行われたことは、終末の時に神がイスラエルのために行おうとしていたことだったということです。サウロは、ヤハウェが異教徒たちの手によってイスラエルに苦しみを与えた後、イスラエルを義とされると考えていました。その代わりに、神は、異教徒たちの手によってイエスに苦しみを与えた後、イエスを義とされたのです。以前のサウロは、このような大いなる転換、大いなる黙示的出来事は、ただ一度起こり、トランペットの音とともに神の国が始まり、すべての過ちが正され、悪が滅ぼされ、来たるべき時代が到来すると考えていました。ところがそうではなく、大いなる転換、大いなる復活がひとりの人に起こり、すべてがその人によって成し遂げられたのです。サウロにとって、これは何を意味しているのでしょうか。

端的に言って、それは次のことを意味しています。ナザレのイエスとその弟子たちは、イエスがメシアであると考えていたこと。メシアとは、イスラエルの将来を背負う存在であること。しかしサウロにとっては、イエスは偽メシアのように見えたということ。すなわち、異教徒たちを打ち負かすことができず、ただ単にユダヤ人のアイデンティティの二つの象徴、つまり「トーラー」の要求を緩め、「神殿」に対して批判的なグループの人々を作り出した人物であったということ、です。しかし復活はイエスの弟子たちが正しかったことを証明しました。最も重要な書簡〔訳注＝ローマ人への手紙〕の中でパウロはこのように述べています。メシアであるイエスは、「肉によればダビデの子孫として生まれ、聖い御霊によれば、死者の中からの復活により……神の御子（すなわちメシア）として示された」と（一・三～四）。復活は、イエスがまことのメシア、つまりイスラエルの神が示された将来を真に担う者であることを示したのです。

しかし、もしもイエスが本当にメシアなら、もしもイエスの死と復活が、罪に対して天からもたらされた決定的な勝利であり、ヤハウェの民を義と認めるものであるなら、それは、今の時代、罪と反逆と悪の時代がまだまだ続いているとしても、来たるべき時代がすでに始まり、始動していることを意味します。それゆえサウロは、ある形でヤハウェが救いの計画を明らかにし、行動しておられると信じていたのですが、その考え方をまったく変えなければならないことに気づきました。サウロは、神の義、すなわちヤハウェが契約を黙示的に成就するために計画しておられたことを知らなかったのです。イエスの死と復活は、大いなる終末的出来事であり、神の契約に対する真実さ、世界を正される神の方法を啓示しました。「啓示する」という言葉は「アポカリュプトー」（ギリシア語）から来ています。その言葉は「黙示（英語＝アポカリプス）」の語源となっています。サウロを取り巻くこれまでの時代の次元はまだ続いていますが、彼はすでに終末の時代に生きていたのです。今の時代と来たるべき時代が重なっていました。そして彼はそのただ中で捕らえられた、いやむしろ自由にされたのです。自由にされて、これまで見えていなかった知識が与えられ、同じ神にまったく新しい形で仕えるようになりました。もしも来たるべき時代が到来したのなら、もしも復活がすでに起こったのなら、異邦人たちが神の契約に入れられる時代が到来したのです。

ダマスコ途上でサウロが見たものは、彼が以前持っていた契約神学に深く根ざしたものではあるものの、まったく新しいものの見方を彼に与えました。イスラエルの将来はメシアであるイエスにあって総括され、完成したのです。来たるべき時代はすでに動き始めました。サウロはそれを伝える代理人となるために召されたのです。彼は、イスラエルの神ヤハウェが全世界の唯一まことの神であり、ナザレのイエスにあって神が悪に勝利を収め、正義と平和が支配する新しい世界を創造されたことを、異教徒たちの世界に宣言しなければなりませんでした。

言い換えるなら、タルソのサウロは新しい召命を見いだしたのです。そのことは、サウロが以前の生活の中で注いできたあらゆる力、熱心を要求していました。今や彼は王の使者となったのです。

注

1　本書では、聖書の引用は筆者自身の翻訳によります。〔訳注＝この翻訳書では原則として『聖書〈新改訳〉』に拠っています。〕

2　使徒一三・九を参照。

第三章　王の使者

私たちは、「回心」と「召し」〔訳注＝英語 vocation.「天職」とも訳すことができる〕はまったく別のものであると考えます。回心は、個人的経験です。人の内面的な変化や、人としての存在、つまり、その人のあり方の中核が変化する過程を表します。ところが、召しは人の働きに関わることです。社会で何をするのか、その人の活動の方向性を表します。現代の西洋社会では、「召し（天職）」が変わることなく、人が「回心」して、内面の宗教的部分が変化することは当たり前のように考えられています。非キリスト教徒の銀行の支店長は、キリスト教に回心して、これまでと違った生き方をするようになるでしょう。しかし、その人の銀行員としての「召し（天職）」を捨てる必要はないわけです。

パウロにとって回心と召しは非常に密接なものであり、かみそりの刃のように鋭い思考力を持つパウロであっても、両者を区別することは困難でした。パウロは、ユダヤ教の裏切り者であるキリスト者を「熱心に」迫害していましたが、神によってそれを阻止されます。それまで十字架にかかったイエスは偽メシアだと考えていましたが、イエスこそ神によって立てられた正真正銘のメシアであることを見いだしました。パウロの回心は、あらゆるレベルでそれまでの自分と対立するものでした。

私たちが肝に銘じるべき大切なことは、パウロの内側で変わらなかった部分があるということです。それは、アブラハムの神、イサクの神、ヤコブの神、律法を与え、預言者を通して語られた神に対する揺らぐことのない忠誠心でした。これについてはパウロ自身、同じことを繰り返し主張していますし、また最近のパウロ研究でも大きな議論になっています。このことに関しては、後で詳しく論じたいと思います。要するに、パウロはユダヤ教を捨てて、新しい宗教に鞍替えしたと、これまで多くの人たちが考えてきたわけですが、実際そうではなかったということです。この点で、パウロ自身も（私たちも）戸惑いを覚えるかもしれません。もしもパウロがユダヤ教を捨てて、新しい別の宗教を作ったのなら、人々は彼を反ユダヤ主義者であると考えることでしょう。もしもパウロが、ユダヤ教の歴史がナザレのイエスにあってクライマックスを迎え、完成したと主張したとしても、やはり人々は彼を反ユダヤ主義者であると考えることでしょう。いわば、どう転んでも同じことなのです。けれどもパウロは後者だった、と私は考えています。この私の立場に反対する人は、なぜパウロが前者のほうだと理解するのかを説明する必要があるでしょう。

問題は、新たな召しによって、パウロは自分が見たことを単なる一つの事実として伝えたというよりも、むしろ新たな宗教経験に歓喜し、それを広めたということです。その内容は、十字架につけられたナザレのイエスは、イスラエルの神によって死人の中からよみがえり、イスラエルのメシアとして立てられたこと、驚くべきことに、そのことのゆえに全世界の主として立てられたことです。パウロの使命は、この物語《ストーリー》、つまりイスラエルの神とその民について、また創造者と被造物について真の物語《ストーリー》を語ることでした。パウロの召しは、それを全世界に対して語ることでした。パウロは、コールリッジの『老水夫行』の「老水夫」のように、聴き手のことよりも語り手のことを長くとりとめもなく語って回り、人々を悲しませ、あるいは知恵を与えようとしたのではありません。彼は王の使者として世界中に出て行ったのです。

言い換えるなら、パウロは（彼自身が何度も言っていることですが）、「福音をゆだねられた」のです。それでは、「福音」の正確な意味は何なのでしょうか。この問いこそが、パウロが本当に語ろうとしたことの中核へと私たちを導きます。しばらくの間、一歩下がってこの問いを熟考してみましょう。

現代の教会における「福音」の誤った理解

「福音（ゴスペル）」という言葉は、キリスト教の歴史の中で、パウロと同じぐらい、波乱に満ちた歴史をたどってきました。一世紀において福音とは、言葉で伝えられたメッセージ、またナザレのイエスについて書かれた書物（福音書）の両方を指しうるものでした。近代では、特別なキリスト教集会（たとえばゴスペル・ラリー〔訳注＝日本では伝道集会と呼ばれる〕）や、自らが信頼を寄せることのできる情報の象徴（たとえば「福音の真理」とか）として用いられています。今日、多くのキリスト者は新約聖書を読みながら、この言葉の意味に関しては疑問を持つことがありません。むしろ自分たちの文脈の中でこの言葉を理解し、それが、パウロが用いた「福音」の正確な意味だと思い込んでいます。この言葉を知っている人はみな、それが「良い知らせ」という意味であると理解しています。では、いったいどのような良い知らせなのでしょうか。

「ゴスペル」や「福音」という言葉はとりわけ、教会のあるグループの間では、「オルド・サルティス」あるいは「救いの順序」と呼ばれ、古くから存在する神学と同一視されてきました。「福音」は、人間がどのように救われるのか、つまり、神学的なメカニズムについて説明するものであると考えられています。ある神学的立場では、キリストが私たちの罪を引き受け、私たちがキリストの義を受け取ることです。別の神学的立場では、イエスが私の個人的な救い主になることであり、また別の神学では、私が罪を認め、キリストが私のために死なれたことを信じること、自分の人生をイエスにささげることです。多くの教団教派の中で、こうしたメッセージを聞くなら、人々はまさに「福音」が語られていると言うでしょう。一方で、今日の政治問題や環境問題に関連してイエス・キリストを説教すれば、あるグループの人々は「そのテーマは興味深いものだけれども、それは福音の説教ではない」と言うでしょう。

新約聖書には難解な概念があります。知的な読者はその意味を知ろうとして、注解書や聖書事典を開きます。ところが、本当は同じように難解でありながら、単純なものだと考えられてしまっている概念もあります。ある言葉を新約聖書が支持していない意味で使っているならば、それは私たちの責任でしょう。私たちは自分たちが持っている概念の根拠を見いだすために、その言葉が出てくる聖書箇所をあちこち探しますが、テキストを誤読し、テキストが本当に言おうとする意味を理解していないという罠に陥ってしまうことがあるのです。

人々が普通に用いる「福音」という言葉の意味についてですが、私は、それはそれで良いと思っています。ただしそれは、パウロが意味したものではないとも考えています。私は、人々が伝え、説教し、信じている福音、普通に私たちが考える福音を否定しているのではありません。そういったことを表現するために、パウロ自身は「福音」という言葉を使わなかっただろう、ということです。

なぜでしょうか。そこで、まず初めに、パウロの世界で「福音」とはどのような意味だったのかを考えてみましょう。思うに、パウロが意味したのは、個人的な意味での福音ではなかったでしょう。つまり、多くの人たちが考えていた意味とは異なるものだったのです。

パウロの用語の背景

この問いに答えるためには、もう少し詳しく調べていく必要があります。福音という概念はどこから来たのでしょうか。またその言葉はパウロやその読者にとって、どのような響きをもたらしたのでしょうか。この二重の問いについて、一般的に二通りの答えがあります。結局のところパウロは、一つ以上の世界に生きていた（ユダヤ世界、ギリシア世界、ローマ世界など）というものです。この二通りの答えは、間違った二項対立だったと私は考えます。注意深く両者を調べるなら、この二つは非常に近いものであることを見いだすでしょう。実はここにおいて、長年パウロ研究者が取り組んできた中心的課題の最先端に私たちは立っているのです。つまり、歴史的にパウロをどこに位置づけ、またパウロ神学の中心はどこにあるのかという課題です。

パウロが用いたギリシア語「ユーアンゲリオン」（福音）と「ユーアンゲリゼスサイ」（福音を伝える）という言葉の背景には、一方ではヘブル語聖書の用法があり、他方では異教的（ギリシア・ローマ世界の）用法があります。そこで、パウロは基本的にユダヤの思想家であると考える人々と、パウロは基本的にヘレニズムから思想を借りてきたと考える人々とに分かれるのです。その論拠は繰り返し提示されてきましたが、私の印象としては、その教訓は得られていないように感じます。まず中心的な特徴を押さえておかなければならないでしょう。

ユダヤ人の用法には、たいへん有名なイザヤ書のテキストがあります。

シオンに良い知らせ（「ホ・ユーアンゲリゾメノス・シオン」）を伝える者よ。
高い山に登れ。
エルサレムに良い知らせ（「ホ・ユーアンゲリゾメノス・イエルーサレム」）を伝

える者よ。
力の限り声をあげよ。
声をあげよ。恐れるな。
ユダの町々に言え。
「見よ。あなたがたの神を。」（四〇・九）

良い知らせを伝える者の足は（「ホス・ポデス・ユーアンゲリゾメヌー・アコエーン・エイレネース」）
山々の上にあって、なんと美しいことよ。
平和を告げ知らせ、幸いな良い知らせ（「ホス・ユーアンゲリゾメノス・アガサ」）を伝え、
救いを告げ知らせ、
「あなたの神が王となる」と
シオンに言う者の足は。（五二・七）

これらの箇所は、他の箇所（たとえば六〇・六や六一・一）と並行して、イザヤ書の後

半（四〇～六六章）における、素晴らしい二大テーマのクライマックスと言える文章です。その二大テーマとは、ヤハウェがシオンに帰って来て王位に就くことと、イスラエルがバビロン捕囚から帰還することです。それは単に、見捨てられた者に慰めを与えるような一般的な「良い知らせ」ではありません。「良い知らせ」とは、捕囚状態のイスラエルの問題に対する特別なメッセージなのです。旧約聖書が記された後のさまざまな文書から、第二神殿期のユダヤ人たちが、少なくともイザヤ書をこのように読んでいたことは明らかです。イザヤ書の「良い知らせを伝える使者」というテーマは一世紀においても有効でした。それは、主イエスやパウロの時代の（また今日の世代に至るまで）ユダヤ人に親しまれていた大きなテーマの一つだったのです。捕囚からイスラエルが帰還するというテーマです。第二神殿期（前五三八～後七〇年）の多くのユダヤ人著作家にとって、イザヤやエレミヤ、エゼキエルなどが預言した「捕囚からの帰還」はまだ実現していないことでした。それは特にクムラン文書からも明らかです。そこでは、イザヤ書の「良い知らせを伝える使者」の姿がはっきりと用いられています。「良い知らせ」、「喜びの知らせ」とは、捕囚から解放される日が間近であるというメッセージだったのです。

ある人たちにとっては、この証拠で十分でしょう。つまりこのユダヤ教的背景こそが、新約聖書における「福音」を理解する文脈なのです。しかし、他の人たちは、非ユダヤ教的背景も不可欠であるとして、それにこだわります。学者の間ではよく知られていることですが、ギリシア世界において「ユーアンゲリオン」は「皇帝の勝利・誕生・即位」を告げ知らせる特別な言葉でした〔軍事力によって大きな勝利を収め、それによって皇帝に即位すれば、第一〔勝利〕と第三〔即位〕はおのずと組み合わさります〕。新たな支配者の到来は、平和の約束と新しい世界の始まりを意味します。とりわけ、長い内戦の末、前三一年に初代ローマ皇帝になったアウグストゥスの時代がそうでした。前九年のものとされる碑文には、こう書かれています。

神々の関心と熱意が示され、私たちの世界全体にその摂理が実現した。すなわち、アウグストゥスがこの世界に与えられることで、非の打ちどころのない完成が成就したのである。人々の守護者としての働きを行うために、アウグストゥスは徳に満たされた。彼にあって、私たちに、また後の時代の人々に救い主が遣わされた。争いをなくし、世界の至る所に秩序を生み出すためである。この神〔アウグストゥス〕の誕生は、彼によって実現した喜びの知らせという世界の始まりだった……。[1]

さて、この二つの背景の中でどちらが、新約聖書を読むためにふさわしいでしょうか。パウロにとって「福音」とは、イザヤが語ったような慰めでしょうか。それともローマ帝国の宣言でしょうか。

私は、この二つを対立軸として出すこと自体が間違っていると思っています。このもっともらしい「どちらか一方」という考え方は、長い間、新約聖書学を誤った形で分断してきました。

聖書の用語に関する研究で重要なことは、その概念がどこから来たのかということももちろんですが、むしろどこに向かっているのかということなのです。その概念が何と対峙しているかは起源よりもはるかに大切なのです。問題は、一世紀の「ユダヤ人」と「ギリシア人」が他と隔絶された世界に生きていたわけではないことにとどまりません。(このことはまさに、私たちを厳格な二者択一の姿勢に慎重さを迫るのですが。) かえって大切なのは、イザヤのメッセージがいつも、ヤハウェが王位に就き、異教の神々が王座から退けられることについて、また、イスラエルの勝利とバビロンの崩壊について、そして、しもべである王の到来とその結果としての平和と正義についてであるということです。イザヤによる聖書のメッセージは、異教の神々と支配者たちが領有権を主張し、即位式を挙行する世界にまさに分け入っているのです。ついそうしてしまわれがちですが、「聖なる用語」（イザヤ）と「俗的な用語」（アウグストゥス）を区別することなどできないのです。一世紀のユダヤ人について言えば、皇帝礼拝という「世俗的な」要求は、実際のところ、非常に宗教的なものでした。皇帝を神格化しようと早急に進んでいたローマ世界も、このことについて同意するでしょう。バビロンやエジプトの異教支配者たちのおごり、アンティオコス・エピファネスの権力欲、そしてローマ帝国に至るまで、パウロの時代のユダヤ人たちはこうした問題に直面し、その宗教的意味合いを背景として福音を理解していたのです。ユダヤ人の神であるヤハウェが、ご自分の民を救うために歴史に介入なさるとき、異教の偽の神々は敗北します。ヤハウェが、ご自身の王を真の支配者、世界の真の代表者としてお立てになるとき、その他のすべての王国は、自分たちを正当に統治する大君主と対決させられるのです。

　パウロの福音の歴史的背景をとらえれば、伝統的な宗教史研究における観念的な分類は、あまり役に立たないことがわかります。パウロの「福音」をよりユダヤ教的に理解しようとするなら、その福音は、皇帝礼拝や、「宗教的」であれ「世俗的」であれ、あらゆる異教文化と対決するのです。それは、「神より他に王なし」というユダヤ人の唯一神信仰のためです。思想史や辞書編集において、語源は大切です。しかし、その言葉が何と対峙しているかもまた重要です。カエサル（またバビロン、ペルシアやエジプト、シリアなど）が王であるという宗教的な主張に対して、イスラエルの神の主張は戦いを挑むのです。ヤハウェが王であると告げ知らせることは、カエサルは王ではないと主張することなのです。

これによって、私たちは基本的な問いに戻ります。パウロ自身は「福音」という言葉で何を言おうとしていたのか、という問いです。このような思想、期待、対峙の組み合わせを、どのように一つにまとめたのでしょうか。

イエスに関する四重の福音

イザヤのメッセージは、イスラエルの神が王となる、イスラエルの王だけでなく、全世界の王となるということでした。パウロの福音はイザヤのメッセージと同じように、唯一まことの神、イスラエルの神について、また全世界におけるこの方の勝利についてでした。ローマ人への手紙の内容について、神、福音、イエス、パウロ自身の召しの理解について、その萌芽ともいうべき文章が、とりわけローマ人への手紙の冒頭部にあります。

神の福音のために選び分けられ、使徒として召されたキリスト・イエスのしもべパウロ、――この福音は、神がその預言者たちを通して、聖書において前から約束されたもので、御子に関することです。御子は、肉によればダビデの子孫として生まれ、聖い御霊によれば、死者の中からの復活により、大能によって公に神の御子として示された方、私たちの主イエス・キリストです。このキリストによって、私たちは恵みと使徒の務めを受けました。それは、御名のためにあらゆる国の人々の中に信仰の従順をもたらすためです。（ローマ一・一～五）

神の福音は御子に関することです。唯一まことの神、預言者たちに霊感を与えた神についてのメッセージと、イエスについてのメッセージから成り立っています。それは、一人の人物の生と死、復活についての真の物語《ストーリー》であり、その物語を通して生ける神は世界の王となられたのです。パウロはこのメッセージをしっかりととらえ、その働きを通して世界中に広げました。この箇所は福音とは何であるのかについて、パウロが簡潔に要約したところです。

ですから、福音とは、人々がどのように救われるのかというシステムではありません。福音を告げ知らせることが、人々が救われるという結果となって表れるのです。ローマ人への手紙一章ではその数節後で、そのことが言われています。しかし厳密に言えば、「福音」そのものはイエスが王であるという物語《ナラティヴ》の宣言です。パウロはギリシア語の「ケルーセイン」（「使者として行動する」）、たとえば、Ⅰコリント一・二三、一五・一二、Ⅱコリント一・一九、四・五、一一・四、ガラテヤ二・二、Ⅰテサロニケ二・九）という言葉を使って、「福音を告げ知らせる」ことと「イエスを告げ知らせる」ことを等しく述べています。使者が王の即位を告げ知らせるときは、「ネロ（その他だれであっても）が皇帝になった」と言うのです。使者は「皇帝のもとで生活したい人は、ネロで試してみませんか」とは絶対に言いません。宣言とは、権威ある者からの、服従を求める呼びかけなのです。パウロはそれを「信仰の従順」と呼んでいます。

　さて、ここで「信仰」を扱うところまで来ました。ただその前にしばらく、世界に対する福音の使者パウロによって語られた物語《ストーリー》の内容に焦点を当てる必要があります。パウロが信じたのは、神の物語《ストーリー》、また世界の物語《ストーリー》が、ナザレのイエスの物語《ストーリー》の中に包含されているということです。そしてこの物語《ストーリー》こそが、世界中のすべての人への「福音」、良い知らせなのです。パウロが語った範囲で、この物語《ストーリー》の中核を順序立てて描きたいと思います。パウロが宣べ伝えたのは、十字架にかかったナザレのイエスが死者の中から復活したこと、そのことによって、イスラエルのメシアとして証明されたこと、また世界の主として立てられたことです。要約すると、十字架にかかり、復活したメシアであるイエスは主であるということです。

◆十字架のイエス

パウロ神学全体の中心が十字架であることは明白です（ところが、学術的であっても、一般的であっても、パウロ神学の中心に十字架があることがとらえきれていないというのが実情です）。パウロ神学を構築しようとする人々にとっての難しさは、パウロが十字架について述べるとき（パウロは手紙のいたるところで繰り返し十字架について語っています）、さまざまな角度から論じているところにあります。神はどのようにアブラハムに対する約束を成就されたのでしょうか。それは十字架を通してです。かつて異教徒だった配慮に欠けるキリスト者が、偶像に供えられた肉を食べたとき、いったい何が問題だったのでしょうか。彼らが「その人たちのためにキリストが死んでくださった」〔訳注＝Ⅰコリント八・一一〕ほどの兄弟姉妹を不快にさせたことです。バプテスマにおいて何が起こったのでしょうか。人がキリストとともに死んだのです。神はどのように悪の力の支配を打ち破られたのでしょうか。十字架が神の勝利の行進となったことによってです。神はどのようにご自身の至高の愛を啓示し、ご自分の民と世界に対する揺るがない関わりを示されたのでしょうか。イエスの死によってです。ユダヤ人と異邦人はどのように和解したのでしょうか。十字架を通してです。なぜキリスト者は、もはや律法の下にいないのでしょうか。「キリストのからだを通して律法に死んだ」〔訳注＝ローマ七・四〕からです。神は強大な罪と死の支配に対して何をされたのでしょうか。十字架の上で罪を断罪し、死の力を無効にされたのです。十字架についてこのような多くの記述があるわけです。

十字架があまりにも多く繰り返し出てくるので、パウロが言おうとしたことについて、また当時の世界に伝えようとしたことについて何か無感覚にさえなる危険があります。今日の西洋世界で十字架は装飾品の一つです。十字架を身に着けている人たちは、そのアクセサリーが現代の絞首台の縄、電気椅子、蝶ねじ〔訳注＝ねじで親指を絞め上げる拷問道具〕やラック〔訳注＝横たわった状態で手足を巻き上げる拷問道具〕と同じようなものであることにまったく気づきません。十字架は正確に言うなら、これら四つの処刑道具を組み合わせたもの、いや、それ以上のものなのです。十字架刑は恐怖以外の何ものでもありませんでした。ローマの上流社会では、口にするのも憚られるものでした。パウロが十字架について語るときはいつも、とりわけ救い、愛、恵み、そして自由と等しいものとして語っています。しかし、十字架を通して普通に思い浮かべる感覚とはあまりにも違うので、パウロも聴衆も顔を平手打ちされたような気持ちになったに違いありません。パウロがイエスの死、とりわけその死に方について言及するときはいつも、こうしたことを思い出す必要があります。

このようなことを学ぶと、私たちも顔を平手打ちされて、大切なことを理解できるようになります。神は世界の価値をひっくり返し、不可能を可能にされたのです。恥を栄光に、栄光を恥に変えてしまいました。賢い者を出し抜く愚かな者となり、強者を抑えつける弱者になったのです。パウロにとって十字架は、象徴であり、手段でした。十字架によって唯一まことの神、世界の創造者が、ご自身の権威を侵害していたあらゆる隷属させる力を打ち破り、勝利を収められたのです。これが、十字架はパウロ神学の中核であるという理由です。イザヤは福音のメッセージとともに、一人の使者についても語っています。預言を展開しながら、バビロンの偶像の神々に対するイスラエルの神の勝利を強調して、その中心に、苦しみを受けながら立てられるヤハウェのしもべという不思議な人物を描いています。パウロが生きていた世界では、王や皇帝が偉大な勝利を収め、それによって王座に就き、それを告げ知らせることが「福音」であると理解しました。パウロは土台をしっかりと預言者の上に置き、新しい王、皇帝、主の到来を異邦人世界に告げ知らせたのです。

ここで、私は一つの優先順位を提案したいと思います。もちろんパウロがイエスの十字架について表現する文章はみな等しく大切なのですが、あえて優先順位をつけてみます。まず初めに『すべての支配と権威」に対する決定的な勝利として十字架が描かれている箇所です。この概念を中心に持ってきても、多様に表現される十字架の意味合いは決して損なわれることはありません。「十字架にかかったメシア」を告げ知らせること はすべての鍵となります。それは、この世の支配者たちに対して、彼らの支配が終わったことを宣言するからです。もしも彼らがそこで起こっていることを理解していたなら、「栄光の主を十字架につけはしなかったでしょう」(Iコリント一・一八〜二・八)。イエスが十字架につけられたとき、その場にいた見物人が考えたこととは真逆で、すべての支配と権威を勝利の行進に導き、彼らに対するご自身の勝利を祝ったのは、イエスその人だったのです(コロサイ二・一四〜一五)。イエスの死は、「この世の幼稚な教え」(ガラテヤ四・一〜一二)に隷属させる力から、ユダヤ人と異邦人を解放しました。そして、すべての中で際立つのは、イエスの死がその大いなる服従のクライマックスであり、それを通して罪と死の支配が恵みと義の支配に取って代わったことです(ローマ五・一二〜二一)。「福音」はまさしく、王の勝利を告げ知らせることなのです。

イエスの残酷な死が、権威と罪と死に対する決定的な勝利となったとは、いったいどのようなことなのかと尋ねるなら、パウロは「それは、アブラハムとその子孫を通して、世界の悪の力が滅ぼされるという神の約束が成就したことである」とすぐに答えるでしょう。ローマ人への手紙における一連の議論の中でパウロは、ご自分の契約に対する神の真実（これは特別な用語で神の「義」）を解説しています。それがアブラハムに対する約束の成就であり（三・二一～四・二五）、アダムの罪を帳消しにすること（五・一～二一）、究極的には全被造物の解放である（八・一七～二五）と説明しています。同じ思想は、さまざまな箇所で観察することができます。ガラテヤ人への手紙では、アブラハムに対する契約がイエス・キリストにあって、いかに劇的なクライマックスに至ったのかが説明され、それが「新しい創造」（六・一五）のメッセージの前提となっています。同じように、コリント人への手紙第二では、新しい契約（三章）が新しい創造（五章）へと繋がっています。聖書の成就はいつも、契約の完成であるイエスの死に焦点を当てているのです。それは、神が罪そのものに対して判決を下されるとき（ローマ三・二四～二六、八・三）であり、驚くほどの神の愛が栄光のうちに明らかにされたときでした（ローマ五・六～一一、八・三一～三九）。

十字架は約束の成就であって、破棄ではありません。パウロはダマスコ途上で、あるいはその後の黙想期間において、十字架を中心とした思想を得ました。このことで、あらゆるユダヤ教的な要素を排除しようと考えたのではないかと容易に想像することができます。それは、イスラエルの神がご自分の約束を最終的に完成したという意味も含みます。ピリピ人への手紙三章七～八節、「しかし、私にとって得であったこのようなものをみな、私はキリストのゆえに、損と思うようになりました。それどころか、私の主であるキリスト・イエスを知っていることのすばらしさのゆえに、いっさいのことを損と思っています。私はキリストのためにすべてのものを捨てて、それらをちりあくたと思っています」を、このような意味で読むことも可能です（これは大きく誤った読み方ですが）。けれどもこれはまったく当たっていません。パウロも同時代のユダヤ人たちも、神がこのように事を行われるとは夢にも考えていませんでした。イエスの死についてのパウロの理解は、無から生じたまったく新しい思想ではなかったのです。福音は、ユダヤ人の歴史と伝統にその土台をしっかりと置きながら、異教世界に伝えられたものです。その事実にこそ、パウロの「福音」の力があったのです。パリサイ人であったサウロは、イスラエルの失敗と不真実、罪と反逆、その結果としての国家的災難、敗北、占領、捕囚のためにすべてが間違った方向に進んでいったというようには、聖書を読みませんでした。たとえば詩篇七四篇を読んでみましょう。そしてタルソのサウロが、要塞から見下ろしているローマ兵の監視のもと、神殿の庭で熱心に祈っている姿を想像してみましょう。

イスラエルの運命——異教徒から受ける苦しみ——は、まだ拭い去られてはいませんでした。このことはとても重要です。イスラエルの代表者メシアであるイエスの死によってまさに、この苦しみはクライマックスへと達したのです。パウロが「聖書にしたがい、メシアが私たちの罪のために死なれた」（これはコリント人への手紙第一、一五章三〜八節にある福音の要約部分の冒頭です）と宣言したとき、それは聖書からたくさんの「証拠となるテキスト」を見つけて、十字架の預言として上手に用いたということではありませんでした。彼が言おうとしたのは、ナザレ出身の青年ユダヤ人がローマ人によって十字架上で釘づけとなり、死に渡されたとき、聖書の物語《ストーリー》全体、イスラエルに対する神の取り扱いというドラマが完成した、ということだったのです。パウロが十字架について語るごく一部を私たちは見てきましたが、十分に論じられたと思います。パウロにとって、異教徒の手によるイエスの恥ずべき死は、「福音」が何であるかの中核であり、出発点でした。それはイザヤのメッセージの成就であり、王の究極的な勝利宣言でした。そして世界に対するユダヤ人の良い知らせだったのです。

ただし、紀元一世紀に何百人ものユダヤ人がローマによって十字架刑に処せられました。なぜイエスの十字架だけが特別だったのでしょうか。パウロの答えは二重のものです。この十字架刑は、だれが十字架にかかったのか、その後に何が起こったのかという点で特別だというのです。逆の順番から見ていきましょう。イエスが復活したこと、メシアであること、それゆえ世界の主であること、これらと十字架が一つとなって、パウロの「福音」は形成されているのです。

◆復活のイエス

「そして、キリストが復活されなかったのなら、私たちの宣教は実質のないものになり、あなたがたの信仰も実質のないものになるのです。……そして、もしキリストがよみがえらなかったのなら、あなたがたの信仰はむなしく、あなたがたは今もなお、自分の罪の中にいるのです」（Ⅰコリント一五・一四、一七）。復活がなかったなら、十字架は、福音、すなわち王の勝利宣言、その結果である救いにはなり得ませんが、勝利が実現する前に起きた、混乱の中の出来事ではありませんでした。パウロが理解したイエスの十字架とは、創造者の愛が被造物の反逆に対して勝利を勝ち取った時であり、人類と世界を支配していたさまざまな力が決定的に敗北した時でした。ところが、神学的には行ったり来たりするのですが、もしも十字架の勝利が、イエスの復活に直結しないなら、十字架は無意味なものとなってしまいます。聖書全体の主要なテーマに沿って、パウロは罪と死が密接に繋がっていると理解しました。イエスが罪を打ち破ったのなら、死はもはやイエスを閉じ込めることができないのです。（逆に言うと）イエスが死からよみがえったのなら、イエスは十字架の上で本当に罪を打ち破ったのです。つまり、神はアブラハムや預言者たちへの約束をついに果たされたのです。コリント人への手紙第一、一五章一～九節の中でパウロはこの論旨を展開しています。それは慎重に検討された、パウロの「福音」の解説なのです。

ですから、すべてはイエスの復活にかかっています。学者や有名な著作家は、パウロが将来起こると考えたこと、まだ起こっていない出来事について、それが「終末論的」、「黙示的」信仰と呼ばれる出来事であるかのようにして、歌や舞踊を作っています。パウロに関するかぎり、最も重要な終末的出来事は、イエスが死者の中からよみがえったことでした。それによって生ける神が、宇宙全体を救うというご自身の計画を啓示した（あるいは「黙示した」）のです。イエスは終末の時代に生きていただけでなく、全世界の新しい秩序が開始する時代にも生きていたのです。十字架と同じように、復活はパウロの思想と執筆活動全体に浸透しています。それは単なる、先を見据えた将来の復活ではありません。すでに起こったイエスの復活です。

パウロのパリサイ人としての背景と訓練を考えるなら、復活とはからだの復活を意味していたことは、議論の余地がありません。コリント人への手紙第一、一五章は、復活に関する考え方について、二つの可能性を排除します。パウロは単に、死んだ人が蘇生することを言っているのではありません。主イエスは生きていた時と同じ状態に復活したのではないのです。もう一つは、パウロがイエスの肉体を否定していないということです。もしもあなたが、「復活」はイエスのからだがまだ墓の中に残っている間に起こったのだ、とパウロに言うなら、彼はそれに同意しないばかりか、あなたが聖書の言葉をまったく理解していないと言い返すでしょう。一世紀のユダヤ人は、自分たちの死後、神がご自分の民をどのように扱うのかについて、さまざまな信仰を持っていました。ところが「復活」は、そのような信仰を表す用語には含まれていなかったのです。とりわけ復活は、再び肉体を持つこと、つまり新しい肉体の存在のことです。パウロが「霊的からだ」（Ⅰコリント一五・四四〈訳注＝新改訳では「御霊のからだ」〉）について述べるとき、「霊的」とはプラトン主義のような「非物質的」なものを意味しません。「霊」によって成り立っている（ある意味で物質的）からだを意味しているのです。

　パウロはイエスが死を通り、死の向こう側に行ったと信じていました。そしてイエスは新しい状態の肉体をとったのです。それは以前にはなかった肉体であり、前例がないものでした。それでも、このことは「聖書の示すとおりに」（Ⅰコリント一五・四）起こったのです。繰り返しますが、歴史上の独立した出来事としての復活を預言している、数少ない聖書箇所をパウロが掘り起こしたのではありません。聖書全体の物語《ナラティヴ》から復活を導きだしたのです。エゼキエル書三七章で「復活」は、イスラエルがバビロン捕囚から帰還する時の比喩として用いられています。パウロがイエスの復活という事実に直面したとき、バビロン捕囚からの帰還は本当に起こったのだと結論づけました。捕囚は、イエスの死によってクライマックスに達したのです。究極的な捕囚である死をイエスが通ったことにより、ギリシアやローマ、ヘロデやピラト、カヤパから解放されるだけでなく、罪と死という究極的な敵からも解放されたのです（Iコリント一五・二五〜二六）。パウロは期待していなかったようにも見えますが、そのとき、来たるべき時代、ユダヤ人の待望する終わりの時代が到来したことを意味していました。イスラエルは、油注がれた代表者によって贖われたのです。また異邦人たちは今やイスラエルとともに、この新しい時代、救いの日を喜び祝うために呼び集められたのです。

　このことは、イスラエルが長い間待ち望んできた、来たるべき時代が、二つの段階で到来したことを意味しました。コリント人への手紙第一、一五章でパウロは、ユダヤ教的黙示における伝統的モデルを多少なりとも作り直しています。終わりの時は（イエスの復活にあって）すでに到来したこと、けれども終わりの時は将来（イエスに属する民が復活するときに）到来することを明らかにしています。ローマ人への手紙八章で、パウロはこのことを、さらに広い視点から説明します。イエスの復活は、将来における死と滅びからの解放を保証するものであり、それは「キリストの内にある」者だけでなく、被造物全体のためです。この第一の終末と第二の終末の間に生きていることを、パウロは自覚します。これこそが、彼の神学において新しい発見でした。ところがこの新しい発見は、パリサイ的ユダヤ教の範疇にあり、これまでの枠組みを捨てて、まったく別のものから作ったものではありません。

ここから直接的に、重要なことが導き出されます。十字架はそもそもメシアとなる野望が打ち砕かれることを意味しました。そのような恥に満ちた十字架刑であったにもかかわらず、ナザレのイエスは、本当にイスラエルのメシアであり、神によって立てられ、油注がれたまことの王であることが示されたのです。

◆王であるイエス

「キリスト」とは人の名前ではなく、称号です。ところが、それが人の名前になりました（ある人物を指しており、それ以上の含みはありません）。キリスト教初期の段階で、ユダヤ教的な本来の意味を異邦人キリスト者は忘れてしまったのです。また一世紀において「キリスト」には「神的存在」という意味はありませんでした。これも後代、発展した概念です。これから見ていくとおり、パウロはイエスが神的存在であると考えました。しかし、「キリスト」という言葉自体には、そのような信仰は表現されなかったし、表現もできなかったのです。パウロにとって「キリスト」は「メシア」を意味していました。「メシア」とはもちろん「油注がれた者」という意味です。キリストとは何を指しているのかが理解できていないと（それは、研究書や一般の書籍でもよく見受けられますが）、パウロが記した聖書箇所の多くがぼやけてしまいます。

ある人々にとっては、キリストはたとえば祭司を意味したでしょう。けれども、一世紀ユダヤ教における中心的な意味は、やがて到来する王でした。その当時のユダヤ教にあった特別なメシア待望論について研究書が執筆されています。このような書籍では、「メシア」は「宗教的な」存在であり、一世紀の日常生活から切り離された存在のようです。おもにヨセフォスの著作から、イエスの生涯の前後二〇〇年にわたってメシア運動や、それに準ずる運動があったことがわかっています。パウロが言おうとすることを理解したいなら、これこそ、私たちが知るべき時代背景です。パウロは、イエスがまことの王であると信じました。イエスは予期していなかった王だったのでしょうか。そうです。来たるべき王はこんな人物で、このようなことをしてくれるというそれまでの期待も含めて、イエスはすべてのことを逆転させてしまった王だったのでしょうか。そうです。それにもかかわらず、まことの王なのです。復活はそれを証明しました。このことを覚えておくと、「イエスース・クリストス」を「イエス・キリスト」でも「メシア・キリスト」でもなく、「王イエス」と翻訳することは何の問題もありません。

ですからパウロの「福音」は「キリストの福音」なのです。それは、王の性質についてのメッセージというよりも、王を主題としたメッセージです。まことの神がご自分を明らかにしたのは、この王を通してです。福音の宣教を通して、パウロは、イエス・キリストを十字架にかかった人物として描きました（ガラテヤ三・一）。福音が良い知らせであると考えたのは、王であるイエスの十字架にあって、またそれを通して、唯一まことの神が悪を決定的に解決したからです。囚人が本当に嬉しいのは、看守が鎖に繋がれて動けなくなったと知るときです。シオンが本当に良い知らせを受け取るのは、バビロンが打ち破られたと知るときです。パウロの福音の中心にあるのは、王であるイエスが悪の中枢を打ち破ったという主張です。

パウロがイエスを王でありメシアであるとみなし、それを告げ知らせたのかどうかについて、新約聖書研究の分野でも議論があります。そこで、私はなぜそのような主張をするのかの理由を述べ、実際にこの議論が理にかなっていることを示したいと思います。

それでは、ローマ人への手紙一章一〜三節に戻りましょう。ここでパウロは、簡潔かつ力強い文章で自己紹介をし、手紙の導入としています（本書七九頁を参照）。何世代にもわたって研究者たちは、パウロがイエスを王、メシア、まことのダビデの子という思想を持っていることを認めようとせず、この箇所がローマ人への手紙の冒頭から抜け落ちているかのように扱い、一章一六〜一七節が（神の義を告げ知らせること、これについては、後で詳しく扱います）、本当の導入部であるかのようにして、無視したのです。パウロが聴衆を安心させるために「伝統的な手紙形式」を使っていると考え、三〜四節を退けました。もちろんパウロ自身、これが自分の思想の正確な要約であるとは考えていないでしょう。それでも、確かにパウロは手紙の冒頭で大切なテーマを導入していま す。たとえ、三〜四節がパウロ神学全般、またこれから述べようとする議論の要約ではなくても、ローマ人への手紙の大切な一部であり、注意深い言い回しを用いた形式をパウロが挿入したのは確実です。この点については、詳細なローマ人への手紙の釈義をしなければ証明することは難しいでしょう。いずれにせよ、私はパウロ神学全体の中心に、王の神学がある可能性を指摘しておきたいと思います。

パウロが「福音」として提示するローマ人への手紙一章三〜四節の形式は、ダビデの子について語っています。クムランだけでなく、数多くのユダヤ教文献から、ダビデの子がメシア概念の中心にあることがわかっています。またそれを支持する少なくとも一、二の聖書引用があることもわかっています。もっとも周知のものは、サムエル記第二、七章でしょう。ダビデに対するナタンの預言の中で、神はダビデのために一つの家を建てると約束しておられます。ダビデが世を去るとき、神はその子孫を立て、彼はダビデの王座に就くのです。「わたしは彼にとって父となり、彼はわたしにとって子となる」と神は約束されました。この約束は、後代の歴代誌の並行箇所や、とりわけ詩篇二篇や八九篇のような王の詩篇で、喜びをもって表現されています。これらすべての箇所は、さまざまなユダヤ教伝統の中で、来たるべきメシアについて語っていると特定されています。

ですから、自ら宣べ伝えている福音とは、聖書の中であらかじめ約束されたものであり、ダビデの子孫から生まれた方、今や神の御子として示された方が福音の中心であるとパウロは述べています。ところが私たちは、見えない目で望遠鏡をのぞいたネルソン提督の真似をして〔訳注＝味方の艦隊から退却を命じる旗の合図があったが、退却したくなかったので、失明している目にわざと望遠鏡をあてたという故事〕、パウロが意図してこのような聖書的メシアの主題を並べようとしているという主張を否定しなければならないのでしょうか。けれども、ここにある配列は、これまで収集されてきたメシア概念と同じくらい、ユダヤ教文書でも裏づけられているものなのです。言い換えるならパウロは、救いが備えられているというメッセージだけでなく、「イエス」と呼ばれる人物によって奇しくも完成したメッセージを、福音として伝えたのです。パウロにとって、イエスの別名は「キリスト」です。パウロは、イエスにあって救いのメシア的約束が実現したと宣べ伝えています。イエスは王です。イスラエルの王だけでなく、全世界の王なのです。パウロはローマ人への手紙一章五節でこのことを述べています。神は、王であるイエスに対する従順へと、すべての国々を呼び集めようとして、パウロを遣わされました。明らかにこれがパウロの思想にあったメシア概念でした。ローマ人への手紙では、アブラハムとその家族に対する約束が、イエスにあって実現したというテーマが何度も繰り返されています。イスラエルに期待されながら、失敗に終わった従順と真実を、イエスは神に示したのです。イエスは、肉によればイスラエルから出たメシアであり、そして今や世界の主になった方です。ですからローマ人への手紙一章三～四節は、手紙の最も深い議論の出発点であることが明らかです。ローマ人への手紙におけるパウロ神学の中核は、王に関するテーマなのです。

　同じことはガラテヤ人への手紙のパウロ神学にも言えるでしょう。ガラテヤ人への手紙三章一節～四章一一節の長い議論を見てみましょう。この議論は、どのようにしてアブラハムに対する約束が「キリストにあって」すなわちメシアにあって、成就したのかについてのものです。「アブラハムに対する約束について、神はどのように真実を現されるのか」という問いは、多くのユダヤ教文書にありました。その思想のクライマックスは、歴史的に「ダビデの子メシア」にあって約束が成就し、完成するというものです。この点について、本章ではクリストスという言葉の意味を集中的に述べてきましたが、それ以外にもパウロが歴史的に持っていた思想は何かあるのでしょうか。

もちろん、あります。ガラテヤ人への手紙の議論の中心は、「子孫」という概念です。それはアブラハムのまことの子孫であり、約束を成就する方です。何人かの研究者が示したように、それは先述したナタンの預言にあるメシアの約束と密接に結びついています。そこでは、メシアが「ダビデの子孫」であると言われています。ガラテヤ人への手紙の議論の重要な転換点は、パウロが示すように、創世記四九章一〇節の有名なメシアの約束です。

第二神殿期のユダヤ人によって引用され、研究された約束を翻訳するのは難しい作業です。しかしその当時、「王権はユダを離れず、統治者の杖はその足の間を離れることはない。ついにシロが来て」の意味は、メシアの約束の成就まで、ユダ王家が続くことだと確かに理解されていました。「シロが来て〔訳注＝英語は彼が来るまで〕」という重要な語句と、長い間の期待またその後の約束の成就の二つが、ガラテヤ人への手紙三章一九節に見いだされます。律法が与えられたのは、違反のためであり、約束をお受けになった、この子孫が来られる時までです。アブラハムについての議論全体の中で、パウロは暗にこの王の神学と釈義を用いています。本章の残りの部分で集中的に取り上げ、私の別の著作でも述べていることですが、パウロによる「クリストス」（キリスト）の用法は、「メシアの所有である人々と一つになること」だと説明できます。パウロはキリスト者を「キリストに対する洗礼を受けた者」、「キリストを着た者」、「キリストにあって一つとされた者」、「キリストに属する者」（ガラテヤ三・二七～二九参照）と描写しています。ガラテヤ人への手紙の議論全体をメシア的に読むことを退ける唯一の方法は、先のネルソン提督のやり方しかありません。

　ガラテヤ人への手紙三章の議論は、四章へと直接続いています。四章でパウロはイエスを描写するために、はっきりとメシア的な言葉を用いています。イエスは主であり、すべての相続人です。またイエスは神の御子（これは王としての称号です。詩篇二篇、八篇）です。この方を通して異邦の国々は、神の前にひざまずき、まことの神の民は自由とされます。イエスの到来とその働きを通して、まことの神はついに明らかにされました。「神の福音」は、まさに「御子についての福音」なのです。パウロにとって「福音」とは、十字架にかかって、よみがえり、王イエスとして、また約束されてきたイスラエルのメシアとして現れたナザレのイエスの物語《ストーリー》なのです。

◆主であるイエス

パウロによる福音物語《ナラティヴ》における最終段階は、詩篇作者がまことのダビデ家の王として描いた人物こそが、イエスであると主張することでした。

わたしは主の定めについて語ろう。
主はわたしに言われた。
「あなたは、わたしの子。
きょう、わたしがあなたを生んだ。
わたしに求めよ。
わたしは国々をあなたへのゆずりとして与え、
地をその果て果てまで、あなたの所有として与える。」
（詩篇二・七〜八）

神よ。あなたの公正を王に、

あなたの義を王の子に授けてください。……
彼は海から海に至るまで、
また、川から地の果て果てに至るまで
統べ治めますように。

（詩篇七二・一、八）

わたしは、わたしのしもべダビデを見いだし、
わたしの聖なる油を彼にそそいだ。
わたしの手は彼とともに堅く立てられ、
わたしの腕もまた彼を強くしよう。……
彼は、わたしを呼ぼう。
「あなたはわが父、わが神、わが救いの岩」と。
わたしもまた、彼をわたしの長子とし、
地の王たちのうちの最も高い者としよう。

（詩篇八九・二〇～二一、二六～二七）

言い換えると、ユダヤ人の王の到来はまた、全世界の王の到来でもあるのです。もち

ろん、これは選びの教理の急所、つまりイスラエルが、唯一まことの神の一つの民として選ばれるという教えを単純に示しています。イスラエルが、全世界に対して神が語る手段であり、そのための選びの民であるなら、イスラエルの王がその行動の中心になります。メシアはイスラエルの主となるだけでなく、全世界の主となります。
　これこそが、パウロがイエスについて述べていることなのです。

　ユダヤ人とギリシヤ人との区別はありません。同じ主が、すべての人の主であり、主を呼び求めるすべての人に対して恵み深くあられるからです。
（ローマ一〇・一二）

　パウロは頻繁に「主」という称号をイエスに用いているので、小型のコンコルダンスだと、その用例だけで何行も埋まってしまいます。クリストスと同じように、キュリオス（「主」）という言葉は、当たり前の用語として定着しており（普段、神やイエスに対する呼びかけの言葉として多く用いられているせいかもしれません）、単なる名前の一部として過小評価されています。ですから、この言葉はイエスを指してはいますが、イエスの本質を表せなくなっています。パウロの福音のすべてを理解したいなら、主という言葉はとても重要です。ですからイエスの本質を伝えるこの言葉の重要性を、あらためて主張しなければなりません。

「福音」という言葉と同じように、「主」という言葉も二つのまったく異なる意味を持っています。それはパウロの受けたユダヤ人としての教育を重視するか、パウロの聴衆であるギリシア・ローマ世界の人々を重視するかによって変わってきます。ここでは、後者に集中したいと思います。けれども前者の主題はとても大きく、重要なので、別にもう一章を費やす必要があります。それで、次章でユダヤ人理解の重要性を扱いたいと思います。

パウロが広く旅をしたギリシア・ローマ世界と、そこでパウロのメッセージを聞いた人々にとって、キュリオスは、いろいろな人を指す可能性がありました。この言葉はたとえば、英語の「サー（Sir）」のような、男性に対する丁寧な呼びかけ語でした。しかし丁寧語である英語の「サー」は、厳密な意味もあり、騎士〔訳注＝日本語では「〜卿」と訳される〕を呼ぶ時にも用いられます。パウロはこのような意味でキュリオスを用いていています。つまり、社会的に上の立場にある人々だけでなく、ローマ社会の最高位の人物にも用いられるのです。それはローマ皇帝です。ローマの世界観からすれば、究極的には、皇帝という世界でただ一人の主が存在していたのです。パウロによれば、今やローマ皇帝にライバルが現れたのです。

パウロが扇動的で社会の厄介者であるという疑念から、ルカはパウロを守ろうとしていると多くの人は考えています。ところが使徒の働き一七章七節で、「イエスという別の王がいる」とパウロが主張したことで、テサロニケの役人に訴えられた、とルカ自身が述べています。このときルカは、パウロが十分に扇動的であったと考えているのです。

多かれ少なかれ、パウロ自身も実際に、ルカとまったく同じことを手紙の中で述べています。有名なピリピ人への手紙二章五～一一節（次章で詳しく見ます）で、パウロはイエスが何者であるのか、本当の神はだれなのかという、息をのむような光景をはっきりと描いています。それだけにとどまらず、パウロは、その時代の世界の主がカエサルであるという主張を、はっきりと直接、覆しているのです。「すべての口が『イエスは主である』と告白して、父なる神をほめたたえる」と述べています。「福音」に関することは、「主」に関することです。パウロの用語は、イザヤ書から取られただけでなく、皇帝礼拝からも取られたのです。ローマ帝国の文書から皇帝の即位で使われた定型の表現を見つけることができます。それは次のようなものです。「〇〇（アウグストゥス、ネロなどの皇帝の名前）は戦争に勝利を収めることで、国に仕えてきた。われわれは彼を主として崇め、救い主としてこの身をささげる。われわれは彼をキュリオス（主）としてほめたたえ、ソーテール（救い主）として信頼する。」

ピリピ教会に（ピリピはもちろんローマ植民都市でした）手紙を書いたパウロは、当然、自分が言っていることが何を暗示しているかを知っていたはずです。そしてこれこそが、パウロがピリピ教会に本当に伝えたかったメッセージだったようです。つまり「あなたがたは自分たちの世界に二人の主がいて、その二人に仕えることができると安心していてはいけない。主はただおひとりであり、それがイエスである」と。「すべての口が、『イエス・キリストは主である』と告白して」（ピリピ二・一一）は、ピリピ人への手紙三章最後のクライマックス、「私たちの国籍は天にあります。そこから主イエス・キリストが救い主としておいでになるのを、私たちは待ち望んでいます。キリストは、万物をご自身に従わせることのできる御力によって、私たちの卑しいからだを、ご自身の栄光のからだと同じ姿に変えてくださるのです」（二〇～二一節）に繋がっています。パウロの福音は確かに、王の到来を告げ知らせることとです。パウロは、ユダヤ人の世界から出て行き、異邦人に福音を伝えたとき、だれが王であるのかという課題を忘れていませんでした。それが逆に、福音のユダヤ教的メッセージがその真の意味を理解し始める文脈になりました。パウロも十分承知していたとおり、「別の王」がいるなどと言えば、人々はその人を牢に入れたものです。パウロはその手紙の半数を、その牢の中で書いたのです。

神の福音

ここまでパウロの「福音」について学び、パウロがよく用いる定式句（「主イエス・キリスト」など）は、注意深く考え抜かれた結果であり、その背景にはある物語《ストーリー》が示唆されていることを見てきました。そのことを理解すると、パウロがユダヤ教世界にしっかりと根ざしていて、カエサル以降のローマ世界の権威、権力に対して福音のメッセージを直《じか》に発していることが明らかになります。ところが、究極的にはこのメッセージは単にイエスについてだけにとどまりません。パウロにとって、イエスについて述べるということは、神ご自身について語る一つの手法でもあったのです。

パウロが語りかけている異邦世界においては、「神」という言葉（ギリシア語で「セオス」、ラテン語で「デウス」）に疑問符が付いていました。人々は神について本を書きました。神が存在するのか、それとも神々が存在するのか。もしも存在するなら、男の神なのか女の神なのか。どんな姿をしているのか、何をするのか、人間の日常生活に介入してくるのか、などについてです。ほとんどの人が、神々がいるのではないかと、何となく考えていました。ただし、心底そう考えている人はあまりいなかったようです。しかしパウロのいたユダヤ教世界では、ただおひとりの神が存在すると考えられていました。この方は世界の創造者であり、イスラエルの神です。ユダヤ人全員が真剣に、この神が存在すると考えていたのです。

さらに信仰深いユダヤ人はみな、やがて世界中がイスラエルの神の存在を知るようになると堅く信じていました。イスラエルの神は、世界中にご自分の国を打ち立て、イスラエルが特別な民であることを明らかにし、偶像礼拝と不道徳の世界をさばかれます。これは、パウロやイエスと同じ時代に書かれたとされている『ソロモンの知恵』の中でもおおよそ言われていることです。タルソのサウロがパリサイ人の一人として異邦人にメッセージを語るように召されていたなら、これがサウロのメッセージの中心になったに違いありません。そして、まことの神、イスラエルの神を礼拝し、ユダヤ人の生活様式、すなわちトーラーを守るように人々を招いたはずです。

使徒パウロの「福音」とは、神について、イスラエルの唯一の神、世界の創造者についてのメッセージです。また福音は、異教の偶像礼拝を拒否して、生命とすべての良いものの源であるまことの神に立ち帰るようにという招きです。パウロはこのメッセージを、テサロニケ人への手紙第一（ある人々は、この手紙が現存するパウロの最初の手紙であると考えています）一章にまとめています。また、その他の箇所からも、パウロが自分の説教の成果をどのように見ていたかを知ることができます。まずガラテヤ人への手紙四章一～一一節を見てみましょう。

1ところが、相続人というものは、全財産の持ち主なのに、子どものうちは、奴
隷と少しも違わず、2父の定めた日までは、後見人や管理者の下にあります。3
私たちもそれと同じで、まだ小さかった時には、この世の幼稚な教えの下に奴隷と
なっていました。4しかし定めの時が来たので、神はご自分の御子を遣わし、こ
の方を、女から生まれた者、また律法の下にある者となさいました。5これは律
法の下にある者を贖い出すためで、その結果、私たちが子としての身分を受けるよ
うになるためです。6そして、あなたがたは子であるゆえに、神は「アバ、父」
と呼ぶ、御子の御霊を、私たちの心に遣わしてくださいました。7ですから、あ
なたはもはや奴隷ではなく、子です。子ならば、神による相続人です。8しかし、
神を知らなかった当時、あなたがたは本来は神でない神々の奴隷でした。9とこ
ろが、今では神を知っているのに、いや、むしろ神に知られているのに、どうして
あの無力、無価値の幼稚な教えに逆戻りして、再び新たにその奴隷になろうとする

のですか。10 あなたがたは、各種の日と月と季節と年とを守っています。11 あなたがたのためにに私の労したことは、むだだったのではないか、と私はあなたがたのことを案じています。

この箇所は、この手紙全体のクライマックスです。前の議論をまとめ、これから言おうとする事柄の土台を作っています。ですから「福音」の要約であると理解してよいでしょう。そのことは手紙の導入における中心的主題のように、はっきりと述べられています。一～七節で、一つの特殊な書き方をして、パウロは「福音」の内容を語っています。「定めの時が来たので、神はご自分の御子を遣わし、この方を、女から生まれた者、また律法の下にある者となさいました」と。八～一一節は福音宣教の文脈と結果について述べています。ガラテヤ人は、以前は「神を知らなかった」のですが、パウロがイエスを伝えた結果、「今では神を知っているのに、いや、むしろ神に知られている」のです（四・九）。言い換えるなら、この箇所は、パウロがガラテヤ人への手紙一章六～九節で問題提起した「なぜガラテヤ人が真の福音から離れて、別の福音、人間の教え、偽の真理に取り込まれたのか」について、詳しく解説しているのです。

四章一～一一節によると、パウロの福音のメッセージは次のようです。まことの神は、聖書の預言の成就として、御子をお遣わしになりました。偽りの神々や「この世の幼稚な教え」（三、九節）の縄目から、ご自分の民を贖いだすためです。神は、ご自分の霊を遣わし、ご自分の子どもたちを世界の相続人とされました。それは聖書に記された希望の実現でした。この福音を信じたガラテヤのキリスト者たちは、今ではまことの神を知っており、また神によって知られているのです。つまりガラテヤ人は、イザヤ書四〇～五五章に約束されている大いなる祝福を受けたのです。唯一まことの神は、ご自身を啓示して、彼らを救い、それによって諸国の偶像を打ち滅ぼされました。

　この良い知らせのメッセージの中心にイエスの十字架があり、偽りの神々の権力と決然と対峙するのです。御子と御霊を遣わし（ガラテヤ四・一～七）、ご自身を現した神は、この世界の権威や権力を無にして、取るに足らないものとした方です（同四・八～一一）。パウロにとって「福音」の中心は、偽りの神々と対峙するまことの神を告げ知らせることなのです。このことは、パウロが期待したとおり、議論を巻き起こしました。エペソでの暴動（使徒一九章）は、まったくの誤解から起こったわけではありません。パウロのメッセージが真理であるなら、偶像を造る銀細工人たちは、当然、パウロを脅威として受けとめたはずだからです。

「神」という言葉によってパウロが何を意味したのかについて、語るべきことはたくさんあります。そのためには、パウロの福音の中心をもっと深く掘り下げる必要があります。ですからこれは別の章で扱いたいと思います。福音がイエスについて、神についてのメッセージであるのなら、パウロの中で、イエスと神の関係はどのようなものだったのでしょうか。

結び

この問いに移る前に、パウロの福音について締めくくりたいと思います。私が述べたことは、パウロにとって「福音」とは、歴史から切り離された神学や、個人的に「どのように人が救われるのか」というメッセージではないということです。福音は、イエスについて四重のことを告げ知らせることです。

1　ナザレのイエスにあって、とりわけその十字架にあって、罪と死を含むあらゆる悪の力が決定的に打ち負かされた。

2　イエスの復活にあって、新しい時代が幕を開けた。それは、長い間、預言者たちが待ち望んだことであり、バビロン捕囚が終わり、全世界が唯一の創造者である神のもとに集められる時だった。

3　十字架につけられ、復活したイエスは、イスラエルのメシアであり、イスラエルを代表する王だった。

4　それゆえ、イエスは主であり、世界のまことの王である。その御名の前で、すべてのものがひざまずく。

これはまた、神について、二重の劇的なことを告げ知らせることでもあります。

1　イスラエルの神は、唯一まことの神であり、異教の神々は偶像にすぎない。

2　イスラエルの神は、今イエスにあって、またイエスを通して知られている。

この内容は、パウロの「福音」の意味を理解するためにとても重要です。ガラテヤ教会にやって来た反対者たちが、福音の結果もたらされる全体像がどのようなものかをまったく理解していない、とパウロは考えていたので、この人たちのことを「別の福音」に誘惑していると非難しました。パウロは後に、ローマ教会を訪問する前に、ローマ教会の読者に福音をできるかぎり明らかにしたいと願い、もっとも大きな、内容の濃い手紙を書きました。その手紙はイエスについて、何よりも神について書いています。「福音」は、ローマ人への手紙一章一六節でパウロが述べているように、「救いを得させる神の力」です。「力」というギリシア語は「デュナミス」です。これは「ダイナマイト」の語源となった言葉です。パウロの福音の意味を理解するために、さらに専門的な語句を思い出すかもしれません。使徒の働き（二〇・二四）で、パウロは「神の恵みの福音」について語っています。恵みとは何でしょうか。恵みは、天と地を行ったり来たりする、あるいはパイプを通って下って来る天国の気体や非物質的な「もの」ではありません。「恵み」という言葉は、すべてを包括する無条件の愛を持つ神ご自身について端的に述べています。神の愛はあふれ流れて、被造物にご自身を与え、贖い、ご自分の世界から悪、罪と死を根絶やしにし、死んだものにいのちをもたらします。パウロの福音は、あらゆる恵みと愛の中で、この神を明らかにしているのです。

しかし福音は、人々が一定の距離を保って敬うものではありません。福音は行動を起こすものです。王の宣言は、イエスが王であるという情報を伝えているだけではありません。イエスが王であることによって、どんな結果をもたらすのかを明らかにしています。すなわち、この王に忠誠を誓うようにと、権威をもって人々を招いているのです。パウロがイエス・キリストが主であることと、王なるイエスの主権を告げ知らせたとき、生ける神が愛をもって働きかけ、福音を告げ知らせることが人々の心と生活を変える手段となっていることを見いだしました。それがパウロの宣教の働きの中心となりました。そしてこの手段によって、伝統という障害を乗り越えて、人々が愛の共同体をつくり出し、また束縛していた異教から人々を解放し、創造された目的にかなう、真の人間になれるようにしたのです。パウロが伝えようとした福音は、人々を救う神の力だけではなく、人々を救うために、今働いている神の力でもあるのです。

パウロがこの福音メッセージを告げ知らせたとき、福音にはそれにふさわしい価値があり、独自の権威がありました。それは、伝える側の修辞学的、言語学的技術とは一線を画するものでした。この福音を告げ知らせることが、神に忠誠を尽くすようにという権威ある招きであるなら、同じように人々に忠誠を求める他の「権力」に対して挑戦することになります。他のものに忠誠を誓い、仲間となるだけでなく、その言いなりにもなるなら、その人はその権力の下にあるのです。パウロによれば、それは「福音の真理」を否定することにほかなりません。

パウロは真理をしっかりととらえていました。唯一まことの神は今やイエスにあって（また御霊にあって）明らかに示されました。福音をとらえたことで、パウロ自身が、真実な神の愛と神の誠実さにとらえられ、保たれ、救われたのです。神にとらえられて、自分が「キリストのしもべであり、神の福音のために選び分けられた者」であることをパウロは見いだしました。そしてこの福音を宣言するなかで、福音こそがまさに救いをもたらす神の力であることを、彼は何度も見いだしたのです。
　このような議論は、先ほど私が提示した問いに私たちを引き戻します。その問いにこれから目を向けたいと思います。神が王であり、イエスが王であるなら、パウロの思想の中で、神とイエスの関係はどのようになっているのか、ということです。

注

1　この石碑は小アジア沿岸のピレネーで発見された。*Priene Inscriptions*, edited by F. Hiller von Gärtringen, p.105, p.40.

第四章　パウロとイエス

ある意味でこの本全体は、当然のことながら、パウロとイエスについて述べていると言えるでしょう。けれども、私たちはまず次の難問に取り組まなければなりません。パウロは本当は、イエスをどのように理解していたのか、ということです。パウロはイエスを神的存在と考えていたのでしょうか。もしそうなら、それはなぜでしょうか。そして、それをどのように表現したのでしょうか。

本章では、パウロがイエスを神的存在だと考えていたことについて論じたいと思います。しかも、研究者や一般のレベルで言われていることとは逆行しますが、パウロがユダヤ教の唯一神信仰という土台から少しも離れることなく、イエスを神的存在であると考えていたことを述べようと思います。それを証明するためには、まず初めに、一世紀のユダヤ人が唯一まことの神をどのように理解していたのかを、詳しく説明する必要があるでしょう。

一世紀ユダヤ教の一神論

この当時のユダヤ教の一神論とは、唯一まことの神の存在を内的に分析するものではありませんでした。いわば心の内におられる神を数値化して描写しようとするものではありません。むしろ、次の二つのことを主張していると言えるでしょう。その二つともが、ユダヤ人の歴史的文脈の中で大きな神学的テーマとなっていました。一つは、ユダヤ教の一神論は、神がただおひとりであり、イスラエルの神であり、全世界の唯一の神である、という主張です。ユダヤ教の一神論にとっては、異教の神々や女神たちは無意味なもので、神を冒瀆するものでした。そのような偶像を礼拝する異教世界は、生来、罪深いものでした。まことの神がやがて異教の神々とその権力を徹底的に打ち滅ぼして、イスラエルこそまことの神の民であるとその正当性を示してくださるのです。要するに、この一神論は、戦いの教理だったわけです。マカベア一族がアンティオコス・エピファネスと戦ったときに、この信仰が彼らを支え、勝利へと導きました。また偉大なラビ・アキバがローマ皇帝ハドリアヌスと戦って敗れたときも、この信仰が彼を支えました。

もう一つは、二元論が間違っているという主張です。物質世界は、悪の神が造った悪の創造物ではない。唯一の神だけが存在し、この方は、この世界の存在の最終的な責任を持っている、ということです。もちろんその責任の中には、神が世界を救い、癒し、回復するために働かれることが含まれています。ですから繰り返しますが、一神論とは戦いの教理でした。この立場に立てば、ゆっくり腰を下ろし、この世界が邪悪なものであると考え、いつかはここから脱出しようなどと悠長に考えてはいられませんでした。ユダヤ教の一神論は、物質世界に神の王国をもたらすことに熱心で（どれほどの努力が妥当なのかは、ユダヤ人によって違いますが）、また大いなる日が到来する時には、それまでに死んだ人々が、肉体をもって復活することを固く信じていました。一神論者は二元論を拒否して、肉体の復活を確信していたのです。

この一神論の枠組みの中で、多くのユダヤ人たちは、唯一まことの神がこの世界にあって、特にイスラエルとの関係において、どのように働かれるかということについてきわめて柔軟に語ることができました。この神が神の民の近くにいて、この世界においてさまざまな形で働いておられることを、広範な言葉を用いて表現していました。その言葉は今日では、理解しにくいものもあるようです。

このことのために、ユダヤ人たちは五つの特定の語彙を用いています。「知恵」、「トーラー」、「霊」、「ことば」、「シェキナ」（これは、神の民といっしょに「幕屋住まい」

をするまことの神の臨在を示す特別な用語です。神は荒野で幕屋に住んだように、エルサレムの神殿に住まわれたことを表します）。たとえばシラ書（集会の書）二四章を見ると、これら五つの言葉が互いに密接に結びついていることがわかります。しっかりととらえるべき点は、ユダヤ人は唯一まことの神を、自分たちから、またこの世界から遠くかけ離れた存在として理解しなかったということです。もちろん、神は超越した存在で、この世界に内在することはありません。けれども、この世界からまったく切り離された存在でもありません。この世界で働かれるときも、はるか彼方から干渉するわけではなかったのです。常に神は臨在し、働いておられるのです。時には、神の働きは私たちを驚かせるものでした。

前章で明らかにしたように、特にユダヤ教の一神論は、皇帝礼拝に強硬に反対しました。ローマ以前から君主礼拝があった地中海東部では、特にローマ皇帝の権威は絶対であり、広く行き渡っていました。ローマ人の世界観からしても、これは理にかなっていました。アウグストゥスが全世界を支配したとすれば、それは何かしらの形で彼が至高の神であることを意味したでしょう。しかし、ユダヤ人たちは、唯一至高の神が存在することを知っていました。ユダヤ人の主張とローマ皇帝の主張は、数ある主張の中の二つということにはいきませんでした。両者は決して折り合いがつくものではなかったのです。どちらもそのことを知っていました。

ユダヤ教一神論とローマ皇帝礼拝は、不安定な「暫定協定」を維持していました。ところがイエスの死から三十年が経過して、ついに衝突が起こりました。ユダヤ戦争は単に、強大なローマ権力とその支配に抵抗する反乱軍との衝突ではありませんでした。それは二つの相反する世界観の衝突でした。結局のところ、世界に二人の主は存在し得なかったのです。ローマについて言うなら、紀元七〇年の勝利は、彼らが正しいことを証明するものでした。ユダヤ人について言えば、エルサレムの陥落は、自分たちの一神教に対する忠誠心を強め、さらなる反抗に油を注ぐ結果となりました。

簡潔ですが、ユダヤ教の一神論についてはここまでとします。次に私は、パウロがこのユダヤ教の教理を正確に把握し、それをイエスと聖霊へと広げ、再定義したことを論じたいと思います。

パウロが理解するユダヤ教一神論の中のイエス

パウロのキリスト論（パウロがキリストについて述べていること）の最も大きな特徴は何でしょうか。その一つは、パウロがイエスに至高の称号と名誉を与えているときに、自分が模範的なユダヤ教一神論者であると強調していることです。このことを目の前にして、私たちは、パウロが支離滅裂な神学者であると判断するか、あるいは、パウロがイエスと神を同等に位置づけても、異教徒のように神々にもう一人の神を加えようとしているわけではないと判断しなければならないでしょう。パウロは、イエスが、唯一の神という存在に完全に吸収されて区別がつかなくなると考えたわけではありませんでした。自分の手紙の読者に対して、イエスが「ナザレのイエス」という人としてのアイデンティティーを持っていること、同時に唯一の神の内にある存在で、ユダヤ人の一神教の神であることを理解してほしいと考えたのです。

顕著な例として、三つの聖書箇所を挙げることができます。第一は、コリント人への手紙第一、八章一～六節です。パウロはここで、繊細な牧会的配慮をもってコリント教会が直面していた多くの問題の一つを扱い、異教が支配する環境の中で、コリント教会の人々が新しいアイデンティティーを確立できるようにと努力しています。教会の人々は、偶像の神殿で犠牲としてささげられた肉をどのように扱うべきなのか。これは枝葉末節の問題はありませんでした。コリントのような町では、ほとんどの肉がそのようなものとして市場に並んでいたからです。異教の神殿と飲食店はたいていの場合、一つになっているか、同じ場所にありました。偶像にささげた肉を拒否することは、菜食主義者になるということでもあったのです。

パウロはこの章の初めで（一～三節）、霊的にすぐれていると考えて議論をふっかけてくる人々に対して、先制の矢を放っています。「私たちはみな知識を持っているということなら、わかっています。しかし、知識は人を高ぶらせ、愛は人の徳を建てます。人がもし、何かを知っていると思ったら、その人はまだ知らなければならないほどのことも知ってはいないのです。しかし、人が神を愛するなら、その人は神に知られているのです」と。

ここにはガラテヤ人への手紙四章八～一一節の影響も見られます。イエスの福音を信じた人々は、神の新しい「知識」に至っただけでなく、神の愛という救いの領域にも入ったのです。本当の一神論とは、神についての一つの見解でもなければ、推論でもありません。イスラエルに「心を尽くしてあなたの神、主を愛しなさい」と語る神に知られることなのです。

確固たる一神論と「神を愛しなさい」との戒めは一つとなって、ユダヤ教の真髄へと導きます。パウロの時代から今日に至るまで、敬虔なユダヤ人が日に三度ささげる祈り、信仰告白を意味する祈りへと導くのです。「聞きなさい。イスラエル。主は私たちの神。主はただひとりである。……あなたの神、主を愛しなさい」〔訳注＝申命六・四～五〕。

これはシェマと呼ばれています。シェマとは申命記六章四節の冒頭にあるヘブル語で、「聞きなさい」を意味します。ある箇所で提示される聖書のテキストについて、パウロはすぐにそれを展開し、解説することがほとんどです。コリント人への手紙第一、八章でどのように議論が展開されているのかを見ていきましょう。

コリント人への手紙第一、八章一節から三節まで土台をしっかり据えたうえで、パウロはこの章の本当の要旨に入っていきます。それは、だれもが聞きたいと思うユダヤ教の一神論についてです。パウロはこう述べています。「私たちは、世の偶像の神は実際にはないものであること、また、唯一の神以外には神は存在しないことを知っています」（この言葉は、ガラテヤ四・八～一一にも出てきます）。これが多神論の異教世界と対峙してきたユダヤ教の一神論です。パウロの典型的な手法ですが、彼は、素晴らしい事柄を一度述べることに満足しないで、もっと説明すべきであると考え、ユダヤ教の信仰告白の基本であるシェマを引用しながら、解説を続けます。異教世界の多くの「神々」、「主」と対照させて、「私たちには、父なる唯一の神がおられるだけで、すべてのものはこの神から出ており、私たちもこの神のために存在しているのです。また、唯一の主なるイエス・キリストがおられるだけで、すべてのものはこの主によって存在し、私たちもこの主によって存在するのです」〔訳注＝Ｉコリント八・六〕と述べます。この聖書箇所の凄みを十分に味わうために、パウロが頭の中でしたようにシェマと彼の言葉を並べてみましょう。

（申命六・四）
「主は私たちの神」
「主はただひとり」

（Ｉコリント八・六）
「唯一の神―父なる神」
「唯一の主―イエス・キリスト」

この驚くような表現に接すると、初期教父がいなかったとしても、そのような人々を輩出しなければならなかったと思います。パウロは、ユダヤ人たちが日々の祈りの中で唯一まことの神の存在を告白してきた言葉の本質的な意味を再定義しました。コリント人への手紙第一、八章の議論全体は、異教の多神論に対するユダヤ教一神論者であるパウロならではのものです。議論の根幹としてパウロは、ユダヤ教一神論の中核にある聖なる信仰告白を引用して、その告白の中心にイエスをしっかりと据えたのです。多くのパウロ研究者は、このあたりの研究を進めようとしていますが、いまだ成果を上げていません。どこに問題があるのかを突きとめる必要があるでしょう。いずれにしても、パウロによれば、ただひとりの神は少なくとも「父」また「主」という言葉で知られているということです。そして、すべてのものは、「父」によって造られ、万物は「主」を通して造られました。

コリント人への手紙第一、八章六節は、これまで書かれてきた神学文書の中で、最も革新的なものの一つと言えます。とはいえパウロが、先ほど述べたように、ユダヤ教の伝承を手本にしているという指摘は正当なものでしょう。いくつかの伝承によれば、神の「知恵」を通して世界は創造されました。神が御子を「遣わされた」と、パウロが述べている箇所（ガラテヤ四・四、ローマ八・三〜四）がありますが、そのような伝承に重ね合わせるように、「知恵」が創造者によって、創造者から遣わされ、人々の中に、特にイスラエルの間に住むようになると表現されています。

パウロがユダヤ教の知恵伝承を手本にしていると言うとき、私には他意はありません。パウロはその伝承が認識している以上のものを認識することができました。もしかするとユダヤの知恵文学の作者たちは、パウロの強調点について快く思わなかったかもしれません。けれども、パウロが新たな高さから垣間見たものは、決して思弁的な空想ではありませんでした。彼は「神」という言葉の新しい意味を探りあてました。それは、十字架にかかり、復活したナザレのイエスという人物をしっかりと見据えていたからです。

パウロは「神」という言葉を取り上げ、そこに新しい意味を注ぎ入れました。いや、パウロなら、自分は「神」という言葉の本当の意味を発見したと言うかもしれません。彼はイエスについての真実を知ったという揺るぎない確信を持っているのです。

同じことが二つめの聖書箇所についても言えます。それはピリピ人への手紙二章五〜一一節です。

5あなたがたの間では、そのような心構えでいなさい。それはキリスト・イエスのうちにも見られるものです。
6キリストは神の御姿である方なのに、神のあり方を捨てられないとは考えず、
7ご自分を無にして、仕える者の姿をとり、人間と同じようになられました。人としての性質をもって現れ、
8自分を卑しくし、死にまで従い、実に十字架の死にまでも従われました。
9それゆえ神は、この方を高く上げて、すべての名にまさる名をお与えになりました。
10それは、イエスの御名によって、天にあるもの、地にあるもの、地の下にあるもののすべてが、ひざをかがめ、

11すべての口が、「イエス・キリストは主である」と告白して、父なる神がほめたたえられるためです。

ここは、パウロ書簡の中でも、とりわけ複雑な箇所です。私たちはすでに一つの側面を見てきましたから、ここでは要点だけを説明したいと思います。

まず、この箇所の最後のところから見ることにしましょう。パウロは、「イエスの御名によって、……すべてが、ひざをかがめ、すべての口が『イエス・キリストは主である』と告白して、父なる神がほめたたえられる」(一〇~一一節)と宣言しています。コリント人への手紙第一、八章六節と同じように、ここでもパウロは旧約聖書の一神論のテキストを引用しています。一神論のテキストをただ引っ張ってきているのではありません。神を自任するあらゆる偽物に対抗して、非常に明快に唯一まことの神を示し、力強く賛美しているイザヤ書四〇~五五章から引用しているのです。また同時に存在論的二元論を排し、ひとりの神の主権を力強く宣言しているところでもあります。イザヤ書四五章二三節は、イスラエルの唯一の神、ヤハウェの名によって、「すべてのひざはわたしに向かってかがみ、すべての舌は誓(う)」と宣言しています。この文脈の核心は、唯一まことの神はご自身の栄光を他の何ものとも分かつことはできないし、分かつこともないということです。栄光は神だけのものです。ところがパウロは、この唯一の神はその栄光をイエスと分かち合っておられると宣言します。このようなことがはたしてあり得るのでしょうか。いったいパウロは何を言っているのでしょうか。

答えは、ピリピ人への手紙の詩文の前半（二・五〜八）に見いだすことができます。いくつかの謎めいた神学用語を整理すると、パウロが言おうとしたのは次のようになるでしょう。

(1)イエスは本当に神の御姿をとっていた。すなわち、イエスは神と等しい方だった。(2)イエスは、ご自身が神と等しい存在であることを利用すべきものであるなどとは考えなかった。（この重要な点を読み間違える翻訳に気をつける必要があります。）その代わりに、(3)パウロは、神と等しいとはどういうことなのか、真の解釈を提供します。すなわち、イエスは人となり、神の救いの計画に従い、世界の罪を負って死なれたということです。

なぜイエスは高く挙げられ、主という名を与えられたのでしょうか。それはただ、イエスが唯一まことの神にしかできないことを成し遂げたからです。神についての真理が明らかにされました。それがパウロによれば、究極的には十字架だったのです。ローマ人への手紙の中でも述べているように、「私たちがまだ罪人であったとき、キリストが私たちのために死んでくださったことにより、神は私たちに対するご自身の愛を明らかにしておられます」〔訳注＝五・八〕。神がイエス・キリストの死に、十全かつ人格的に関与しておられることで、初めてこの文章は意味をなします。イエスと神について考察（もしこう呼ぶことが正しいなら）することで、パウロはさらに複雑で抽象的な空想の世界に入っていくことはありませんでした。かえって、神の愛と直接向き合うようになったのです。深遠な愛、自己犠牲の愛、信頼に値する愛、契約の神、すなわちアブラハムの神、イサクの神、ヤコブの神の愛です。

ピリピ人への手紙二章の論点の一つは実は、イエスについてというよりも、むしろ神ご自身についてなのです。十字架は、神にとって不本意なものではありませんし、もっと良い方法が思いつかなかったから、というものでもありません。ピリピ人への手紙二章とパウロ神学、そして福音の核心は、唯一まことの神が、徹底的に自己犠牲の愛の神であるということです。それゆえ、この神が人となり、罪人のために死なれたのですが、それは何かの間違い、つまり合理的な神がやりそうにない失敗ではありませんでした。イザヤ書四〇～五五章のクライマックスは、ヤハウェのしもべについての不思議な描写です。このしもべは、世界のためにヤハウェご自身しかできないことを、イスラエルのために行っています。そうです。パウロによれば、キリストはしもべとなって、今や高く挙げられて栄光の中におられるのです。それは、神がご自身以外の何者とも共有することのない栄光です。もちろんこれにより、私たちの理解の限界を超えてしまいます。けれども、パウロが自分の言葉で語っているなら、それをとどめることはできません。パウロにとって「神」という言葉には、イエスというだけでなく、十字架にかかったイエスという意味もあるのです。それこそが、パウロによって新たに付与された「神」という言葉の意味です。このことによって、前の章で見たとおり、パウロは、まことの神とそれに敵対する神々の争いの中に置かれました。特に、今やナザレのイエスに啓示されたイスラエルの神と、「すべての支配と権威」すなわち異教徒の皇帝カエサルとの争いです。

第三の聖書箇所は、コロサイ人への手紙一章一五～二〇節です。

15 御子は、見えない神のかたちであり、
造られたすべてのものより先に生まれた方です。
16 なぜなら、万物は御子にあって造られたからです。
天にあるもの、地にあるもの、
見えるもの、また見えないもの、

王座も主権も支配も権威も、すべて御子によって造られたのです。
万物は、御子によって造られ、御子のために造られたのです。
17御子は、万物よりも先に存在し、
万物は御子にあって成り立っています。
18また、御子はそのからだである教会のかしらです。
御子は初めであり、
死者の中から最初に生まれた方です。
こうして、ご自身がすべてのことにおいて、第一のものとなられたのです。
19なぜなら、神はみこころによって、満ち満ちた神の本質を
御子のうちに宿らせ、
20その十字架の血によって平和をつくり、
御子によって万物を、御子のために和解させてくださったからです。
地にあるものも天にあるものも、ただ御子によって和解させてくださったのです。

この詩文は二つの部分（一・一五～一八前半と一・一八後半～二〇）に分かれ、並行法になっています。詩篇でも繰り返し見ることができますが、こうした詩文は、ユダヤ教

一神論の詩歌の古典的な形だと言えるでしょう。ユダヤ人は異教の力と腐敗を目の前にしながら、世界の創造者はイスラエルを贖う神であり、贖い主は世界の創造者であると主張しました。もしも創造者がユダヤ人の神でないならば、ユダヤ人は一地域の、あるいは一部族の神しか持っていないことになります。そしてその神は、その他の地域の神や部族の神よりも力があると信頼することはできないでしょう。ヤハウェが全宇宙の創造者であり、イスラエルの贖い主とすることで、ユダヤ人たちはその三つの教理を確立しました。一神論、選びの教理、終末論です。すなわち、おひとりの神について、神の唯一の民について、またイスラエルと全世界に対する一つの未来についてです。

　パウロは、これとまったく同じ流れの中で、この詩文を書きました。しかしその主役はヤハウェではなく、イエスです。いや、別の言い方をしたほうがよいでしょう。主役はやはりヤハウェです。イエスという人物のうちに明らかにされたヤハウェです。繰り返しますが、ここでの言葉遣いは、何となく馴染みのあるものです。パウロは、「知恵」を通して神が世界を創造したとする知恵文学の作者たちを手本にしています。そしてさらに、ユダヤ教の思想を超えていながら、憶測で語っているのではありません。メシアの死と復活から結論を導き出しているのです。

　以上の三つの中心的聖書箇所は非常に重要なものです。これらは、次の二つの考えが虚偽に基づくものであることを示しています。一つは、パウロは結局のところ、イエスをユダヤ教一神論の唯一の神と同一視していないという考えです。もう一つは、それと正反対の考えで、パウロがヘレニスト・ユダヤ人であって、イエスを神格化し、ユダヤ教一神論とは完全に異なる、まったく新しい異教の宗教をつくり出したというものです。先の三つの聖書箇所からは、決してこのような結論を導き出すことはできないのです。

三つの聖書箇所は、それぞれ孤立したものではありません。これらの箇所が明確に述べている要点を私たちが理解するときに、他の多くの聖書箇所も自分たちに言及してほしいと叫び出すでしょう。とりわけ、「神の子」という用語に注目するとよいでしょう。ユダヤ教では、この用語は通常、イスラエル、あるいは特に王を指しています。神の子が神ご自身の存在の一部であるという用法はまったくありませんでした。パウロにとっても同じように、この用語には、王としてのメシア、ヤハウェのまことの子であるイスラエル、という意味合いがありました。けれどもそれと同時に、パウロがこの用語を再考し、それまでユダヤ人が使っていたような意味以上のものとして用いていることは確かです。パウロが、ガラテヤ人への手紙四章やローマ人への手紙八章で「御子を遣わした」神のことを述べるとき、また定型句として「父」と「子」を組み合わせて使っているとき、またイエス・キリストの「父」として神のことを述べるとき、「神の子」は新しい意味を持つ特殊用語となるのです。パウロの用語を額面どおり理解するなら、「神の子」とは、イスラエルの運命を託されたメシアであり、また「知恵」のように創造者から遣わされ、救いを達成する存在です。パウロはこの「メシア」という用語の中に、これまでわからなかった、隠された意味を発見しました。パウロにとって、全き人としてのメシアであり、イスラエルの代表者であるイエスと、神から遣わされ、神ご自身にしかなし得ないことをなし、神ご自身である存在との間には何の緊張関係もありません。要するに、パウロは、何世代にもわたる聖書解釈者たちがあり得ないと考えていた思想を持っていたようです。それは、ユダヤ教世界観に完全に基づいた完全な受肉神学です。

同じことが、「キュリオス」あるいは「主」という言葉にも言えます。私は前章で、イエスを「キュリオス」と呼ぶことは、カエサルの主張要求に対峙するものであると強調しました。パウロがイエスを主と呼ぶ多くの箇所から明らかですが（そこには、本章で見てきた二つの聖書箇所も含まれます）、彼は七十人訳聖書（ヘブル語聖書のギリシア語訳）の「キュリオス」とイエスを並列に置いています。七十人訳聖書では、「キュリオス」はヤハウェ（発音することが許されない神の御名）の訳語にあてられています。「主の御名を呼び求める者は、だれでも救われる。」この節（ローマ一〇・一三）は明らかに、イエスの名を呼ぶこと、特に、イエスを主と告白すること（同九節）、神がイエスを死人の中からよみがえらせたと信じることに言及しています。ここは、預言者ヨエル（ヨエル二・三二、ギリシア語聖書は三・五）の直接引用です。そこでは「主」「キュリオス」は当然、ヤハウェご自身を指しています。パウロは愚かではありません。謎めいてはいますが、繰り返し論点をはっきりとさせています。そのことは、私たちが見てきた三つの聖書箇所や、ローマ人への手紙九章五節のさりげない言い回しの中で明らかにされています。ローマ人への手紙九章五節は、一〇章九～一三節の論点を導入し、あらかじめ正確に記しています。メシアは人としては、ユダヤ人から出ましたが、万物の上にあり、とこしえにほめたたえられる神です、と。（この節については、懐疑的な学者が、別の解釈をしようと試みていますが、納得のいく説明がなされないままです。）

パウロが信じ、主張しているのは、ユダヤ教一神論の中核、すなわち神の唯一性の中にも多面性があり、そこに相関関係があるということです。もちろん、神が与えた聖書の言語といっても、人間の言葉には限界があるので、そこにはひずみのようなものが生じてしまいます。とはいっても、人ははっきりと「キリストの御顔にある神の栄光」（IIコリント四・六）を知ることができるのです。

そういうわけでパウロは依然として、多様性のあるユダヤ教信仰の中で、唯一神信仰の範囲内にとどまっています。パウロは、異教の偶像礼拝は神を冒瀆し、意味がないと非難し続けました。また、異教徒の行動は不道徳で、非人間的であると見ていました。さらに、この世のものは（たとえば、ある種の食物、飲み物、あるいはセックスといった人間の活動）本質的に悪であるというような、二元論のまやかしにも攻撃の手を緩めませんでした。適切な状況で正しく用いるならば、神が造られたものはみな良いものである、と主張しました（ローマ一四・一四、二〇）。言い換えるなら、パウロはユダヤ論一神論信仰の中心点にとどまり続けたということです。しかし、この一神論の中で、十字架にかかり、よみがえり、王位に就き、世界の主となったイエスを見いだしました。また同時に、ユダヤ教に最も忠実なユダヤ人であり続け、アブラハムの神、イサクの神、ヤコブの神を礼拝し、そしてこのイエスを礼拝したのです。

パウロは、人であるイエスが唯一の神の啓示であると考えました。人であるこのイエスは、人であり続け、それとともに、今や世界の「主」として王位に就いておられるのです。ユダヤ教一神論は、唯一の神がご自分の民とともに住んで、これを支え、これにいのちと希望を与えると教えています。こうした神学的な根拠と、個人的な深い経験を通して、パウロはユダヤ教一神論の中核をさらに発展させます。それは、「神の御霊」、また「イエスの御霊」として認められる方です。

パウロのユダヤ教一神論における御霊

この主題がはっきりと浮かび上がっている三つの聖書箇所があります。もし紙面に余裕があれば、ほかにもたくさんの箇所を取り上げることができるでしょう。

まず初めに、古くからよく議論されるガラテヤ人への手紙四章一～七節を取り上げましょう（本書一〇八頁も参照）。パウロはこの箇所で奴隷状態にあったイスラエルについて、またイスラエルがどのように解放されたかについて語っています。この背景となるのは出エジプトです。このとき、ヤハウェは新しい形でご自身をイスラエルに啓示しました。そして、もう一つの背景となっているのが、バビロン捕囚からの帰還です。このときイスラエルは、ヤハウェの主権と救いの力が示されて、バビロン帝国などの隷属から、再度救い出されました。この二つの物語で、ヤハウェは、異教の神々――エジプトの神々とバビロンの神々――が礼拝するに値しない、みすぼらしいものであることを明らかに示しました。

パウロは、贖いがどのように成し遂げられたかについて語りながら、この二つの物語を想起させています。唯一まことの神がご自身のために一つの民をどのように救い出されたのか、という物語をもう一度語っているのです。ところが、パウロは話を進めるときに、今度は、三つの物語に重ね合わせます。唯一まことの神がご自身の御子を遣わされ、そして御子の御霊を遣わされました。その結果（八～一一節）、贖われた民は、今やまことの神を真の意味で知り、いやむしろ神に知られるようになりました。言い換えるなら、父と子と聖霊がいっしょになって、唯一まことの神がどなたであるかを啓示し、神であると自認するその他のあらゆるものを、完全に陰に追いやってしまうのです。ここでパウロは、創造者から遣わされる「知恵」というユダヤ教の言葉を用いるだけでなく、創世記（一・二）をはじめとするさまざまなユダヤ教文書から、聖霊ご自身に関する言葉を用いています。聖霊は唯一まことの神とは別の存在ではありません。神がご自身の御霊を通して働くというのは、神ご自身が働いていることを述べているのです。

聖霊との関係で「神」の概念を再定義している二つめの大切な聖書箇所は、コリント人への手紙第一、一二章四～六節です。文脈はガラテヤ人への手紙とまったく異なりますが、メッセージは同じです。パウロは、教会には多種多様の機能と賜物があるけれども、神は唯一であることを、コリント教会の人々に強調しています。ここでの主題は一致です。パウロはこの章全体でそのことを強く述べています。しかし、この主題を扱うにあたり、三つの一致について述べます。

さて、賜物にはいろいろの種類がありますが、御霊は同じ御霊です。奉仕にはいろいろの種類がありますが、主は同じ主です。働きにはいろいろの種類がありますが、神はすべての人の中ですべての働きをなさる同じ神です。

一つになることを強調するなかで、パウロはそれが、三つの形で成り立つことを示唆しています。その三つとは、「御霊」、「主」、「神」です。すでに見てきたように、パウロにとって、御霊と主が何らかの意味で「神」ではなかったなどという考えを、私たちは持つべきではありません。パウロの言語には限界がありますが、事実を反映する言葉の用い方をしています。パウロ独特の言葉の用法に親しめば親しむほど、彼の神観が、三位一体的であることがわかります（この用語か、これと匹敵する用語を使う必要が私たちにはありません）。これは決して三神論ではありません。ユダヤ教一神論と同様、ただひとりの神がおられるのです。これが汎神論ではないことも強調する必要がありま す。この神は世界と同一視されてはなりません。また、理神論とも違います。この神は世界から切り離され、遠くに存在するのではなく、世界に深く関わりを持っておられるのです。様態的唯一神（ひとりの神が三つの様態を持っているというもの）とも違います。父、子、聖霊ははっきり異なる存在です。二番目は人であるイエスだからです。イエスは御父に祈りましたが、パウロにとって、そのイエスは、かつて地上で生涯を送られた時のように物理的に地上におられるわけではありません。実は、パウロは、三つの位格が同時に一つの神であるのか、という謎に解答を出しませんでした。けれどもパウロにとって、それこそが、「神」という言葉が意味するところだったのです。パウロが「神」という言葉を使って、三位の第一位格を指している時でさえ、この位格は他の二つの位格の中で、またその親密な関係によって定義されているのです。創造主は、イエスの父として、聖霊を遣わす方として明らかにされています。

聖霊に関する三つめ、最後の聖書箇所は、もう一つの主要な論点の導入になっています。ローマ人への手紙八章一～一一節で、パウロ神学の中でもまさに中心的な箇所の一つです。私たちは、ここで、トーラーができなかったこと（三節）をキリストと御霊が行っていることを見ます。けれどもユダヤ教では、そしてパウロにとっても、トーラーは単なる律法の規約ではなかったことを思い出す必要があります。それは、生ける神の息でした。トーラーは、知恵文学のある作者によれば、創造主とともにいた「知恵」と同一のもので、世界の初めから創造主の代理人として働いているのです。

ところが、その先を読み進めていくと、世界の中で働かれる神に関するユダヤ教の理解について、また別の複雑な側面が明らかになってきます。神はご自分の御子とご自分の御霊を遣わされました（シラ書二四章の「知恵」のように）。それは、トーラーができなかったこと（シラ書二四章では、トーラーと「知恵」は同一視されています）を成し遂げるためです。その結果、御霊は今や、キリストにある人々の内に住んでおられるのです（ローマ八・五〜一一）。この「内に住む」という言葉は、シラ書二四章の三つめの構成部分からそのまま引かれています。そこでは知恵とトーラーがシェキナと同一視されています。シェキナとは、生ける神がエルサレムの神殿に住み、また神の民のただ中に住むことを表しています。パウロはここで、御霊をヤハウェご自身と言われる方、神殿に住む方であるとしています。パウロは、一世紀ユダヤ教の善良な唯一神信仰者が世界の中で、特にイスラエルの中で働いている唯一まことの神について思い描く三つの方法を取ったのです。その方法とは、神がイエスと御霊にあって成し遂げたことを描写するというものです。

他のパウロ書簡でも述べられていますが、新しい神殿とされたキリスト者と教会に関してパウロがどのように見ているのかを考えるなら、これはますます驚くべきことです。ただし、この聖書箇所の言及が、御子と御霊について、革新的な改訂を加えてはいるものの、ユダヤ教の唯一神信仰の範囲内にとどまっていることに注意する必要があります。御子と御霊について、時間と空間を超越した神との関わりの中でパウロが言おうとするとき、ユダヤ教が唯一神信仰の中で発展させてきた言語体系や、唯一の神の世界の中での活動手法を、パウロは正確に用いています。パウロは完全にユダヤ教一神論者にとどまっているのです。ところがこの唯一の神は、神・主・御霊として、ある場合には父・主・御霊として、また神・御子・御霊としてなど、いろいろな組み合わせで啓示されたのです。パウロにとって「神」の真の意味は、救いの出来事によって、またイエスと御霊という人格との関係の中で、解説され、再定義されたのです。

パウロとイエス、神

パウロが「福音」を携えて異邦人世界に出て行ったとき、ユダヤ人として異邦人のところへ行きました。そして異邦人世界に、ユダヤ人がこれまでずっと信じてきたことを語りました。それは、「まことに、国々の民の神はみな、むなしい。しかし主は天をお造りになった」（詩篇九六・五）ということです。しかし、パウロはまた神について新しいビジョンを見たのです。それは、伝統的な信仰から自然に出てくるものではありませんでしたし、その信仰によって否定されるようなものでもありませんでした。それはある意味で、これまでの信仰とは違う、革新的で、はるかに優れたものだったのです。創造者である唯一の神が、ナザレのイエス、十字架にかかり復活したメシア、世界の主にあって知られるようになり、またその方として明らかにされたのです。世界をお造りになった方の顔は、ついに世界に向けられ、ご自身を示し、救いと愛を示したのです。被造物を覆っていた水の上を動いていた風は、再び吹いて、死者を生かし、無から有を造り出しました。これこそがパウロのメッセージでした。それは徹頭徹尾、ユダヤ教のメッセージであり、異邦人世界がどうしても聞かなければならないメッセージでした。パウロは、そのことをもたらすために召されたと信じたのです。

第五章　異教徒への福音

私の本棚に並んでいるパウロに関する近年の著作を見ていくと、その書名は、この二十年間、パウロ研究の主題がどのように進展してきたかを示しています。「パウロと律法」や、それとよく似たタイトルが半分を占めています。「パウロとユダヤ教」という主題も広がっているようで、何冊かのタイトルになっています。有名なものに、W・D・デイヴィスの『パウロとラビ・ユダヤ教』（*Paul and Rabbinic Judaism*）やE・P・サンダースの『パウロとパレスチナ・ユダヤ教』（*Paul and Palestinian Judaism*）があります。その他の著作には、同じような内容の『イスラエルの律法と教会の信仰』（*Israel's Law and the Church's Faith.* S・ウェスターホルム）や『アダムからキリストへ』（*From Adam to Christ.* M・D・フッカー）などもあります。少し古いのですが、今でも色あせない、アルベルト・シュヴァイツァーの『使徒パウロの神秘主義』（*The Mystery of Paul the Apostle*）もあります。そのほか、パウロと一世紀ユダヤ教の文脈について書いてある本がたくさんあります。このような潮流に逆らって、パウロをヘレニストとして、あるいは、ヘレニズム化を推進した人物として解説しようとする人たちもいます。ウェイン・ミークスの『古代都市のキリスト教』(*First Urban Christians*) やハンス・ディエター・ベッツによる「ガラテヤ人への手紙の修辞学的分析」などは、新しい手法でパウロをギリシア世界に位置づけようとするものですが、パウロの中心的思想は異教世界に由来すると言い切ることはありません。

私は時計の振り子を元に戻すつもりはありません。ほかの著作でも明らかにしていますが、パウロの思想はユダヤ教の土台の上にあって、本質的にギリシア的ではないという主張が現在の主流である、と私は考えています。しかし、ユダヤ教の土台をどう理解するのか、そのどこにパウロを位置づけるかについては、多くの議論すべき課題が残っています。本章における私の議論は、間接的かもしれませんが、ある意味で、この結論を強調していると言えます。それに、ミークスやベッツらをはじめとする近年のパウロ研究の流れは、概してパウロにおける非ユダヤ人的な文脈を、きちんととらえられていないのではないか、という疑念を私は抱いています。

パウロは、自らを異邦人への使徒であると定義づけています（ローマ一・五、一一・一三、一五・一六、ガラテヤ二・七〜一〇、エペソ三・五〜八）。ローマ人への手紙一一章などからわかることは、パウロがユダヤ人に対するメッセージも持っていたことです（Ｉコリント九・二〇、「ユダヤ人にはユダヤ人のようになりました。それはユダヤ人を獲得するためです」と比較）。ところがこれは、彼のメッセージが異邦人向けであったことの裏返しであり、ユダヤ人の獲得は中心的な目的ではありませんでした。使徒の働きには、パウロがユダヤ人のシナゴーグで伝道を開始したが追い出され、その地域のユダヤ人以外の人々のところへ行ったことが記されています。つまり、使徒の働き自体明らかに、異邦人に直接伝道するというパウロの考えを支持していることがわかります。

これが当たらずとも遠からずであるなら、いろいろな問題が噴出してきます。それらの問題は、これまでも認識され、研究されてきましたが、近年の研究分野では、一方の側に委ねられてきました。そこで私は、一つの提案といくつかの提言をしたいと思います。それがこの問題に対する私の立場となるでしょう。ひと言で言うと、パウロとユダヤ教という主題に取り組み、またそれと同じぐらい興味深い、パウロと異教世界という問題に、光を当ててみたいということです。

まず言葉の説明から始めましょう。私たちは、これまで「一世紀ユダヤ教」というものがなかったことを見ました。あるとすれば、一世紀ユダヤ教諸派（複数形）です。もちろん、同じことが非ユダヤ教世界にも当てはまります。キケロはエペソのディアナ礼拝者だったのでしょうか、それともユウェナリスがその礼拝者だったのでしょうか。「異教徒」という言葉は、ユダヤ人が「異邦人」という言葉を使うのと同じぐらい便利な言葉で、初期キリスト者にとって、さまざまな種類の罪を包含できるものでした。「異教徒」という言葉には、もともと市民（兵士の反対語）や田舎者（都会の人の反対語）の意味がありました。市民については、やがて発展したキリスト教が新しい意味をこれに付与したようです。

異教徒という言葉について、より深刻な問題は、そこに意味を詰め込みすぎていること、またそれが偏見に基づいていることです。さらに悪いことに、ローマ皇帝ユリアヌス（三三二～三六三年）の時代と同じように、二〇世紀後半に生きる私たちにとっても、「異教徒」という言葉には二つの意味合いがあります。現代社会において、ある人々（たとえばニューエイジの人々）は、これを褒め言葉として使います。その一方で、ある人々にとっては、これはやはり侮辱語です。ですから歴史研究者にとって、この言葉を使うことは難しいのです。しかし、この言葉に代わるものを考えるのは、もっと難しいことです。私は、古典学者のE・R・ドッズやロビン・レイン・フォックスが使ったような広い意味で「異教徒」という言葉を用いるのが良いと考えています。ドッズとレイン・フォックスは、キリスト者よりも異教徒について多くの時間をかけて調べ、好意的な立場に立っています。このような名詞の場合ほとんどがそうですが、幅広い状況を連想させる包括的な言葉なのです。「異教徒」は基本的には非ユダヤ人と非キリスト者の両方を指していて、人間の発展した世界観という意味合いもあります。そこには、宗教や政治、迷信、魔術、希望、恐れ、時には倫理や道徳といったことも含まれていて、その周囲には、何世紀にもわたって発展してきた膨大で幅広いシンボルや物語があり、多様な文化も含んでいます。

起源と対峙

異教の文脈の中でパウロを研究する人々は、パウロの中心的思想の起源を探し求めてきました。前に指摘したように、このような方法は、研究者の間では古いと考えられています。ところが近年、ある著名な作家が、[1]この方法によって、イエスの死についてのパウロの解釈が、ミトラ教の宗教儀式から派生していることを提示しました。ミトラ教では、信者たちが祭壇の下に立ち、上から滴り落ちてくる犠牲の雄牛の血を浴びたといいます（本書第十章を参照）。学者たちの間では、このような研究はまったく信頼を得ませんでした。パウロ自身も、自分の思想の「起源」については大した問題ではないと言うことでしょう。パウロ研究でもっと重要なのは、パウロの思想がどこから来たかを調べるよりも、どこに向かっているのかをはっきりさせることです。方向性は起源より重要です。またその向かう先にある対峙も同様に大切です。思想の起源よりもはるかに大切なのです。方法論のレベルとしては、それが私の提案です。

内容のレベルでは、私の提案は次のとおりです。パウロのメッセージが向かった先は、異教との対峙だった。パウロは異邦人への良い知らせを持っていたが、それは、彼らの世界観を駆逐し、イエスを中心とした、本質的にユダヤ教の世界観へと取って代わるものだった。パウロは自分のことを異邦人、異教徒の使徒と見ていたので、自分のメッセージが彼らの良心や世界観と衝突することについて、どのように考えていたかを調べることは肝要である。その良心や世界観とは、レイン・フォックスが広い意味で異教徒の「宗教性」と呼んだもので、宗教的実践や理論上の信条に制限されることなく、あらゆる個人的また共同体的な信仰や行動を表す態度に深く関わっている、というものです。

パウロ書簡の中で、キリスト者でない異教徒に宛てて書かれた手紙は一通もありません。宛先のキリスト者は、たいていパウロの影響を受けた人々でした。ローマ教会は、手紙を書いたときに、パウロは訪問したことがなかったので、例外の一つと言えます（コロサイ教会も同じです）。コリント教会に宛てた手紙は、半異教的な生活習慣から彼らを引き戻し、自分の伝えたキリスト教の本質を保持するために書かれたと言えるでしょう。ユダヤ人でない聴衆に対してパウロが語ったメッセージの意味を正しく理解するためには、私たちが手にしている手紙から、その背景を想定し、考えるようにしなければなりません。

こうした作業に私たちは親しむべきであり、パウロの全体像を理解するために大切であると認識すべきです。パウロ神学の性質についての近年の議論の中で、研究者たちは、パウロの手紙をいろいろな「神学群」に入れて崩壊させないためなら、このような研究が必要であることをしぶしぶ受け入れるという姿勢です。私の経験から言うと、こうした議論の進め方はしばしば行き詰まってしまいます。というのは、多くのパウロ研究者が、ここで求められている方法論を哲学的に扱うことに慣れていないからです。こうした議論の進め方では、伝統的な課題である義認や律法について、そして近年話題となっている、パウロが「契約遵法的神学者」だったのか、「終末論的神学者」だったのかという課題について扱おうとすると、だいたい行き詰まってしまうからです。私が提案したいのは、仮説を立て、そこに収まるようにし、そこから導き出される抽象的な神学的枠組みを見いだそうとするのではなく、パウロが異教徒の間でどのように働いたのか、またそれ以上に重要な、何を説教し、教えたのかということを、パウロ書簡のさまざまな主題の中に求めていくほうが、はるかに良いということです。異教徒の中で働くことこそが、パウロを捕らえ、導く生涯の目的だったからです。それが、家を建てる者たちが拒んだ礎の石で、拒まれたにもかかわらずアーチを支えている石なのです。私は、この提案は試してみる価値が十分にあると思っています。

起源ではなく、その方向が主要な目的だとすれば、そこで私たちが見いだすのは、変質ではなく、対峙です。ここが、宗教史の方法論が多くの偉大な業績を残しながらも、私たちに失望を与えてきたところです。パウロがユダヤ教に対して批判的であると考える多くの学者は、パウロが非ユダヤ教の神学を持っていたとします。パウロ神学が徹頭徹尾、ユダヤ教的だったと考える多くの学者は、パウロがどのようにユダヤ教に批判的になったのかを説明するのに困難を覚えています。起源と深い関わりを持つ宗教史の方法論が見つけられなかったものは、一つには論争であり、一つには内側からの批判です。両方ともパウロの宣教的宣言の中で重要な役割を果たしています。それぞれについて、見ていきましょう。

論争

「論争」という言葉で私が言おうとしているのは、パウロ自身が述べているように、彼が「すべての人に、すべてのものとな（る）」（Ⅰコリント九・二二）ということです。パウロは文化的にまったく異なる世界に向かって、自分のメッセージを叫んだのではありません。使徒の働き一七章にあるアレオパゴスでの説教の歴史性についてどのように考えようと、あの説教は、コリント人への手紙第二、一〇章五節でパウロが「すべてのはかりごとをとりこにしてキリストに服従させ（る）」と明確に述べる原則に則っています。パウロの手法を十分に研究してきた成果としてわかっていることですが、パウロは何か新しい議論を生み出すとき、反対者たちのスローガンを逆手に取ることがよくあります。研究者があまり述べていないことは、パウロが反対者たちと共有しているところなのです。コロサイ人への手紙一章一七節で書いているように、パウロは、万物はキリストによって造られ、キリストのために造られたことを信じていました。そのうえで彼は恐れることなく、反対者たちの思考システムを取り入れて用いたのです。

そうすることで、パウロはそのシステムに対する強い反論を展開しています。パウロは妥協したのでもなく、また一歩退いて、混合主義に至る危険な道に進んだのでもありません。ひと昔前の歴史宗教学派に対する批判は、保守的な学者から出てきました。彼らはパウロがどのような過ちを犯したとしても、その中に混合主義があるはずがないと考えたのです。しかし創造に関するパウロの神学は、この点がまったく問題にならないぐらいしっかりしています。パウロは「優位な立場（high ground）」〔訳注＝異教と福音を対峙させて、福音を異教より優位に置くこと〕を取りました。彼にとって、あらゆる真理は神の真理なのです。パウロが異教の文化から一つの考えを採用し、それが良いものであると確信しても、真理の仲間入りをさせる前には、必ずそれにバプテスマを授けました。彼は創造論的唯一神論という「優位な立場」を取ったのです。しかしそれは、懸念される二元論者の段差のある世界ではありません。対峙とは単に、面と向かって全面的に異議を唱えることではないのです。

異教主義とのパウロの対峙は、もちろんはっきりしていました。パウロは確かに、ある信仰は真理ではなく、ある行動は非人間的で間違っていると考え、そのように述べました。またある共同体の生活様式は、創造者である神が望むとおりになっていないと考えていました。けれども、パウロは二元論者ではありませんでした。異教との論争の中心にあったのは、神が造られた世界は良いものであるという、革新的でありながらも心の奥に深く根を下ろした確信でした。そして異教徒と異教の考えや信仰は、キリストによって贖われるという確信でした。それは、キリストを通してこの世界ができたからです。異教徒への良い知らせとは、彼らがそのままの生活をしていれば大丈夫であるという類のものではなく、たとえ今、完全に間違った生き方をしていたとしても、彼らをお造りになった神はそのような者を愛し、造り直そうと願っておられるというものでした。

パウロが異教の文化と論争を繰り広げた根本的な理由は、すぐにわかります。それはこれまで無視されてきたことなので、何よりもまず、私はその理由の重要性をここで強調しておきたいと思います。唯一の神の目的がどのように全世界をやがて覆うようになるのかについては、ユダヤ人の期待の中に見いだすことができるのです。

その期待は大預言書にまでさかのぼることができます。預言書では、イスラエルがやがて贖われるとき、異邦人はその祝福にあずかると強調されています。シオンが回復されるとき、国々は群れをなしてイスラエルの神のみことばを聞くために集まって来る。神殿が再建されるとき、いのちの水の川が流れ出て、塩の海を真水に変える、と語られています。パウロの時代のユダヤ人がすべて、こうした期待を持っていたわけではありませんが、パウロは、明らかにこのことを待ち望んでいました。

この点を理解すれば、パウロの異邦人宣教を正しい光の中で見ることができます。それは、福音をユダヤ人が拒んだことにパウロが困惑して、ユダヤ人伝道に代わる宣教活動を行ったわけでないということです。パウロはユダヤ人伝道に失敗して、落ち込んでいる自分を鼓舞するために異邦人伝道をしたのではありません。また、完全にヘレニズム化されたユダヤ教に、パウロが密かに心を奪われていたのでもありません。もしそうなら、福音のメッセージは、パウロがすでに持っていた課題に取り組む新しい手段となったことでしょうし、ユダヤ教を別の宗教にする手段となったことでしょう。異邦人伝道はまた、大いなる終末の出来事を生み出すための活動ではありませんでした。もしそうであれば、イエスの死と復活は劇的な重要性を持たない、二つの関連のない出来事になってしまいます。そうした考えはすべて間違っています。パウロは、イエスの死と復活、聖霊の降臨において、イスラエルの回復の約束が実現したことを信じていました。けれどもそれは逆説的な形で起こり、そして新しい時代の夜明けが到来し、異邦人の時代がやって来たことをパウロは信じていました。異邦人に対する宣教は、そのような信仰から自然に生まれたものだったのです。イスラエルの神は、世界を救うためにイスラエルをお選びになりました。それこそがイスラエルの選びの第一義的目的でした。メシアの死と復活は、何の前触れもなく突然起こった、奇妙な出来事ではありませんでした。振り返ってみれば、それは神の計画の笠石のようなものでした。その計画とは、イスラエルだけでなく全世界の真の出エジプトです。

ですから、パウロの信仰は自然な形で宣教の原動力となりました。そして、その宣教において、論争が絶対不可欠となりました。パウロはユダヤ教のメッセージを、異教徒の聴衆が聞きやすい、理解しやすい異邦人的メッセージにする必要はありませんでした。つまり、今なおパウロ研究において約百年近くも主流を占めてきた、従来の前提はまったくの間違いであり、歴史的にも正しくないのです。異邦人が必要としていたのは、まさにユダヤ教のメッセージでした。さらに言うなら、メシアであるイエスにおいて成就したユダヤ教のメッセージでした。かつての歴史宗教学派は、異教徒世界に対するユダヤ教のメッセージという考えに震撼するでしょう。しかし、これこそがパウロの提供したものなのです。そしてその理由は、とてもわかりやすいのです。

この議論の本質は、パウロが異教徒の聴衆よりも「優位な立場」にあることを主張している点です。ユダヤ教のメッセージとは、神はたくさんの神々の中からもう一人の神を選ぶとか、町の市場で宗教的態度を表明するとかいうものではありません。これまで見てきたように、ユダヤ教のメッセージの中心はあくまでも唯一神論です。この唯一神論は、特別な性格を持っています。創造論的・契約的な唯一神論なのです。これは、ストア派の汎神論と対立し、あらゆる異教の神々を一つにまとめる融合的な唯一神論ともまったく異なります。異教の神々の中の一つを選んで礼拝し、それを「唯一の神」と呼ぶ単一神論とも違います。創造者に対するユダヤ教信仰とは、それを信じるユダヤ人（パウロも含めて）が、異教世界に向かって、まことの神、創造者のメッセージをもって呼びかけることを意味したのです。二律背反のようですが、異教徒に関わりのあるメッセージにするうえで、ユダヤ教のメッセージにとどまらなければならなかったのです。もし福音のメッセージが、異教徒のカテゴリーに翻訳されなければならなかったとしたら、異教徒の土壌で闘うことになったでしょう。それによって、異教徒の神々の中で、ヤハウェを唯一の神とすることになったでしょう。ユダヤ教のメッセージにとどまることで、パウロは、純粋な創造論的唯一神論という「優位な立場」を異教に対して主張したのです。

パウロが異教に論争を挑んだのは、キリスト者ではないユダヤ教徒がそうするのとは、まったく違いました。ユダヤ教を鏡のようにしながら、そこにはユダヤ教への批判も含まれていました。それは、異教徒の視点による外側からの批判ではなく、ユダヤ教内部からの批判でした。

ユダヤ教内部からの批判

パウロはいろいろな箇所で、自分の召しが預言者としての召しであることを示唆しています（たとえば、ガラテヤ一・一五は、イザヤ四九・一とエレミヤ一・五を思い起こさせます）。これは、パウロがユダヤ教を暗に批判していることを示しているのです。預言者はユダヤ人以外の人たちの視点からイスラエルを批判することはありません。イスラエルの真の召しと信仰を代表する者として、堕落したイスラエルに対して神のもとに帰って来るように呼びかけます。忠実でないユダヤ人とみなされたとしても、預言者は常に自分の立場がまさっていることを主張します。現行の体制や理念が捨ててしまった神への真の忠誠心のゆえに戦うからです（I列王一八・一七〜一八に記されているエリヤとアハブのやりとりを参照）。預言者の使命は、伝統の中心をしっかりととらえて語ることであり、自分たちこそ伝統を代表していると主張しながら、それを捨て去っている人々を批判し、警告を与えることなのです。

ガラテヤ人への手紙三〜四章、ピリピ人への手紙三章、そしてローマ人への手紙のいくつかの箇所から、パウロ自身この使命を負っていることがわかります。イスラエルに対するパウロの批判は、選びの教理の否定として読むべきではありません。ユダヤ人がまことの神の民として選ばれ、世界を救う手段とされたことに対する信仰を退けているのではないのです。パウロの批判は、選びの教理の最先端から出ています。十字架にかかり復活したイエスがメシアであり、この方を中心としてイスラエルは再定義されると信じるユダヤ人の観点から出てきた批判なのです。ユダヤ民族は、神が召し出したその目的に失敗したと、パウロは論じていません。むろんパウロは、神がイスラエルを選んだことがまずかったとは言っていません。そのことについて神が考えを変えたとも述べていません。パウロの要点はあくまでも、選民イスラエルが、召し出されたその使命を果たすことに失敗したことです。全イスラエルが失敗したので、その使命をイスラエルの代表者であるメシア、すなわちイエスが受け継いだということです。イエスに対するパウロの信仰の最も深いところにあるのは、イエスが真のイスラエルの代表者であるという信仰です。

ですからパウロは、同胞のユダヤ人を批判する異教徒の立場に立つことは決してありませんでした。そうではなく、道を踏みはずした民のために契約の神に懇願した、偉大な最初の預言者モーセの立場に身を置いています。（ローマ九・一～五、一〇・一～二、出エジプト三二・一～三二と比較。）このことは、決して見過ごされるべきではありません。

モーセは、異教徒のようになって金の子牛を礼拝して乱れているイスラエルのために神に懇願しました。パウロは、自分もモーセと同じことをしていると考えているのです。

パウロは再び「優位な立場」を主張しています。創世記一五章などを解説して、イエス・キリストと御霊にあって、真のイスラエルは完成したと述べています。イスラエルはイエスの呼びかけを拒絶しました。今、イスラエルはイエスについての使徒のメッセージも拒んでいます。なぜなら、そのメッセージは、イスラエルが熱心に求めているこ とすべてに異議を唱えるからです。イスラエルが求めているものとは、国家的、民族的、また領土的アイデンティティーです。パウロは、イスラエルがそのようにして「他の国々と同じようになる」危険に直面していると見ています。血と土は異教の国々のしるしでした。イスラエルは、トーラーと割礼を自分たちのしるしとして重んじました。ところが、イスラエルにとってその割礼が異教的な単なる切除行為になっていたのです（ピリピ三・二）。トーラーに対する固執は、権威と力に対する異教的な忠誠心となりさがってしまいました（ガラテヤ四・八～一一）。イスラエル全体のシステムが「アダムの」性質によって動かされていると非難されています。その性質は、トーラーが授けられた場（すなわちイスラエル）でアダムの罪をますます増長させました（ローマ五・二〇、七・七～二四）。パウロはこの点を議論するのに、人を小ばかにしたような語呂合わせを用いますが（たとえば、ピリピ人への手紙三章における「カタトメー＝切除」〔二節〕〔訳注＝新改訳では「肉体だけの割礼」と訳されている〕と「ペリトメー＝割礼」〔三節〕）、これは単なる怒りに満ちた罵りの表現ではありません。今の時代で言えば、どういうことになるでしょう。イスラエルに住み、周りのすべての隣人たちと平和を願っている誠実なユダヤ人が、右翼活動家の行動を見て、彼らのことを「真の入植者ではない」とみなすといったところでしょうか。それは、熱心さが極端になると、表面上追い求めているものとは真逆の結果をもたらすことを示しています。これが内部からの批判です。

このことは、少しさかのぼって、ダマスコ途上での出来事の前のタルソのサウロを特徴づけていた熱心さに私たちを導きます。何が起こったのか注意しましょう。私たちが本書第二章で見たのは、サウロの熱心さには二つの重要な点があったということです。第一は、ユダヤ世界を包囲し、侵入していた異教に対する容赦のない敵対心です。第二は、トーラーの遵守を当時のユダヤ人の間に推進しようとする熱い思いです。それは、異教に妥協する人々に対する暴力にまで発展する可能性がありました。キリスト者パウロは、この二つをずっと持ち続けていたと思います。けれども、この二つに劇的な変化がありました。まことの神のメッセージを、偽りの神々に対する挑戦としてとらえたことです。パウロは、おおかたのユダヤ教がまことの神に対して忠実でないのを見て、ある基準へと正す必要があると考えました。その基準とは、キリスト者、完成したイスラエルでした。まことの神のメッセージをもって異教徒と対峙する熱心さ、またそれを反転させて同胞のユダヤ人を批判した熱心さは、タルソのサウロが持っていた熱心さの姿をとどめたものでした。しかし今や、彼が熱い思いを持っている神は、これまでとまったく違う光の中で理解されるようになりました。パウロはこう言うでしょう。「私は神に対して熱心ですが、それは知識に基づくものです。なぜならキリストにあって、私は神を知り、いやむしろ神に知られているからです」と（ローマ一〇・二とⅠコリント八・二〜三を比較）。

ここまで本章は、従来あまり研究されてこなかったパウロ像を、これなら推奨されるだろうという形で提示してきました。ここから、さらに詳細な点に向き合わなければなりません。パウロが異教世界に届けたメッセージは、いったいどのようなものだったのでしょうか。異教の世界観をどのようにひっくり返したのでしょうか。

挑戦——現実とパロディ

まず注意すべき点から見ておきましょう。一世紀の異教世界は「キリスト教を受け入れる準備ができていた」ということを根拠にして、キリスト教の急速な成長を説明する試みがありました。私はそれに疑問を持っています。アテネ人は、「イエスと復活」（使徒一七・一八、三二）について聞く準備ができていませんでした。コリント人も、貞節や、党派心を否定する新しい生き方を聞く準備がなかったようです。すでに見たように、ピリピ人は、イエスが唯一まことの「キュリオス」、世界の主であると聞いて、大きな挑戦を受けたと思われます。人々がストア主義にうんざりしていたのは事実でしょう。ところが、パウロとほぼ同時代を生きたエピクテトスに対しては、そうでもなかったようです。アテネでパウロが語ったその当時のエピクロス派にうんざりしていたのも事実でしょう。人々は、よく目にする異教宗教に飽き飽きしていたようです。確かに二世紀初頭のプリニウスは、異教宗教は、決まりを順守するよりも違反するほうが高く評価されると記しています。それでも異教を特徴づけるのは、一般の人々の生活と習慣に深く根づいていたことです。ささげ物、聖なる日、宣託、前兆を調べること、神秘儀礼、その他の多くの儀式が、パウロの聴衆の日常生活の一部となっていました。異教世界が「福音を受け入れる準備」ができていなかったのは、ユダヤ世界が十字架にかけられたメシアのことを聞く準備ができていなかったのと同様でしょう。

異教世界に対するパウロの挑戦は、異教の体系に空白があって、そこを埋めるといった問題ではありませんでした。真理を告げ知らせるという問題でした。パウロから見れば、この真理こそ現実であり、異教はその現実のパロディなのです。それを具体的に示す六つの分野があるでしょう。あるいは、それ以上あるかもしれません。それぞれのところで、私が述べることは、さらにそこから展開する大きな主題を指し示すことになるでしょう。

◆神と被造物

第一にパウロは、まことの神の現実と、神の作品である被造物の現実を提示しています。創造者の存在に気づきながらも、その方を被造物の中の物体や力と同一視する異教に、パウロはこの現実を真っ向から対立させています。パウロの神観にあまり注意が払われてこなかったのは、注目すべきことです。むろん研究はされてきましたが、そのほとんどがユダヤ教の観点に関してのものでした。イエス・キリストにおいて啓示された神に対するパウロの熱心さは、異教の偶像礼拝に対するユダヤ教からの批判をさらに練り上げ、磨き上げました。

このことは、コロサイ人への手紙一章一五～二〇節のような箇所の基礎となっています。そこでは、被造物を神格化する異教的な考え方を肯定することなどまったくあり得

ず、被造物世界の善と神がお与えになったものの素晴らしさが最大級に肯定されていま
す。この箇所の中程でパウロは、ただおひとりの創造者である神がどのような方なのか、
詳しく完璧に説明をしています。本書でこれまで述べてきたように、パウロは、ユダヤ
教の創造論的唯一神信仰の枠組みの中にしっかりととどまっていました。その一方で、
ただおひとりの神の存在の内にある、創造者・主・御霊、あるいは父・主・御霊、ある
いは創造者・御子・御霊を探求し、神をほめたたえています。彼の言葉を聞く異教徒に
とって、これは必ずひっかかりを覚える基本的な問題の一つでしょう。パウロは、複数
の神々の前に、ただおひとりの神を告げ知らせることで立ちはだかりました。また被造
物の神格化に対抗して、被造物はあくまでも造られたものにすぎないと知らせることで
立ちはだかりました。しかも、被造物は良くないものであると言うことなしにです。

◆儀式と宗教

第二にパウロは、宗教儀式のレベルでも明確な挑戦を行っています。異教世界には、
さまざまな目的をもって、さまざまな神が群がっていました。家を出る、航海に出る、
結婚する、木を植える、それこそ人々がどんな活動をするときにも、そこには神々が置
かれていて、怒りを鎮めていました。古代世界では、供え物があらゆる所に置かれてい

ました。そして、食用のものよりもはるかに多くの肉が供え物となっていました。その結果、コリント人への手紙第一、八〜一〇章にあるような、市場で売られている供え物の肉の問題にぶつかるわけです。

ここで、この問題に対するパウロの回答で、私たちにとって興味深いのは、彼が大きな危険を冒しているかのように思えるその手法です。その回答は、キリスト教の聖餐について最初に記した神学とも言うべきもので構成されています。パウロはそこで、主の食卓と悪魔の食卓が両立しないと論じています。パウロにとって、これは「道徳問題」などではありませんでした。そんなに単純に答えられるような問題ではなかったのです。彼はキリスト者共同体とはどういうものなのかということを考えることで、これに答えています。キリスト者共同体とは、イスラエル共同体の成就です。その象徴として、ユダヤ教の象徴、特に出エジプトを想起させるものを取り上げています（Ⅰコリント一〇章）。パウロにとって、聖餐とは、教会が真の出エジプト共同体であることを示す祝宴でした。しかしそれとともに、悪魔の食卓が現実の食卓のパロディであると糾弾する祝宴でもあったのです。異教と対峙するときに、パウロ神学は二元論に陥ることはありません。被造物を喜ぶという優れた考え方をとりながら、異教を退けています。パウロは、イエスの十字架とその出来事を祝うクリスチャンの儀式を、最終的な真理であると見ています。最大限の寛容さをもって見るなら、異教もその真理に向かって努力していると言えるでしょう。パウロは、異教の神秘主義やささげ物の儀式から、聖餐論を導き出したわけではありません。聖餐は直接的にはユダヤ教を基礎に据えています。このようなわけで、聖餐が現実であり、異教儀式はそのパロディという影なのです。

◆権力とローマ帝国

第三にパウロは、権力、特にローマ帝国権力のレベルで異教に対してはっきりとした挑戦を行っています。もしも、信仰義認を中心にしてパウロ神学の分析を始めるなら、権威と権力に関する用語は、あまり重要なものとならないでしょう。しかし、私が提示するように、もしもパウロの福音がどのように異教世界と対峙したのかということから問い始めるなら、この問題はきわめて重要なものとなります。

ピリピ人への手紙二章と三章でパウロは明らかに（それは意図的であると推測しますが）、カエサルを描写するのにローマ帝国の臣下たちの間で一般に使われている言葉の響きを用いて、さらにはその言葉を反転させてイエスのことを語ります。パウロの時代の異教世界、特にローマ帝国東部では（次第にローマ帝国全体に広がっていましたが）、神としての栄誉を持つ者として皇帝を見るのは当然のことでした。ティベリウス、そして前任者のアウグストゥスの時代には、ローマ皇帝は神と見られていました。皇帝はまず神の息子となり、それから神自身になったのです。「キュリオス・カエサル」は「カエサルは主である」という定型句でした。

ローマ世界の異教徒の多くは、カエサルが主であると喜んで認めていました。人々は政治的にも宗教的にもそうしていましたが、そのことは生活のすべてにおいてそうだったということです。それに対してパウロは、「そうではない。キュリオス・イエスース・クリストス」、つまり、「イエス・キリストは主です」と言ったのです。特に、ローマ植民都市に住み、カエサルが主であるという現実的な課題を抱える共同体の人々に向かって、パウロはそう語りました。彼は自分の述べていることをよく理解していたはずです。ピリピ人への手紙、特に二章のキリスト論の背後には、ユダヤ教神学があり、それとともに、異教が大切にしてきた中枢の一つ、ローマ帝国の思想と対峙するという意味が、そこにあったのです。パウロから百年後、年老いた主教ポリュカルポスは、カエサルに対する形だけの礼拝をも拒否したために、火あぶりに処せられました。ポリュカルポスは、ピリピ人への手紙二章から流れ出てくる信仰に立ったのです。

ここで私たちは起源と対峙の違いについて、再び注意する必要があります。ピリピ人への手紙二章でパウロが記したキリスト論の起源は明らかにユダヤ教です。そのユダヤ教の基盤、特にイザヤ書四〇～五五章を通して、まことの神が王となるとき、偽りの神々はその王座から追放されるという信仰をパウロは持っていました。ユダヤ教に基づく起源は、異教への対峙を生み出しました。この世の権力は、まことの王、すべての主と対峙するのです。

◆真の人間性

第四に、異教の中での人間の生き方に対して、パウロは別の生き方を提示し、前者の無意味さを示しています。パウロの倫理的な教えと呼ばれる箇所や、パウロが共同体の成長を促している箇所、特にキリストとともに死んでよみがえることを通して与えられる新しい生活の神学と実践を語る箇所で、パウロは本当の人間の生き方を、回心者に対して説明し、植えつけ、勧めました。彼は、異教は人間として破綻する生き方だと考えていました。その代わりに、ユダヤ教を土台として、イエスと御霊によって再建された人間の生き方を示したのです。パウロは常々、この生き方がトーラーの求めているものだと考えていました。回心の前にも、トーラーは異教に戦いを挑み、相手の土俵の上でこれを打ち負かすと信じていたのです。共同体についての神学で、パウロはローマ帝国（皮肉にも「平和の君」に支配された体制）を、まことの「平和の君」であるイエス・

キリストの絶対権力（imperium）に置き換えました。このお方に仕えることは、すべての兄弟姉妹を愛し合いながら生活することを意味します。（別の著作で私は議論したのですが）イエスが対神殿運動を起こしたのなら、パウロは、対ローマ帝国運動を起こしたのです。人々がパウロを危険人物と考えたことは、何ら不思議ではないのです。

◆世界の真の物語《ストーリー》

第五にパウロは、異教の神話に対抗し、世界の真の物語を語りました。非常に皮肉なことですが、一九世紀に、初期キリスト教は神話化の観点から分析されていました。その中のかなりのものは、パウロにとどまらず、人類の歴史の中で実際に起こった出来事の物語を語り、それらこそが唯一まことの神の啓示であることを示そうとしました。古代の異教の神話についての本を一読するなら、一九世紀におけるキリスト教神話化の作業は、そこに書かれていることの繰り返しであるとわかるでしょう。確かに、共同体が日常生活の意味を説明し、共同体を保持するために語るという点では、キリスト教の物語は「神話」として機能します。けれども、ここがギリシア神話やローマ神話と違うのですが、パウロたちの語った物語は、それが真の物語であるかぎり、つまり現実世界の人間の歴史の中で起こった出来事の物語であるかぎり、意味が通るのです。パウロは自分の聴衆に、現実を受け入れるように勧めています。それは来世の、目に見えない現実、個人的な「霊的」経験といった意味での現実ではなく、ナザレのイエスとその死と復活というこの地上の、具体性のある現実です。さらに、パウロは聴衆に、宇宙全体がある、、、、ところへ向かっているという物語を示しました。歴史に無関心な異教徒の世界観に対して、また歴史哲学者たちが考える夢の「黄金時代」に対して、パウロははっきりと、創造から新しい創造に至る直線的な歴史観を主張しました。このことは異教世界に、「あなたがいるところはここ」というしるし（つまり復活と御霊）の付いた歴史年表のようなものを提示しました。ローマ人への手紙八章は、この点を驚くほどはっきりと教えてくれます。パウロは、創造された世界が良いものであることを宣言し、自分と聴衆をイエスの復活と、全被造物の解放の間に位置づけました。新しい時代はすでに始まり、いつの日か完成することになるのです。

コリント人への手紙第一、一五章三～八節のパウロの基本的なケリュグマ（宣言あるいは告げ知らせること）を考えるなら、このことは容易に理解できます。コリント教会の人々に自分が伝えた福音の言葉を思い出してもらい、さらに十分に解説しなければならないと思ったパウロは、中心的な出来事へと話を進めます。「キリストは、聖書の示すとおりに、私たちの罪のために死なれたこと、また、葬られたこと、また、聖書の示すとおりに、三日目によみがえられたこと、また、ケパに現れ、それから十二弟子に現れたことです。その後、キリストは五百人以上の兄弟たちに同時に現れ……ヤコブに現れ、それから使徒たち全部に現れました。そして、最後に、月足らずで生まれた者と同様な私にも、現れてくださいました」と。異教徒に対するパウロの福音が人生哲学でないことは明らかです。それは、どのように救われるのかという教理でもありません。福音は事実の一覧なのです。もちろんそれは解釈されていない事実ではありません。そんなものは存在しないからです。それは出来事の一覧であり、それらの出来事の意味をはっきりさせる枠組みの中に収められたものです。異教世界は、ナザレのイエスに関する奇妙な出来事にどう対処するのでしょうか。答えは、こうです。それらは、単なるユダヤ人の不思議な事件ではなく、全宇宙に対する創造者の計画の成就である。これからの議論の中で明らかになっていきますが、イエスとその復活についての話は、世界の創造者の話なのです。もっと具体的に言えば、創造者がイエスを通して、どのように全世界の主になったのかという話です。パウロがイエスの死と復活を理解し、解説したユダヤ教的解釈の枠組みは、もちろん黙示的です。つまり、これらの出来事が宇宙規模の重要性を持っているということです。これこそが異教徒に対する良い知らせです。世界の創造者が悪と死を打ち倒し、世界がご自身のものであると宣言することによって、すべてのすべてとなるのです。

言い換えるなら、パウロは、またしてもあの「優位な立場」を主張しているのです。「黙示的」がどれほど二元論的に見られていたかということを考えても、これは皮肉なことです。全世界は唯一のまことの神のものです。この方は今、それを再び主張しています。神は、世界があるがままで良いとは考えていません。異教に伏し、被造物自体が神的存在であるかのように考える世の中で、あらゆるものを礼拝しているからです。そして、神の創造物を今現在傷つけている悪、堕落、腐敗、悲惨、そして死の事実を無視しているからです。パウロは今の世界を拒絶していません。もし拒絶するなら、それはキリスト教の福音が二元論の形をとっていることになります。パウロがローマ人への手紙八章で述べているのは、被造物全体はその解放を待ち望んでいるということです。神がすべてのすべてとなるとき、天と地の境や、神と人の領域の境は消え去ります（黙示録二一章も参照）。異教徒に対するパウロのメッセージは、完成したイスラエルのメッセージです。ひとりの創造者である神がイスラエルとの契約の成就を通して、世界をご自身と和解させているというメッセージです。ここには三つの解放が含まれています。イスラエルは世界のために、イエスという人にあって贖われる。人類はイエスを通して贖われ、神のかたちが回復される。その結果、被造物自体も贖われ、創造者である神がすべてのすべてとなる、ということです。

◆哲学と形而上学

第六にパウロは、ローマ世界の主たる異教哲学者たちに対して、間接的に挑戦を投げかけています。異教の哲学世界で崇高な知恵とされているものに向かって、創造者である神の知恵を述べているからです。繰り返しますが、ここでもパウロはイエス・キリストと御霊にあって再定義したユダヤ教の伝承を用いて、異教と対峙し、相手の土俵の上でこれを打ち負かしているのです。

キケロは有名な著作『神々の本性について』の中で、紀元前一世紀のギリシア・ローマ世界において、知者に受け入れられている三つの哲学の輪郭を描いています。まずストア主義者です。一元論者あるいは汎神論者で、存在するあらゆる物は神的存在、あるいは神的性質を内包していると信じています。次に、エピクロス主義者です。多くの神々が存在するかもしれないが、私たちから遠くかけ離れており、この世界に何の関心も持っていないと信じています（あなたができる最善のことは、自分の人生を秩序立てて、自分自身、問題から遠ざかり、静かで満たされた生活に最大限努めることである、ということです）。最後に、キケロ自身がそうだったように、とにかく何も知ることができないという懐疑的な見解を持つアカデメイア派です。できる最善のことは、いけにえ、卜占など古い異教の宗教儀式を単純に継続すること（キケロ自身、その他のローマの高い地位にいた人々同様、宗教儀式の役人でした）、社会はそういった宗教儀式を中心にして一つになれるという希望を持つことです。もちろん、社会はそのとおりにはなりませんでした。キケロ自身、社会の分裂の被害者の一人でした。もしもパウロがキケロの著作を読んだとしたなら、何と言ったでしょうか。

これはたいへん興味深い問いです。この主題に関する研究論文がなぜないのか、不思議なくらいです。私は、懐疑的アカデメイア派のキケロは自分自身にこのように言ったのではないかと思います。異教の神々について素晴らしいけれども滑稽な主張に対して、自らが懐疑的であるのは正しい。人は神々の存在についてほとんど知ることはできない。なぜなら、それらは存在しないか、あるいは存在しても、闇の悪魔的な力の姿をしているからだ、と。しかしパウロはこう主張したでしょう。人は唯一まことの神、アブラハムの神、イサクの神、ヤコブの神を確かに知ることができる。イスラエルという境を越えて、神を知ることができる。神は、死者の中からよみがえらせたイエスにあって、ご自身を啓示したからである。そしてイエスの御霊を通して、すべての人が平等に迎え入れられる一つの家族を確立し、世界の相続人としたからである、と。

ストア派に対してパウロは、世界は神の力と美を見ることができる場所であるということには同意したでしょう。しかしそれは、世界そのものが、何かしら神的だからではなく、善かつ知恵である神が良いものとして世界を創造したからだと主張したでしょう。そして、この神は全被造物をご自分の臨在で満たそうと願っておられる。そうすることで、世界が聖杯のように、美しいものとなるためである。その美しさは、世界が美しいからではなく、神の臨在に満たされるよう設計されたからである、と。

エピクロス派に対してパウロは、神は確かに世界と別の存在であり、これと同一視されたり混同されたりしてはならないということには同意したでしょう。けれども、このまことの神が、世界から遠く離れていて、この世界に何の関心も持っていないということについては、強く否定したでしょう。神はイスラエルの歴史の中で、そしてイエス・キリストにあって、この世界に対して、熱い思いをもって、また共感的に関わっていると主張したでしょう。そういうわけで、懐疑主義、ストア派、エピクロス派に対してパウロは、キリストと御霊を中心にすることによって再定義されたユダヤ教神学をもって戦いを挑んでいるのです。今、述べてきたことは概ね、パウロがアテネの長老たちに語ったとき、ルカがパウロの口に置いた言葉です（使徒一七・二二～三一）。このことを熟考するのはとても興味深い作業です。

結論

今、私たちはタルソのサウロ（本書第二章）の構想《アジェンダ》と使徒パウロの構想《アジェンダ》を比較対照していています。キリスト者になる前のタルソのサウロが、構想とともにあわせ持っていた「熱心さ」は、異教徒への使徒としての召命を受けて、新たな「熱心さ」に取って代わりました。それは、前の熱心とよく似てはいますが、内容は劇的に違うものでした。

タルソのサウロと同様に、パウロはまず、イスラエルの神が異教と戦っておられると信じていました。しかし、ユダヤ教の武器である暴力や人種的偏見によって異教を打ち負かすのではなく、まことの神が、十字架にかかり、よみがえった御子にあってご自身を啓示し、また全世界に悔い改めるように（具体的には偶像から立ち返るように）、そして忠実であるようにと招いている。そのことを、異教世界に告げ知らせることが自分の務めであると、使徒パウロは信じていました。パウロは、偶像礼拝や不道徳によって自らの人間性を破壊している人々に対して、人としての真の生き方を提示しました。タルソのサウロを動かした熱心は、異教徒に対して福音を宣言する熱心さ、異教の土壌の中で教会を保持する熱心さに取って代わったのです。

第二に、タルソのサウロと同様に使徒パウロは、イスラエルの神が、忠実ではないイスラエルの人々と戦っていると信じていました。サウロは、そのような不実な同胞のユダヤ人を滅ぼそうとしました。そして暴力を振るい、トーラーを厳守させようとしたことで、光が見えなくなっていました。パウロは、異邦人世界を獲得して、アブラハムの家族へと導くことが、自分の使命だと信じていました——野生種のオリーブの枝が、本来のオリーブの木に接ぎ木されるように——。それは、ユダヤ人が神に遣わされたメシアを拒絶し、拒絶し続けたときに、真の家族である本来のオリーブの枝がねたみを起こし、自分たちが拒否してしまった特権にもう一度立ち返りたいと願うようになるためです（ローマ一一章）。

それゆえ、タルソのサウロと同様に使徒パウロは、聖書の預言が神の大いなるわざによって実現するために書かれたと信じていました。そのとき、イスラエルの神は全世界の唯一まことの神であることが明らかにされます。この大いなる出来事によって、イスラエルが神の民であること、また、異教徒は間違いを犯していたこと、まことの神の前にひざまずくべきことが示されるのです。

けれども、パウロはサウロとは違って、この大いなるわざがすでに起こったと信じていました。ローマ帝国に対して軍事的な大勝利を収める代わりに、イスラエル人の代表者であるイエスが、罪と死という、神の民と全世界の民の現実の敵に対して大いなる勝利を収めたのです。この大いなるわざは、イスラエルの神が唯一のまことの神であることを証ししました。また、異教世界に対して、彼らが間違っていること、まことの神の前にひざまずくべき時が到来したことを告げました。けれどもユダヤ人も、異教徒とともに、神の恵みの啓示の前に、へりくだらなければなりませんでした。

パウロはサウロと同様、だれが今、まことの神の民のメンバーであるかを告げることができると信じていました。サウロにとって、そのしるしはトーラーでした。トーラーを今厳守している人たちは、将来、真のイスラエルとして明らかにされるというのです。しかしパウロにとって、それはユダヤ人と異邦人の間に横たわる隔たりを増大させるものでしかありませんでした。メシアはその隔たりを取り去るために死んで、よみがえったのです。大いなるわざはすでに起こりました。今だれがまことの神の民に属しているのかを告げるものは、単純に信仰です。ご自分の御子を遣わし、全世界のために死に渡し、よみがえらせた神に対する信仰です。これが次の二つの章で取り上げる要点です。すなわち、「信仰義認」の教理は異教世界への宣教と直結しているのです。この教理は、（たとえば）コリントの路上で困惑している異教徒に語るメッセージではありませんでした。また、パウロの伝道的メッセージの要旨でもありませんでした。回心者たちが、自分たちは本当に神の民のメンバーであるという確信を持つために、知らなければならないメッセージだったのです。

歴史家、神学者、聖書解釈者として私が本章で扱った作業、すなわち異教世界へのパウロのメッセージを分析することは、私たちがパウロとその神学を、的確に理解するうえで欠かせないと信じています。これは、パウロ自身が私たちに示している方向性です。研究者がこれに十分に取り組むことなく、ただ騒いでいるだけでは、まったく話になりません。けれども、この作業には別の側面もあります。文化的分析という点から見ても、西洋世界はいま新たな形の異教へと急速に向かっていることがわかります。私は、拙著『再生した教会の新しい働き』（*New Tasks for a Renewed Church.* 米国では *Bringing the Church to the World* という書名で出版されました）の中で、簡単な分析を提示しました。皮肉なことに教会はこれまで、異教世界ではなくユダヤ教世界に向けたパウロのメッセージに注目してきました。もちろんそれも大切です。けれども、パウロの福音によって異教と対峙するために人々に、ユダヤ人になるようにと言う必要はありません。この世代の人々にイエス・キリストのメッセージを語りたいなら、異教世界に良い知らせとなった福音の語り方を再発見する必要があります。パウロはそのことに大きな熱意を持っています。私たちはパウロの声に耳を傾けさえすればよいのです。

もしパウロが異教徒への良い知らせを持っていたのなら、同胞のユダヤ人に対しては何を言わなければならなかったのでしょうか。私たちは、パウロのユダヤ教批判を一瞥しました。パウロはユダヤ人に対して、自分たちの伝統が異教化していると警告しました。では、パウロはそのユダヤ人に対しては、良い知らせを持っていなかったのでしょうか。

注

1 A. N. Wilson, *Paul: The Mind of the Apostle*, 1997, p. 71.

第六章　イスラエルへの福音

前章で述べたのは、パウロの召しは基本的に異邦人への使徒になるためである、ということでした。そして、この召しの真意は、異教徒はイスラエルの神、世界の創造者の良い知らせを聞く必要があるということです。ユダヤ人が持っていた特定の希望、そしてパウロが抱いていたと思われる希望は、イスラエルの神がご自身の約束をイスラエルのために成就するときに、異邦人は祝福を受けることです。パウロは、この希望がユダヤ人のメシアであるイエスによって、その死と復活によって、すでに実現したと信じていました。どのようにそれが実現したのでしょうか。これらの尋常でない出来事は、イスラエルの神の契約の計画の中で、どのように明らかになったのでしょうか。こうしたことすべては、イスラエルにとって何を意味していたのでしょうか。

第四章で、パウロがユダヤ人の中核となる神概念を持ちつつ、しかもその概念の中に潜んでいるものを、イエスと御霊に見いだした点を見ました。本章においても、私たちは、イスラエルと世界の歴史の中で、この神がしておられること、あるいはしようとしておられることについて、パウロがユダヤ人の信仰とまったく同じであったということを見ます。このことを見ていくときに、私たちはパウロの最も重要な手紙の中心部に導かれていきます。そして、パウロが用いるもっとも重要で、議論の多い用語の一つに導かれます。それは、「ディカイオスネー・セウー」という言葉です。必ずしも適切な訳語であるとは言えませんが、「神の義」です。

この言葉には、注意すべき点があります。本章また次章を通して英語圏の人は注意しなければならないのですが、ギリシア語の一つの語根を翻訳するのに、英語には二つの異なる語根があるということです。ディカイオスという形容詞には、「義の」(righteous)というだけでなく、「正義の」(just)という意味もあります。ディカイオスネーという名詞には「義」(righteousness)とともに、「正義」(justice)という意味があります。不幸なことに、同根の動詞「ディカイウーン」になると、英語ではjustify(義とする)という動詞はあるのですが、一般の英語ではrighteousを動詞化できません(E・P・サンダースは動詞を作ろうとしましたが、広く受け入れられることはありませんでした。また、古い英語でrightwiseという動詞が、ブルトマンの『新約聖書神学』の英訳で用いられましたが、これもその後、使われることはありませんでした)。もしも私たちが「義の」、「義」という代わりに「正義の」、「正義」といつも言っているのであれば、それほど問題はなかったかもしれません。しかし、「正義の」、「正義」という一対の言葉自体も、近代英語の意味においても誤解を招くことが多々あります。まして「義の」、「義」という言葉の意味はなおさらでしょう。パウロ書簡の読者は至るところで多くの問題に直面しますが、その中でも代表的なのは、パウロがギリシア語を使って手紙を書いていることです。しかも、彼が言おうとしていることの背後にはヘブル語聖書があります。それで私たちは英語で本を書くなかで、すでに微妙なニュアンスと強調点のある語句と言いまわしにふさわしい言葉を探すのに、とても苦労するわけです。外国語の詩を翻訳するようなものです。そうしたことを私たちは今、試みているのです。

契約・法廷・終末

「神の義」は、これまで専門的な研究が多く行われてきた中心的主題です。私は、ここでこうした諸研究の紹介をいちいちするつもりはありません。そのことは、この本全体を通じて言えることです。「神の義」とその同義語は、パウロ書簡の中で八回使われています。そのうちの七回はローマ人への手紙で用いられています。さまざまな英語の翻訳を見ても、その意味はきわめて曖昧です。とりわけ非常に重要な箇所であるローマ人への手紙三章も二一～二六節でそうです。たとえば新国際訳聖書（ＮＩＶ）は、この六節の間で「神の義」という語句に、少なくとも二つの異なる意味を与えています。そこで私はこれから、「神の義」が自然な形で用いられたユダヤ教の文脈について、その概略を述べ、さまざまな思想学諸派が提示しているこの語句の解釈をいくつか紹介し、正しい答えを見いだそうと考えています。

ユダヤ人のヘブル語聖書のギリシア語版である七十人訳の読者にとって、「神の義」は明らかに一つの意味を持っていたようです。それは、約束、契約に対する神ご自身の誠実さです。神の「義」は、特にイザヤ書四〇～五五章でそうですが、神の性質の一側面を表しています。義のゆえに、たとえイスラエルが堕落して失われていようと、神はイスラエルをお救いになります。神は約束されました。そしてイスラエルはそれらの約束に信頼を置くことができます。それゆえ神の義は、一つには、神が信頼できる方であることを意味し、一つには、イスラエルの救いを意味しているのです。もちろん、イザヤの幻の中心にあるのは、苦難のしもべという不思議な存在です。そのしもべを通して神の義の目的は果たされます。

このような「神の義」の読み方を支持する聖書箇所は多くあります。たとえば、ダニエル書九章にある祈りです。次の点については、特に論争は起こらないでしょう。七十人訳で、この語句の最も自然な意味は、神がイスラエルとの契約に対して真実であり、その結果、イスラエルをバビロン捕囚から救い出すということです。第二神殿期のユダヤ教文書でも、この意味か、あるいはそれに近い意味で用いている箇所を多く見いだします。そのすべてが、この基本的な読み方を支持しているわけです。「神の義」の中心には、イスラエルとの神の契約があります。その契約を通して神は語り、全世界の罪の問題を解決するのです。

ところが、この語句には特別なニュアンスもあるのです。それは、言葉がもともと持っているある象徴に由来します。「義」は元来、法廷用語であり、裁判所で使われる言葉です。このことをもう少し解説する必要があるでしょう。

1　(聖書的な)ユダヤの法廷では、裁判官、原告、被告がいます。英国のような

ユダヤ人の裁判

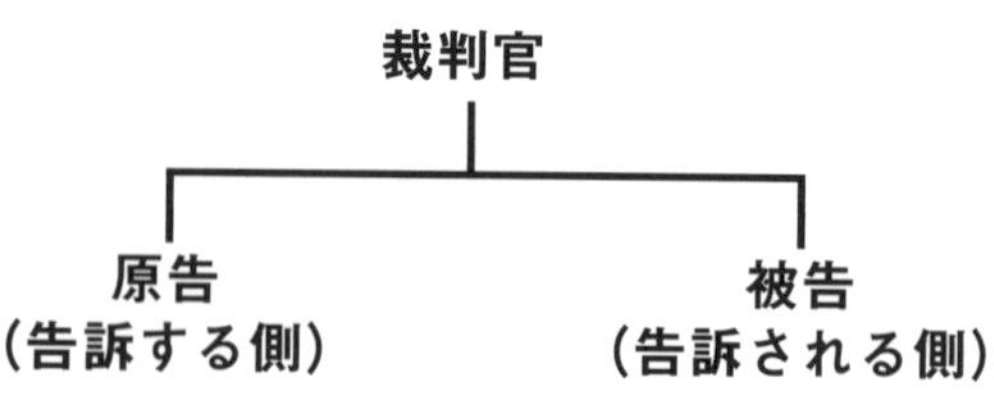

公訴局長官〔訳注＝日本の検察庁に相当する〕はいません。すべての裁判は、一対一で、裁判官が判決を下します。

2　この文脈で「義」は、どのような意味で使われるのでしょうか。それは、裁判官に適用した場合、原告に適用した場合、被告に適用した場合で、意味が異なってくるのです。裁判官に適用した場合、それは（旧約聖書から明らかですが）、裁判官が律法にしたがって裁判を行うことです。裁判官はえこひいきをしてはならないし、犯した罪にふさわしい罰を与えなければなりません。また、寄る辺のない人々、裁判官にしか頼れない人々を支え、守る必要があります。裁判官にとって「義である」こと、すなわち裁判で「義」を保持し実行するというのは、案件を処理するという非常に込み入った作業に従事することです。

3　しかし、原告と被告にとって「義」とは、この意味ではありません。原告も被告も審理そのものには関わらないのです。現代英語の「義」という言葉には倫理的な含みがあるため、裁判が始まる前に、二者が倫理的に正しい道を進むなら、それにふさわしい判決を得られるという意味にとられるおそれがあります。けれども、これはまったくの間違いです。聖書的な意味からすると、法廷での原告や被告にとっての「義」とは、裁判で判決が下された後の立場のことです。

これはどういうことなのでしょうか。まず原告のほうから見てみましょう。裁判所が原告の訴えを支持するなら、原告は「義」です。それは、原告が倫理的に正しく、徳の高い、良い人間である必要はありません。この案件で、裁判所が原告側の訴えを正しいと認めたということです。

同じことが被告に対しても言えます。裁判所が被告を支持し、その人に無罪判決を下すなら、被告は「義」です。繰り返しますが、被告側が倫理的に正しく、徳の高い、良い人間である必要はありません。この案件で、裁判所が原告ではなく、被告を正しいと認めたということです。言い換えるなら、無罪になったということです。

そう言いながらも、一般のギリシア語「ディカイオス」「義」は倫理的な含みのある言葉でもあるのです。そのことを踏まえると、裁判所の判決後に与えられた立場だけでなく、原告あるいは被告の性質と過去の行動について言及していると理解することができます。そうはいっても、法廷での専門用語として考えれば、原告と被告にとっての「義」は、裁判所がどちらかの訴えを受け入れるときに与えられた立場なのです。それ以上でもそれ以下でもありません。

ここから導き出される結論は明白です。そして、それはパウロを理解するうえで、非常に重要です。もしも私たちが法廷用語を使うのであれば、原告や被告に対して、裁判官が義を転嫁するとか、授けるとか、残すとか、伝達するとか、あるいは、譲渡するとか、それらには何の意味もありません。義は、法廷から出てくる物体でも物質でも気体でもありません。裁判官にとって「義」であるとは、裁判所がだれかに有利な判決を下すことではありません。原告や被告にとって「義」であるとは、その人が適切で公平な裁判を受けることではありません。被告が裁判官の「義」を何かしら受け取ることを考えるなら、それはそもそもカテゴリーとして間違っています。「義」に関する言葉は、そのようなことを意味していないのです。

神の義の契約的意味と裁判所から導き出される象徴的なイメージを合わせると、どういうことが起こるのでしょうか。神はもちろん裁判官です。イスラエルは、自分たちを圧迫する悪しき異教徒たちに対して、神の前に出て訴えます。イスラエルは、裁判所に出廷し、神が訴えを取り上げて、その言い分を聞き、ご自身の義によって自分たちを敵から救い出してくれることを待ち望みます。つまり自分たちが義とされ、無罪判決を受け、正しい者とされることを待ち望むのです。裁判官である神はまた契約の神でもあるので、イスラエルは「あなたの契約に私たちは忠実です。あなたの義によって私を正しい者としてください」と神に嘆願するのです。

「あなたのしもべをさばきにかけないでください。生ける者はだれひとり、あなたの前に義と認められないからです。」詩篇一四三篇二節は、ユダヤ人の希望を表現する典型的な言葉です。それは、法廷イメージから出た契約の希望です。パウロは自分の議論の重要なところで、この詩篇を引用しているのです（ローマ三・二〇）。

神がご自分の民を正しい者と認めるために行動するとき、象徴的に見れば、神の民は「義」の立場を持つことになります。義認に関連するトピックについては、次章で、さらに詳しく扱いたいと思います。しかし、彼らの持つ義は、神ご自身の義ではありません。それではまったく意味をなしません。神ご自身の義は、契約に対する神の真実です。それゆえ、神はイスラエルを正しい者とし、無罪とされた被告として「義」の立場を賦与するのです。しかし、神の義は残っています。要するに、神の義は神の所有物なのです。神の義は、神がご自分の民を正しい者とするために行動する根拠なのです。神の義は、神が民を正しい者とするときに、賦与するものではありません。

今までの議論から明らかなことは、私たちはもう一つの義の側面を議論に加えなければならないということです。もしも神とイスラエルの間の契約が、「義」という言葉の意味の本来あるべき基本的な背景であるなら、また法廷がその契約用語に特別な意味合いを持たせる象徴的な場であるなら、契約と法廷は将来の完成を求めます。それが終末論です。終末論は、神がイスラエルのために最後に、決定的に行動するという、イスラエルの長年にわたる希望であり、それは「義」の概念のあらゆるところに持ち込まれなければなりません。

では、この希望とは何でしょうか。神の義は、イスラエルが苦難の中にある時に思い起こすものです。その希望の中で神は将来、イスラエルを正しい者とするのです。正しい者とされるイスラエルはだれのことでしょうか。すべてのユダヤ人でしょうか。それとも一部のユダヤ人だけでしょうか。神がご自分の義を成就し、ご自分の契約の責務を実行するとき、だれが正しいとされるのか、それについて現在、正確に答えることができる人はいるのでしょうか。パウロの時代の多くのユダヤ人は、「いる」と答えます。ユダヤ人が将来正しい者とされるための現在のしるしは、神が要求する契約の責務に対して忠実であるということです。ユダヤ人の「律法の行い」とは、将来において、神が行動されるときに神の民であることを、今現在証明するものです。ここからパウロが打破するのに苦心した「行いによる義認」の神学が出ています。この問題については次章に譲ることにしましょう。今は、私たちは神の義というテーマに焦点を絞らなければなりません。ここまで述べてきたように、パウロはこの言葉を、一貫性をもって用いたのでしょうか。

鍵となる言葉の解釈

この言葉には、ユダヤ教の中ではっきりとした背景があるにもかかわらず、これまでパウロ書簡の読者の多くが、違う意味にとってきたようです。もちろん「神の義」という語句は、さまざまな解釈の可能性を残しています。ちょうど「神の愛」という語句が、私たちに対する神の愛を意味するのか、それとも神に対する私たちの愛を意味するかというのと同じです。研究者の間では、少なくとも四つの意味に区分されています。

複雑に絡み合ったこれらの解釈は、非常に込み入っています。そのことをわきまえておかないと、パウロの思想の最も重要で中心的なものの一つがさまざまに翻訳され、解釈されている事実に直面するときに、途方に暮れてしまうでしょう。たとえて言えば、車のベテラン運転手が、初めて車のキャブレター〔訳注＝ガソリンの気化装置〕の内部を教えてもらったときの感覚に似ています。道路の上を走行するのに、奇妙な形のちっぽけな機器はいったい何の役に立つのか。こんな疑問を持つとき、優秀な技術者なら、もしキャブレターが動かなかったなら車がどうなるのか、それが動いたなら車がどうなるのかを実演して見せてくれるでしょう。これがある意味、今から取り組もうとしていることです。

基本的な区分としては「神の義」を神ご自身の義を指すという解釈、そして神の前に人間が持つ義の立場を指すという解釈があります。次頁の表では、上半分のAと下半分のBに分かれています。その中のさらなる区分も非常に重要です。まず下半分から見ていきましょう。特にプロテスタントそして福音派のグループでよく知られている解釈です。

マルティン・ルター以降、多くのキリスト者が「神の義」とは、福音によって、信仰に基づいて人間が持つ立場であると理解し、この言葉に歓喜しました。しかし、これにも二つの異なる理解の仕方があって、さまざまな翻訳や注解書に反映されています。まず、B1についてですが、この「義」は、キリスト者が神によって、あるいは神から与えられ、授与され、そのようにみなされた立場であると考えます。問題となるギリシア語の属格は、ここでは起源を示す属格です（つまり、「神から来る義」です）。もう一方のB2では、これを目的属格として読んでいます。それによれば、「義」という言葉は、神の前に有効である、あるいは神の前に価値のある性質を意味します。

どちらの場合も、さらに重要な区分がなされています。もし義が「神から」来て、人

「神の義」──解釈の可能性

<table>
<tr><td rowspan="4">A
神ご自身の「義」</td><td rowspan="2">A 1
道徳的性質
としての義
(「神の」は、
所有としての属格)</td><td>A 1a
「配分的正義」</td></tr>
<tr><td>A 1b
「契約に対する誠実」</td></tr>
<tr><td rowspan="2">A 2
救いを生み出す
神の力としての義
(「神の」は、
主格属格)</td><td>A 2a
契約に対する誠実を
実行すること</td></tr>
<tr><td>A 2b
非契約的、
世界を打ち倒す行動</td></tr>
<tr><td rowspan="4">B
人間に
与えられる「義」</td><td rowspan="2">B 1
「神から」与えられる
立場としての義
(「神の」は起源を
表す属格)</td><td>B 1a
転嫁された義</td></tr>
<tr><td>B 1b
授けられた義</td></tr>
<tr><td rowspan="2">B 2
「神の前に出る」資質
としての義、
「神にとって価値のある」資質としての義
(「神の」は目的属格)</td><td>B 2a
神に認められた
天賦の資質</td></tr>
<tr><td>B 2b
神の特別な賜物、
また神によってそう
だと認められたもの</td></tr>
</table>

間が持つものであるなら、それは「転嫁された（imputed）」義〈Ｂ１ａ〉、つまり人間のものであると「みなされる」、ほとんど法的なフィクションなのでしょうか。あるいは、義は「授けられた（imparted）」〈Ｂ１ｂ〉もの、本当の実体、所有として与えられたもの、待ち望んできたご自分の民に、神が「義」を吹き入れて与えてくださったものなのでしょうか。このようにして何百年もの間、結論の出ない議論が続けられてきました。ところが、この議論は明らかに、まったく異なる意味の「義」の上にその根拠が置かれています。ａは、義を立場として、ｂは、義を資質として理解しているのです。

もし義が神の前に「有効である」もの、あるいは神の前に「価値ある」ものであるなら、さらなる疑問が出てきます。それは、（一般的に言う）直感で判断して、人間が持つ資質〈Ｂ２ａ〉なのでしょうか。たとえば、ある人が神を信じると、神は周りを見渡して、だれが自分を信じたのかを見て、「そうだ！　これが、わたしが探していた『義』だ」と言うようなことでしょうか。これが、アブラハムに起こったことでしょうか。それとも、神はまず、人間に義の資質を何らかの形で与え〈Ｂ２ｂ〉、そのあとで、その義を受け入れるのでしょうか。この場合の「義」とは、天賦の資質、あるいは神からの特別な賜物でしょうか。

多くの読者は、これらの解釈が恐ろしいほど論理的に込み入っていて、複雑であると思うでしょう。真剣に神学を構築していこうとすると、どうしてこんなにも複雑な細部に入り込んでいってしまうのでしょうか。車とキャブレターのたとえを、もう一度思い出してみてください。パウロについて、とりわけローマ人への手紙について、有名な著作や学術書に記されている解釈の一つ一つを私は見てきました。また、いろいろと込み入った解釈の組み合わせについても見ました。こうした解釈が、パウロが書いた最も重要なテキストをどのように読むのかを決定づけることになるからです。

表の上半分の区分に移りましょう。「義」とは、神のうちにある道徳的性質〈A1〉だと考える人たちがいます。「神の」という属格は所有の属格になり、単純に神の所有を表します。二番目〈A2〉についてですが、ある人々は、「義」は神の救いの活動を表すと考えます。「神の」という属格は主格となり、言外の動詞の主語を指します。

この二つの区分はさらに細かく分けることができます。もしも義が神のうちにある道徳的性質であるなら、それはどんな性質なのでしょうか。有名な話ですが、ルターは神の義とは、神の「配分的正義」であると信じるようになりました。すなわち、悪を罰し、徳に報酬を与えるという神の道徳的働きです。もしもパウロをラテン語で読むなら、「ユスティティア」(iustitia)(ラテン語で「正義」の意)からルターが持ったような印象を持つことでしょう。二つめの解釈〈A1b〉は、神の性質であっても、約束に対する神の真実さという性質を指すというものです。そして、これが私の支持する解釈です。この点について詳述する前に、全体の説明をしておきたいと思います。

神の救いの活動としての義という考えは、さらに二つに分けることができます。その二つめ〈A２b〉は、ドイツの学者エルンスト・ケーゼマンが提唱したものです。神の義という語句を、イスラエル、アブラハム、聖書の約束への契約に言及することなく、「神の救いを生み出す力」という特別な専門用語として理解します。ケーゼマンは意図的に、「契約的」部分をこの意味から削ぎ落としました。なぜなら、神の救いを生み出す力が、イスラエルだけでなく、全世界に対しても及んでいて、全世界を勝ち取るのを強調したかったからです。しかし、一つめ〈A２a〉は、A１bにとてもよく似ているものの、神の契約に対する真実さを具体的な行動に表すものであると理解します。これまで見てきたように、イスラエルの神が契約を成就するとき、神の義は常に、全世界、全宇宙の問題を示し、解決する手段となるのです。

これらの相対立する解釈の中から、どれを選べばよいのでしょうか。表の下半分〈B〉の解釈が長い間支持されてきました。けれどもユダヤ教の豊富な資料を調べてみると、その中にパウロが直接引用し、示唆する聖書の言葉が多くあることが認められ、表の上半分〈A〉を支持せざるを得なくなります。つまり「神の義」とは、神ご自身の義を指しているということです。実際、ユダヤ教の文脈も、こうした推測を強く支持しています。もしもこの解釈が覆されるとすれば、それはパウロが明らかにこれに反する議論を展開した場合でしょう。しかしこれから見ていくとおり、パウロはそのような議論をまったくしていないのです。

それでは〈A〉のいくつかの解釈から、私たちはどのように判断したらよいのでしょうか。時代遅れの「配分的正義」(iustitia distributiva)〈A1a〉は、見当違いのラテン語概念として除外できるでしょう。またケーゼマンが新たに提示した〈A2b〉も、独創的ではあっても、可能性が低いものとして除外できるでしょう。(ケーゼマンがこの特別な専門的意味を支持しているとして引用したテキストは、彼が主張したような意味ではありません。) それで二つの関連の強い意味〈A1b〉と〈A2a〉が残ります。どちらも神の契約に対する真実を扱っています。両方とも神のうちにある性質であり、契約への真実を表しながら、契約が約束していることを実現しようと活動する力です。悪を解決し、神の民を救い、しかも真の公平をもってそうすることです。所有的属格と主格属格の間の文法的区別はよく整理されていますが、その区別は、パウロがここで意図していることを正しく扱えているようには思えません。ですから、両者の意味をあえて区別するのはやめるべきでしょう。パウロにとって神は創造者であり、いつもご自分の世界で活動しておられる存在です。ですから、神の性質と行動は当然、非常に密接なものであると考えるべきでしょう。

このことを示す実例はもちろん、パウロ書簡のテキストであり、とりわけローマ人への手紙のテキストであると言うことができます。

パウロ書簡における「神の義」

◆ピリピ人への手紙とコリント人への手紙第二

ローマ人への手紙は、「神の義」が主要なテーマとなっている手紙です。そのローマ人への手紙に入る前に、議論に決着をつけるような箇所ではありませんが、興味深い所を二つ見ておきたいと思います。一つは、この議論ではしばしば引用されるピリピ人への手紙三章九節で、パウロは自分の願いを、キリストを得ることであると宣言しています。

キリストの中にある者と認められ、律法による自分の義ではなく、キリストを信じる信仰による義〔または、キリストの真実〕、すなわち、信仰に基づいて、神から与えられる義を持つことができる、という望みがあるからです。

大事なことですが、ここで鍵となる言葉は「神の義」（ディカイオス・セウー）ではなく、「神から与えられる義」（ディカイオスネー・エク・セウー）です。ほとんどの研究者は、この箇所がまるで神の義（ディカイオスネー・セウー）の尺度となる用法であるかのように見ていますが、それはまず不可能です。ユダヤ人の法廷を想起するなら、そこでの「義」は、法廷における判決の結果として、正しい者とされた側の立場を指しています。これは「神から与えられる義なる立場」であり、これまで見てきたような、神ご自身の義ではありません。

二つめ、コリント人への手紙第二、五章二〇～二一節もマルティン・ルターの好んだ有名な箇所です。パウロが自分の使徒としての任務について議論を締めくくる言葉です。

こういうわけで、私たちはキリストの使節なのです。ちょうど神が私たちを通して懇願しておられるようです。私たちは、キリストに代わって、あなたがたに願います。神の和解を受け入れなさい。神は、罪を知らない方を、私たちの代わりに罪とされました。それは、私たちが、この方にあって、「ディカイオスネー・セウー」となるためです。

ここで問題の語句を、ギリシア語を翻訳せずにそのまま残しました。ここには確かに「神の義」（ディカイオスネー・セウー）とあります。何世代にもわたって聖書の読者たちは、先の表の下半分の意味で用いられていると考えてきました。おそらく〈B1a〉でしょう。しかし別の本で私が詳しく指摘したように、パウロはここで義認について述べているのではなく、自分自身の使徒的奉仕について述べているのです。それは、コリント人への手紙第二、三章で新しい契約に仕える者として描写したものです。問題の要点は、使徒たちがキリストの使節であり、神は彼らを通して語っていること、それゆえ、使徒的奉仕は、苦難、恐れ、目に見える失敗も含めて、それ自体が契約に対する神の真実の受肉であるという事実です。パウロが述べているのは、彼と同労者が、苦難と恐れ、大きな困難の中で危険をものともせず神の真実を証しし、それだけでなく、自分たちがその真実を具現化しているということです。メシアの死は、彼らの失敗を十分に引き受けました。今やメシアにあって、彼らは「神の義」なのです。すなわち自分たちが伝えているメッセージの生きた具体例なのです。

コリント人への手紙第二、五章二一節のこの読み方は、この節と周りの文脈と密接な繋がりがありますから、正当であるのは明らかです。ところが、もしもコリント人への手紙第二、五章二一節は、表の下半分の意味――〈B1a〉「転嫁された義」――であると主張するなら、多くの注解者が理解しているように、その読み方は、コリント人への手紙第二、五章をその周りの文脈から切り離してしまうことになります。パウロがおまけとしてそこに投げ込んだ、軽い言葉のようになってしまうでしょう。ですから、この言葉を実際に手紙の中のその場所に戻したときに、意味が通じるということが、私の解釈の正当性を証明するのです。

それでは、ローマ人への手紙についてはどうでしょうか。ここには、「神の義」(ディカイオスネー・セウー)についてパウロ書簡の中で最も多くの説明が記されています。次に取り上げる三つの箇所は、全体の議論の中でどれも重要ですから、特に検討したいと思います。

◆ローマ人への手紙三章

ローマ人への手紙の導入部にある一章一七節の語句(「福音のうちには神の義が啓示されていて」)は、しばらくそのままにしておきます。導入部なので、謎めいた表現とならざるを得なかったと思われるからです。ですから、この箇所は、それ以降の箇所から解釈される必要があるでしょう。ローマ人への手紙三章は、このテーマについて明瞭で、きわめて重要とされている箇所です。

三章の冒頭で、パウロは二章の終わりで出てきた質問と格闘しています。（彼が論じたように、）神はご自分の契約を更新して、ユダヤ人と異邦人が共に属する共同体、割礼というしるしを必要としない共同体を作りました。このことは、神がユダヤ人に与えた契約の約束を忘れてしまったということでしょうか。この文脈では、三章五節が神ご自身の義について、はっきりと述べています。

しかし、もし私たちの不義が神の義を明らかにするとしたら、どうなるでしょうか。人間的な言い方をしますが、怒りを下す神は不正なのでしょうか。

ここの「義」の意味は、すぐ前の三〜四節にある神の真実と不真実という概念と密接に繋がっています。当該箇所は明らかに、イスラエルの召命、イスラエルに対する神の目的、またイスラエルがその目的を果たせなかったことを述べています。これは「契約神学」と私たちが呼んでよいものです。この文脈では、「神の義」の自然な意味は「契約に対する神の真実」です。

パウロは、ローマ人への手紙三章の後半でもこのテーマから離れることがありません。そこではメッセージの中核が解説されています。

しかし、今は、律法とは別に、しかも律法と預言者によってあかしされて、神の義が示されました。すなわち、イエス・キリストを信じる信仰による神の義であって、それはすべての信じる人に与えられ、何の差別もありません。すべての人は、罪を犯したので、神からの栄誉を受けることができず、ただ、神の恵みにより、キリスト・イエスによる贖いのゆえに、価なしに義と認められるのです。神は、キリスト・イエスを、その血による、また信仰による、なだめの供え物として、公にお示しになりました。それは、ご自身の義を現すためです。というのは、今までに犯されて来た罪を神の忍耐をもって見のがして来られたからです。それは、今の時にご自身の義を現すためであり、こうして神ご自身が義であり、また、イエスを信じる者を義とお認めになるためなのです。

（二一〜二六節）

英語の「義と認める」（justify）、「義と認める方」（justifier）、「義認」（justification）はギリシア語で「義なる」「義」と同じ語根の言葉であることを忘れてはなりません。

では、ここで何が語られているのでしょうか。

三章二〇節までパウロは、異邦人世界がその創造者である神から離れていたこと、その結果、さばきの下にあることを述べています。またそれだけでなく、ユダヤ人が、神が世界を贖うことを目的とした契約を与えられていたにもかかわらず、その使命に失敗したことも述べています。それゆえ、すべての人間は神のいわば象徴的法廷の中で被告席に着いているのです。法廷を示した先の図（一八六頁参照）によれば、イスラエルが原告として異邦人を訴え、神の前に来るということは、もはやありません。異邦人もユダヤ人も同様に、今や罪ある被告なのです。象徴的な法廷の場面から契約のシナリオを見てみると、神はご自分の契約に真実であろうとしておられます。神の御心は、イスラエルを正しい者と認め、イスラエルの真実を通して全世界を救うことでした。しかし、全イスラエルは不真実でした。神はどうなさるのでしょうか。

パウロは、メシアである王イエスがまことの、そして真実なイスラエル人となったと答えます。先に引用した聖書箇所には濃密とも言える神学がありますが、その根底にはパウロが語る中心的な福音の場面が描かれています。イエスの死と復活です。イエスの死と復活において、またこのことによって、イスラエルに対する神の契約の目的、すなわち、世界の罪をたった一度で解決するという神の御心が成し遂げられました。イエスの十字架にあって、神は罪を解決し、死者の中からよみがえらせることで、イエスを正しい者と認めたのです。「イエスの真実」（パウロは、後のローマ五章で「イエスの従順」として言及しています）が、神の義が啓示される手段となったのです。神ご自身は、義なる方であり、約束を与え、それを守る契約の神です。法廷のイメージで言うなら、神はご自分の言葉に真実であり、公平であり（神がユダヤ人に対しても異邦人に対しても公平に扱っておられることを、パウロが述べている点に注目してください）、罪を解決するのです。ですから神は、寄る辺のない者を正しい者と認めます。神は、「信仰を持つ者を義と認める方」です。神ご自身の義というこのテーマは、神の契約に対する真実として理解すべきであり、法廷という象徴的イメージで考えられるべきです。神の義は、この重要な聖書箇所で鍵となります。

　繰り返しますが、パウロは以下の基本的な点を強調しています。イエスの福音は神の義を啓示していること、そこには神ご自身が義なる方であること、また神は、信じる者を「義である」と宣言する方であることが含まれています。もう一度言いますが、「義なる」立場、人間がキリストにあって、神からの恵みに満ちた無罪判決の結果として得られた立場は厳然とあります。パウロもそのことに心底同意するでしょう。このことについては、次章で扱います。けれども、パウロは「神の義」という語句をその意味では使いませんでした。神の義は、神ご自身の義なのです。ローマ人への手紙三章の、このきわめて重要な箇所でパウロは、先に説明した意味で神がどれほど義であるかを示しています。神は契約に対してずっと真実でした。その契約は常に、世界の罪を解決することを目的としていました。神はご自分の約束を守り、罪を十字架の上で処分しました。神は公平に、ユダヤ人にも異邦人にも救いの道を開きました。そして今や、義なる裁判官として神のあわれみを求めてやって来る寄る辺のない人々を助け、お救いになるのです。もしもこの聖書箇所で、「ディカイオスネー・セウー」（神の義）に〈A1b〉と〈A2a〉の組み合わせ以外の意味を持たせるなら（多くの翻訳がそうなっていますが）、すべてが支離滅裂となってしまいます。もしも一貫してこの意味に言及しているととるならば、すべてが明瞭になるでしょう。

　紙面があれば、パウロがさらに視野を広げ、神が創世記一五章でアブラハムに約束されたことの背後にある意味と神の御心を、ローマ人への手紙四章でどのように明らかにしているかを見ることができるでしょう。創世記のこの非常に大切な契約の章で、神はアブラハムを、信仰による世界大の家族にすると約束しています。ローマ人への手紙三章二一～四章二五節は、神ご自身の義を詳しく説明し、これを賛美しています。契約に対する神の真実は、イエス・キリストの死と復活という大いなる黙示的出来事の中に啓示され、明らかにされたのです。

◆ローマ人への手紙九～一〇章

次にローマ人への手紙九～一〇章の明快な読み方を提示したいと思います。ここはローマ人への手紙三章とともに、「ディカイオスネー・セウー」(神の義)の意味を理解するうえで非常に重要な箇所です。繰り返しますが、私たちにとって紛らわしいことは、「義」という言葉がしばしば、神の民が持っている立場を意味していて、これが神ご自身の義として理解されていない点です。では、そのとても重要な一〇章二～四節を見ていくことにしましょう。

私は、彼らが神に対して熱心であることをあかしします。しかし、その熱心は知識に基づくものではありません。というのは、彼らは神の義を知らず、自分自身の義を立てようとして、神の義に従わなかったからです。キリストが律法を終わらせられたので、信じる人はみな義と認められるのです。

この箇所は、九章六～三九節の議論を要約しています。九章では「神の義」という語句は使われていませんが、全体は、神がはたして義なる方かどうかについて、また神は契約の約束を守ったのか、もし守ったのならどのようにしてなのかについて議論されています。「神の義」という語句が使われているときだけ、その概念が存在するという考えには注意を要します。この文脈全体がまさに神の義について語っているからです。イスラエルは、歴史の中で神がどれほど正しく、真実に働いてこられたかについてまったく無関心だった、とパウロは言います。ユダヤ人のため、ユダヤ人だけのための義の立場、契約のメンバーシップにおける立場を確立しようとしながら、そのイスラエルは神の義に従ってきませんでした。契約は常に世界大の家族を視野に入れていましたが、イスラエルは契約の担い手としての特別な立場に固執し、契約が結ばれた目的をないがしろにしてきました。それは、あたかも郵便配達人が、自分のカバンの中にある手紙を自分に宛てられたものだと思っているかのようです。

イスラエルは「神の義に従わなかった」とパウロが言うとき、明らかにローマ人への手紙三章二一～二六節に言及しています。ここはたった今、私たちが見たところです。パウロはそこで、「神の義」はイエス・キリストの福音のうちに啓示されていると宣言しました。その福音は、神がすべての人間、ユダヤ人と異邦人のために、ただ一つの救いの道を開いたと宣言しています。パウロの同胞であるユダヤ人がイエスを拒み（パウロも初めはそうでした）、パウロが伝えたイエスのメッセージを拒み続けるとき、パウロはその根本的な理由を見いだします。自分がそうであったようにユダヤ人もまた、イエスの福音が、ユダヤ人のもの、ユダヤ人だけのものである契約のメンバーシップという概念を破棄すると考えたのです。ですから、ローマ人への手紙九〜一一章の大いなる議論は、その方向性で書かれています。そしてエレミヤ書三一章三三節とイザヤ書二七章九節からの引用という、最も重要な宣言でクライマックスに達します。――「これこそ、彼らに与えたわたしの契約である。それは、わたしが彼らの罪を取り除く時である」（ローマ一一・二七）。これも別のところで詳しく論じたことですが、メシアであるイエスにあって更新された契約は異邦人のためだけでなく、自分のように、イエスをユダヤ人のメシアであると信じるユダヤ人のためにも有効なものである、という希望をパウロはしっかりと握っているのです。

◆ローマ人への手紙一章一七節

最後に、語句の意味を理解できることを期待しながら、ローマ人への手紙一章一六〜一七節に戻りたいと思います。

私は福音を恥とは思いません。福音は、ユダヤ人をはじめギリシヤ人にも、信じるすべての人にとって、救いを得させる神の力です。なぜなら、福音のうちには神の義が啓示されていて、その義は、信仰に始まり信仰に進ませるからです。「義人は信仰によって生きる」と書いてあるとおりです。

この中身の濃い言葉は、手紙全体を通して、少しずつ解説されていきます。ですから、この言葉は後に続く読み方も視野に入れて理解しなければなりません。

パウロは、なぜ自分が福音を熱心に伝えたいのかを説明します。福音とは、世界中に、とりわけローマ世界に対して、世界の主である王イエスを宣言することです。福音は神ご自身の義を、すなわち契約に対する神の真実を啓示しています。これは、真実をもって応答するすべての人々のために、イエス・キリストの真実を通して（信仰から信仰へ）働きます。言い換えるなら、イエス・キリストは主である、世界の主である、とパウロが伝えるとき、その働きに参画しているということなのです。そして、全世界の唯一の神がご自分の言葉に真実であり続けるという良い知らせをこの世界に宣言することは、神の創造世界に侵入してきた悪を決定的に打ち倒し、今や正義と平和と真理を回復することなのです。

このメッセージこそ、パウロがローマ教会に、そして全世界に理解してもらいたかった基本的な事柄です。イエスに関わる一連の出来事は、不可解なものでもなければ、状況の特異な変化でもありませんでした。それは、神の長い年月を経た計画と目的が果されたということです。もしもローマにある教会がこのことを理解するなら、彼らは差し迫った宣教の働きを支援し、神のただ一つの民として生きる備えができているのです。そして自分たちの文化的特質を忘れ、兄弟姉妹として唯一の神を礼拝し、この方に仕えるようになります。これは、次章で探索する義認と共同体の教理の豊かさを指し示しています。「契約」と「黙示」は、この大きな思想のうねりの中で一つとなっています。王であるイエスについてのメッセージは、栄光のうちにある神を、契約を守る神、罪をついに解決した神として示しています。世界のあらゆる権力に対して、とりわけローマの王座に対して、まことの神は、地上のあらゆるものの唯一の主として啓示されているのです。そして、パウロはそう告白することを恥としませんでした。

結論　イスラエルの神、世界の神

本章と第四章を通して私は、パウロがイエスと御霊によって「神」という言葉の本当の意味を再考したと述べてきました。そこには、一つの大きなテーマがあります。それについて、明言しませんでしたが、今ここでパウロが再考察したことのいわば中核を明らかにしたいと思います。

使徒の働きにある説教の中で、パウロは「神の恵みの福音」（二〇・二四）という表現を用いています。結局のところ、これこそがローマ人への手紙の大きなテーマであり、簡潔ではありますが、本章で見てきたことです。ローマ人への手紙はしばしば、司法あるいは法廷に基づいた神学を解説していると考えられています。けれどもそれは間違いです。法廷は議論の鍵となる場面で使われる象徴を形成しています。ところがローマ人への手紙の中核にあるのは、愛の神学なのです。

唯一まことの神についてのパウロの再定義と新たな理解は、この神がイエスのうちに、またその十字架のうちに啓示されたという事実に基づいています。そのことを、私たちは繰り返し見てきました。過去に多くの人々がそうしてきたように、「義」を法廷という象徴的イメージだけにとどめるなら、それは法的取引という印象を与えてしまいます。また、冷たいビジネスのようになり、神は論理的で間違いを犯さないが、とても礼拝したいとは思えない存在である、という思想のトリックに陥ってしまいます。けれども、これまで述べてきたように、「神の義」を契約に対する神の真実と理解するなら、この思想の流れ全体を一言に要約することができます。パウロはそれこそ、イエス・キリストにあって、そして御霊によって彼が知る神を、完璧なまでに表現しているのです。ローマ人への手紙五章そして八章で、それまでの議論の流れを一つに集めたうえで、パウロは、イエスの十字架は神の至高の愛をまさに啓示していると述べています（五・六〜一一、八・三一〜三九）。もしも、私が示唆してきたように「ディカイオスネー・セウー」を理解するなら、正義と愛を対立させることはできません。神の正義は愛による行動であり、世界の重荷を自ら背負うことによって、苦しんでいる世界の間違いを正すのです。神の愛は、神の正義の原動力です。ですから、闇雲的でも、きまぐれでもなく、神が動かし、神を動かす冷たいシステムのようなものでもありません。福音は、生ける神の契約の愛、契約に対する神の真実を啓示しているので、どんなことが起ころうとも未来は保証されている、とパウロは知っているのです。彼は、世界の権力に直面しても福音を告げ知らせるでしょうし、世界は彼に最悪のことをなすでしょう。けれどもイエスの死と復活は、真実な神の愛を明らかにしました。神の愛から引き離すものは何一つ存在しないのです。

私はこう確信しています。死も、いのちも、御使いも、権威ある者も、今あるものも、後に来るものも、力ある者も、高さも、深さも、そのほかのどんな被造物も、私たちの主キリスト・イエスにある神の愛から、私たちを引き離すことはできません。
（ローマ八・三八〜三九）

神学の言語は、きちんと理解するなら、愛の言語を生み出します。パウロは頭と心を、また右脳と左脳を分けることに、何の抵抗もないでしょう。彼は、唯一まことの神がイエスと御霊にあって明らかにされたという真理を理解しました。そのうえで、自分自身が真実な神の真実な愛によってとらえられ、保たれ、支えられ、救われていることを知りました。

しかし、まことの神がパウロの理解しているような方であり、イエス・キリストと御霊にあって啓示されているのなら、この神に対するパウロの知識は決して彼個人にとどまるものではありません。それは、共同体全体で分かち合われるべきものであり、新たな召しへとさらに導いていきます。どのようにパウロは、この共同体のことを、またその起源、その性質、その一致について考えたのでしょうか、この召しと働きをどう考えたのでしょうか。そこに義認の問題があります。これは次章の主題となるでしょう。

第七章　義認と教会

義認とは何か

「パウロ的キリスト者」と言われるキリスト者を含め、多くの人々が、たとえ思いつきの範疇であっても、パウロの教えの中心は「信仰義認」であると言うに違いありません。そうした人たちが理解する信仰義認とは、次のようなものです。人間は自分の力で道徳的になろうと努力する。その努力によって自分自身を救おうとする。神のために、また天国に行くために十分な資格を得ようとする。しかし、そんな努力はうまくいかない。人間は、受けるに値しない者に対する神の恵みによって救われる。良い行いではなく、信仰によって神にふさわしい者とされるのである。こういった義認に関する説明は、五世紀前半のペラギウスとアウグスティヌスの論争、また一六世紀前半のエラスムスとルターの論争に起因するものです。

この一般的な「信仰義認」の見解が、まったくの見当違いではないにせよ、パウロの教理の豊かさと精密さを正しく伝えておらず、むしろさまざまな点で歪められているこ とを、私は本章で示すつもりです。そのうえで、第三章で論じたように、パウロの「福音」と「義認」の関係について、また「義認」の十分な意味を示したいと思います。もし義認について、このような人気のある見解から議論を始めれば、たとえ簡潔で直接的であっても、パウロの福音の中核を見失ってしまうかもしれません。しかしその一方でパウロの福音を出発点とするなら、これまでの栄光に満ちた義認の教えを捨ててしまうことになるかもしれません。これらの問題を扱うためには、近年のパウロ研究で起こったことを、もう一度思い起こす必要があるでしょう。

第一章で見たように、パウロ神学に対する伝統的な問いは、いわゆる「サンダースの革命」によって新たな形となりました。一九七七年、エド・Ｐ・サンダースの『パウロとパレスチナ・ユダヤ教』が出版されて以来、非常に大きなことが起こったのです。パウロとその思想について、これまでのすべての点で、再考察が要求されるようになりました。サンダースは基本的に次のような議論を展開しました。一般の、特にプロテスタントのキリスト者によるパウロの理解には大きな欠落があった。それは、プロテスタントが、一世紀ユダヤ教神学について、中世のカトリック主義と同じような宗教だと考えていたからだ。一世紀ユダヤ教を正確に描き出すなら、私たちはパウロがなぜユダヤ教を批判したかを再考しなければならず、その結果、パウロがまったくもって、ユダヤ教について積極的な神学を持っていたということが浮かび上がってくる、と。

ここ四半世紀の間、サンダースは無批判に受け入れられてきました。サンダースを、広い意味で、正統的キリスト教の歴史的起源を破壊する啓蒙主義の仲間であると考える人々は特にそうでした。これまでの愛してやまない正統的キリスト教を保持し、批評学の攻撃からキリスト教を守ろうとする熱心な人々からは、それと同じくらいサンダースは反射的に拒絶されました。しかし私たち新約聖書研究者グループは、知恵のある道を選びました。そして、はたしてサンダースの言うとおりなのか、彼がどの程度正しいのか、聖書のテキストを注意深く研究し続けたのです。本章で私が力を注ぎたいのは、まさにこのような聖書研究なのです。

パウロに関するサンダースの議論には奇異な点が多くありますが、その中の一つは、サンダースが、パウロの「義認」自体について伝統的な立場をとり続けたことです。パウロ神学について、多くの新しい側面をサンダースは引き出したので、義認についても新しい見解をとったのではないかと想像するのですが、実際、彼はそうしませんでした。サンダース自身は、二〇世紀初頭にヴレーデやシュヴァイツァーが論じた有名な議論に修正を加えた論で満足してしまいました。義認はパウロ神学の中心ではなく、二次的な主題であったこと、根本的には、その当時の問題であり、論争のためのものだったという議論です。そして、シュヴァイツァーが「キリスト神秘主義」と呼び、サンダースが「参与」と呼んだものに、義認を位置づけたのです。ところが、パウロの義認とそのさまざまな意味について述べるとき、サンダースは伝統的見解にとどまり続けました。しかもそれは、サンダースを痛烈に批判したルター派伝統も含む見解だったのです。

私は、サンダースが間違っていると考えています。パウロ神学における義認の位置について、それが中心ではないことは、すでに指摘しました。なぜならパウロ神学の中心は、イエスご自身であり、イエスの王権とその支配を告げ知らせる福音だからです。しかしこの見解は、義認を二次的主題に追いやることをせず、むしろパウロ神学の本質に近いところに置き続けるのです。私がヴレーデやシュヴァイツァーに同意していると考えないでください。かえって、パウロが「義認」によって何を意味したのかを正確に理解するとき、パウロが「福音」によって意味したことと有機的に繋がり、一体となっている、と私たちは理解するのです。義認はパウロ神学の中核の一部であり、そこから引き離すことはできません。とはいえ、こうした主張は、「義認」がそもそも何であるのかを示すわけではありません。単にこれからの議論の土台を明らかにするだけです。

本書の前半で、今日の「福音」という言葉は、パウロが意図したことを正確に示していない意味を持つようになったと述べました。そして今、「義認」についても同じことが起こっているのです。教会史における「義認」の議論は、アウグスティヌス以降、少なくともパウロ理解に関して、確かに出発点を見失ったのです。そして教会は同じ場所にずっととどまり続けてきました。興味深いことにアリスター・マクグラスは、彼の不朽の著作である教理史の冒頭で、この誤りの可能性について述べています。

「義認の教理」は聖書的起源から独立して、その意味を発展させてきた。また神に対する人間の関係にいつも関心を持ってきた。教会は義認の庇護の下で、人が神と和解するという議論を組み込んできた。その結果、義認の概念は新約聖書不在で強調されるようになった。「義認の教理」は、パウロの起源から離れた教義と神学の中で意味を持つようになったのだ。……

ここまでについては心から同意します。そして私はこれから、マクグラスが取り組まなかったこと、つまりパウロが述べた結論から義認の詳細を展開するつもりです。さて、マクグラスはこのように続けています。

パウロの救済論の中で、義認が最低限の役割しかなかったとしても、その根本が割礼主義者に反対する議論のうちにあるという見解が、今日の神学的状況の中で見当はずれであったとしても、結果的に義認の重要性は何ら小さくなることはない。[1]

マクグラスは、自分のプロジェクトに対して、その議論全体が間違っていると文句を言ってくるパウロ研究者の批判を避けようとしています。もちろんマクグラスは歴史家ですから、そうする資格があります。パウロが一つの言葉によって何を意味していたとしても、教会がその言葉、あるいは他言語に翻訳されたその言葉を、約二千年間、他の意味で使ってきていたなら、それは取るに足らないことです。けれども、多少なりとも問題は残ります。「義認」と呼ばれてきた教えについて（マクグラスが言うように、それがパウロの意図したものでなくても）教会が神学議論をするとき、パウロ自身が常に想起されるからです。私たちは、パウロ自身がその用語で、あえて言うなら、想定していなかったかもしれない主題について、聖書的根拠を求めて、パウロ書簡の中をあさり回っているのです。もしもパウロが意味した「義認」が、後代になって論争してきたものとかけ離れているとしたなら、パウロに聖書的根拠を見いだそうとしたこと自体、まったくの見当違いであり、すべてが無意味になってしまいます。パウロ自身を理解し、近年の聖書神学やその課題にパウロ研究から批評を加えようとするなら、そうしたテキストが本当に間違って使われていなかったかどうかを調べることは、非常に重要であり、緊急性がとても高いと言えるでしょう。そのことを私は強調しておきたいと思います。

マクグラスは、こうも述べています。「教会の義認の教理は、キリストにあってなされた、人間に対する神の行動が、どのように救いとして個人に取り入れられるかの問題を語っている」と。つまり、義認は「人間がキリストを通して、神との関係に入るために何をしなければならないのかという問題」を扱っている。さらに言えば、義認は救いの出来事の「前提と結果」を確立することに関心がある、というのです。[2] アウグスティヌス以降、古典的な義認の教理は、ペラギウス的なさまざまな異端を撃退することに心を傾けてきました。異端によって、さまざまな人がいろいろなことを言ってきました。洞察力のある人たちは異端をすぐに見極めてきましたが、時には、自分は異端と徹底抗戦をしていると考える人たちの中にも、異端は存在しました。もしも自分がペラギウスの救済プログラムを達成できると心底思っている人を見つけたなら、それがあなたの好むやり方であれ、少し形を変えたやり方であれ、その人に優しく、しかし毅然と誤りを正してあげるべきです。人間が自力で、神の臨在やその救いにふさわしい者となることなどできないからです。余談ですが、プロテスタント、カトリック、正教会の神学者の中で、アウグスティヌスやルター、カルヴァンの義認の教理をもっとも良く解説する人物の一人が、エドワード・ヤーノルドです。エキュメニカルな集会で講演を行ったこのイエズス会神父以上の人物を私は知りません。もしもペラギウスが今日まで生きていたら、それは一般社会の道徳主義のレベルのものですが、彼の教えをこの西洋世界で見いだすのは、ますます難しくなっています。

人間はどのようにして、生ける救いの神と生きた救いの関係を持つことができるのか。もし私たちがパウロのもとにこれらの問いを持って来るなら、それは、パウロの口や筆から出てきた義認ではありません。人はどのようにキリストにある神のわざに直面しているかを見いだし、またそのわざをどのように自らのものとするのかについて、パウロが描写するときには、彼ははっきりとした思考の流れを持っているのです。イエス、またその死と復活についてのメッセージ――本書ではそれを「福音」と呼んできました――は、人々に告げ知らされます。その意味するところは、神が聖霊を通して人々の心に働き、その結果として、人々はそのメッセージを信じるようになる、ということです。そしてバプテスマを通してキリスト者の共同体に加わり、生活と生き方を分かち合うようになるのです。それが、人々が生ける神との関係に入るということです。

もしもこれこそが信仰義認の意味であると言うなら、私はこう答えます。「パウロが、たとえば、テサロニケ人への手紙第一の一章でこれと同じ考え方を提示しているときに、そこでは義認ついてはまったく言及していないということに注意しなければならない」と。義認はパウロがそこで語っていることではないのです。人々は、ローマ人への手紙全体は人がどのようにキリスト者になるのかを描いており、義認こそが手紙の中心であると言うかもしれません。あとで議論したいと思いますが、私はこう答えます。「ローマ人への手紙をこのように読むことで、私たちは何百年もの間、この手紙のテキストを組織的に曲解してきてしまった。それで今、テキストそのものから、もう一度聞かなければならない」と。パウロは、教会が「義認」と呼んできた主題を確かに議論していますす。ところが、彼はその主題のために「義認」という用語を使っていないのです。このことは、マクグラスが指摘したことに私たちの注意を向けさせます。パウロは、アウグスティヌスやルターなど、キリストにあって神の知識を個人的に得た人々に同意するかもしれないし、しないかもしれません。けれども、彼自身はこのような出来事や過程を意味する言葉として「義認」という用語を使っていないのです。その代わりに、イエスの福音の宣言について、御霊の働きについて、神の民の生活に入ることについて語っているのです。

では、パウロが「義認」という用語を使うとき、何を意味しているのでしょうか。またそれは福音とどのように関係しているのでしょうか。私は、前章で「神の義」を理解するために示した三層の枠にしたがって、これからパウロの使った「義認」という用語について三層の見解を論じたいと思います。

第一に、「義認」は契約用語です。一六世紀や一七世紀の議論で知られるようになった言葉の意味ではありません。一世紀のユダヤ教における意味です。パウロが義認について述べるとき、第二神殿期ユダヤ教の思想世界全体の文脈で使っています。第二神殿期のユダヤ人たちは、政治的に高まっていく困難な状況に直面し、この契約の約束にしがみついていました。

第二に、法廷用語です。法廷は義を説明する象徴であり、「義認」という用語は契約の枠組みの中で機能します。これについては二つの点を述べる必要があるでしょう。一つめは、この象徴は契約全体が何であるのかを理解するために必要だということです。契約は世界を正し、悪を解決し、神の正義と秩序を宇宙大で回復するのです。二つめは、法廷の象徴は決して契約の枠組みから独立していないという点です。契約そのものを、また契約の基本的な意味を曲解しないかぎり、まったく独立した概念とすることはできないでしょう。

第三に、パウロにとっての義認は、終末論と無関係に理解することはできません。すなわち義認は、抽象的なシステム、時代を超えるシステム、だれもが適用できる救いの方法とはなり得ないのです。義認は、世界の創造者が宇宙全体を救うために、類いない形で、クライマックスとして、そして決定的に、イエス・キリストにあって働き、今や御霊によってすべてのものをイエスの支配に置くという、パウロの世界観の一部なのです。

義認とは、どのようなものなのでしょうか。この問いに答えるためには、これまでとは違う手順で、パウロの時代のユダヤ教世界に戻る必要があります。

ユダヤ教の文脈における義認

タルソのサウロの世界観とその課題《アジェンダ》について、すでにその輪郭を描いてきました。サウロは自分でも認めているように、熱心なパリサイ人で、ほぼ完全な革命家の考えを持っていました。彼は、行いによる義なのか、その以外による義なのかといった、救いに関して時代を超えるシステムには興味がありませんでした。神がイスラエルを贖うことを期待していました。さらに、イスラエルの神が確かに成し遂げるとの約束を綴ったへブル語聖書から自由にテキストを引用することができました。サウロのような人たちは、自分のたましいの死後の状態には、それほど関心がありませんでした。もちろんそのことも大切です。しかしそれは神の手の中にあることでした。切迫感を持って彼らが興味を抱き、また信じていたのは、唯一まことの神がご自身の民であるイスラエルに約束した救いだったのです。

この希望の特徴を、ここで強調しておかなければなりません。契約の目的は、創造者が他の世界の運命と関係なく、イスラエルを特別な民として所有することではありません。契約は世界の罪を解決し、世界の救いをもたらすためのものだからです。ですから、先に述べたように、この大いなる出来事が、悪が処罰される場所、すなわち法廷という場で描写されるのは、とてもふさわしいことです。前章でも見たように、神ご自身は裁判官として理解されています。悪を行う者（つまり、異邦人や背教のユダヤ人たち）は最終的にさばかれ、刑罰を受けます。神の真実な民（つまりイスラエル、少なくとも真実なイスラエル）は正しい者と認められるのです。目に見える具体的な形、つまり政治的な解放という形をとる、ユダヤ人の贖いと神殿の回復、そして究極的な復活は、大いなる法廷の判決の時の大いなる裁判官を前にした大いなる勝利なのです。

ですから、こうした「義認」は終末論的であり、イスラエルが長い間待ち望んできた希望の成就なのです。けれども大切なのは、この出来事が、ある特別な状況のもとで待ち望まれることです。それで、他の人々が認めるのに先立って、特定のユダヤ人やユダヤ人グループが自らを真のイスラエルであると認めるようになります。父祖から伝えられた契約の憲章であるトーラーに、今しっかりと適切な形で繋がっているなら、将来において、正しいと認められることが保証されるのです。このような思想は、クムランに、特に最近出版された４ＱＭＭＴと呼ばれる巻物の中に、はっきりと描かれています。そこでは、「律法による義」は、個々のユダヤ人が自分の力で良くなろうとする、いわば原始ペラギウス主義の類とは一切関係がありません。律法による義とは、最後の終末的決着がつく前に、真のイスラエルとは何者であるのかということなのです。このような舞台での義認は、真の神の民である共同体に人はどのようにして入るのかが問題ではなく、特に、終末的出来事が起こる前に、どのような形で自分がその共同体に所属しているのか、が問題です。終末的出来事では問題がすべて公にされるのです。

　難解で論争の的になっている大きな問題について、私はかなり端折って論じてきました。けれども、アウグスティヌス以降、「義認」に関して論争されてきた問題のある側面は、実はパウロ書簡の文脈とは何の関係もないことは明らかです。一世紀における「義認」とは、人が神との関係をどう確立するかということについてではありません。

神の終末論とその定義に関わることです。未来と現在の両方において、実際、だれが神の民に属しているのかということです。サンダースによれば、「内に入ること」に関してではなく、「内にとどまること」についてであり、「だれが契約に入っているのか、それをどのように述べているのか」ということです。標準的なキリスト教神学用語で言うなら、救済論についてではなく、教会論についてであり、救いについてではなく、教会についてなのです。

すでに私たちはユダヤ教の「義認」の意味について、簡潔に見てきました。そこでは二つの点を強調しました。一つめは、法廷という場面で、裁判所が勝訴とした人が持つ「義」は、その人が法廷に持ち込める道徳的資質ではない。それは法廷から持って出ることのできる法的立場だ、ということです。二つめは、その法的立場、つまり勝訴した人の「義」を、裁判官が持つ「義」と混同してはならない、ということです。こうしたことは、皮肉なことに、義認の教理に関して法的（法廷的）性質に固執しようとする神学者たちにも、十分に理解されてきませんでした。

一世紀の文脈が指し示しているのは、ヴレーデ、シュヴァイツァーから現在に至るまで、義認に関する現代の研究者の議論が往々にして的外れであったということです。シュヴァイツァーによる法廷と「キリスト神秘主義」の二分法、同じようにサンダースが提唱した、「法的」と「参与者」の二分法、そしてその他多くの意見は、真の中心点をとらえていませんでした。サンダースにおいては、いっそう皮肉と言わざるを得ません。彼はユダヤ教における契約を研究し、正しく論じたのですが、パウロにおける契約に関しては間違いを犯してしまったからです。一世紀におけるユダヤ教契約神学が実際どのようなものであったかを理解するなら、法廷用語、「参与」という用語、その他の用語の多くがお互いにぶつかることなく、落ち着き、混乱することなくぴったりと収まり、意味が変わることなく識別できることがわかるでしょう。議論を進めるために、次にパウロに戻ることにします。パウロは、はたして「義認」によって何を意味したのでしょうか。そして、それは「福音」の意味とどのような関わりがあるのでしょうか。

パウロ神学における義認

義認によってパウロが何を意味したのかについて、非常に多くの資料があるので、別に本を書く必要があるくらいです。ここでは、義認のある特徴を強調し、大切な問題点をいくつか示し、二、三の提案をするつもりです。執筆年代にしたがって、正当な方法論を用いてパウロ書簡を検討していきます。そうして一連の思想を引き出そうと思います。

◆ガラテヤ人への手紙

人がどのようにしてキリスト者になるのか、人がどのように神との関係を得るのか、という問題をパウロは扱っているという伝統的見解があります。しかしガラテヤ人への手紙の中でパウロは、そのような問題には取り組んでいません。（パウロがギリシア語で、私たちが考える「神との関係」を表現していたかどうかも、私は確信が持てないでいます。）　彼が取り組んでいるのは、異教から回心した信仰者が割礼を受けるべきか、受けるべきでないのか、という問題です。このことは、アウグスティヌスやペラギウス、ルターやエラスムスが直面し、取り組んだ課題とは明らかに異なります。この手紙の読者にとって、とりわけ一世紀の文脈の中にある者にとって、神の民をどのように定義づけるのか、ユダヤ民族がそのしるしなのか、それともほかに方法があるのか、という問題です。割礼は「道徳」問題ではありません。道徳的な努力や良い行いによって救いを獲得するということとはまったく関係がないのです。また、割礼を宗教的儀式として単純に扱うことはできませんし、あらゆる宗教的儀式を隠れペラギウス主義の善行であるとみなし、主たる敵対者としてペラギウスをガラテヤへ忍び込ませることもできません。

一世紀には、ユダヤ人もキリスト者もそのような思考を持っていないのです。

それではガラテヤ人への手紙における議論は、特に重要な二章から四章では、どのようなものでしょうか。ガラテヤ人への手紙二章でパウロが言及するアンテオケ教会における問題は、人がどのように神と関係を持つのかということではなく、ユダヤ人はだれといっしょに食事ができるのかという問題です。だれが神の民のメンバーなのでしょうか。異教から回心したキリスト者は、十分な資格を持つ神の民のメンバーなのでしょうか。それとも違うのでしょうか。パウロは明らかに、この問題をガラテヤの信仰者が直面している枠組みととらえています。そこから、いくつかの事柄が浮かび上がってきます。

第一に、この文脈は明らかに契約についてです。ガラテヤ人への手紙三章はアブラハムの家族についての長い解説です。パウロはその初めの部分で創世記一五章の契約に焦点を当て、それからその他のさまざまな契約に関する箇所に移っています。特に申命記二七章です。アブラハムについて語りながら、パウロは単に、説得力のある一連の聖書的根拠を作り出しているのではありません。実際的な主題に戻っているのです。それは、各人が、つまりアブラハムやそのときのガラテヤ人が、(私たちが述べているように)どのように信仰を持つに至るかという問題ではなく、だれがアブラハムの家族に属しているかという問題です。ガラテヤ人への手紙三章二九節は明らかにそのことを示しています。そこでの議論の結論は、「もしあなたがたがアブラハムの家族であるなら、あなたがたはキリストのうちにいるのです」ではありません。その逆です。神はアブラハムの家族を立てました。パウロはそのことを明言しています。問題は、その家族にだれが属するのかということです。パウロは、人種が違っていても、キリストのうちにあるすべての人がアブラハムの家族だと述べているのです。

さらにパウロは、二〇世紀の研究者の伝統的な議論の戦線を越えていきます。もしも私たちがひたすらローマ人への手紙だけに集中し、いつものように薄目でこれを読むなら、一～四章は（サンダースの用語で）「法廷的」、五～八章は「参与的」であると、うまく乗り切ることができるでしょう。この見方をすれば、ローマ人への手紙の最初の部分は「義認」について、次の部分は「キリストのうちにあること」についてとなるでしょう。しかしガラテヤ人への手紙は、幸いなことにこの二つの主題が混在しているのです。特に三章の最後の段落がそうです。

こうして、律法は私たちをキリストへ導くための私たちの養育係となりました。私たちが信仰によって義と認められるためなのです。しかし、信仰が現れた以上、私たちはもはや養育係の下にはいません。あなたがたはみな、キリスト・イエスに対する信仰によって、神の子どもです。バプテスマを受けてキリストにつく者とされたあなたがたはみな、キリストをその身に着たのです。ユダヤ人もギリシヤ人もなく、奴隷も自由人もなく、男子も女子もありません。なぜなら、あなたがたはみな、キリスト・イエスにあって、一つだからです。もしあなたがたがキリストのものであれば、それによってアブラハムの子孫であり、約束による相続人なのです。

（二四〜二九節）

特に、ガラテヤ人への手紙におけるトーラー論争を、単純な自己努力による道徳主義や、（ある人たちが示唆するような）「律法主義」という巧妙な罠に「翻訳」してしまうと、議論がまったくかみ合わなくなります。律法についての聖書箇所を、ユダヤ教の律法、トーラーへの言及ととらえ、ユダヤ民族の国家憲章と理解するとき、議論はかみ合います。ちなみに、ここで言う「議論がかみ合う」とは、当該の文脈で十分に意味が通じるということであり、これは最終的に無視できないことです。

パウロは、このトーラーが悪いものであるとは考えていません。神の隠された計画における重要な段階の一つであると見ています。その段階は今や進んで、完了しました。

そして新しい段階が到来したのです。パウロは、(二世紀の異端マルキオンのように)ユダヤ教とその律法は悪いものであるとか下等の神の創作物などと信じるようになったわけではありません。キリストにあって、また御霊によって、ひとりの神が、人種に関係なく、すべての人々に救いを広げていると信じたのです。それこそが、アンティオキアやガラテヤの人々が聞くべきメッセージだったのです。

したがって、この文脈でパウロが語る「義認」の意味は、はっきりしています。「どのようにすればキリスト者になるのか」というよりも、「契約の家族のメンバーはだれかを、どのように言えるのか」ということです。二つの人がキリスト教信仰を共有するとき、自分たちの先祖がだれであれ、食事を共にして、交わりを持つことができる、とパウロは言います。もちろんすべて、十字架の神学の上にしっかりと土台を置いています。「私はキリストとともに十字架につけられました。もはや私が生きているのではなく、キリストが私のうちに生きておられるのです」(ガラテヤ二・二〇)とパウロは述べています。十字架は、タルソのサウロが享受していた特権を打ち壊しました。そして使徒パウロとなった彼が持つ新しいいのちは、古い存在によってではなく、ただ十字架にかかって復活したメシアによって定義されたものです。

実際、ガラテヤ人への手紙全体を通じて、十字架が贖いの歴史の転換点となっています。十字架は、イスラエルの不思議な契約物語《ストーリー》のゴールです。結果として、世界を癒す神の手段となっています。十字架を通して「世界は私に対して十字架につけられ、私も世界に対して十字架につけられたのです」。それで今や、「割礼を受けているか受けていないかは、大事なことではありません。大事なのは新しい創造です」（ガラテヤ六・一四〜一五）。これが契約用語です。ガラテヤ人への手紙の義認は、キリストにある信仰を共有するすべての人々が、人種的な違いがどうであれ、同じ食卓に連なり、共に最後の新創造を待ち望むことを主張する教えなのです。

◆コリント人への手紙

ピリピ人への手紙、ローマ人への手紙に移る前に、コリント教会への手紙を付け加えるべきでしょう。前章ではコリント人への手紙第二、五章二一節を扱いました。ここではコリント人への手紙第一、一章三〇節に少し目を向けたいと思います。パウロは「しかしあなたがたは、神によってキリスト・イエスのうちにあるのです。キリストは、私たちにとって、神の知恵となり、また、義と聖めと、贖いとになられました」と宣言しています。この要約文から、義認の正確な教義を抽出することは困難です。私が知るかぎりでは、「転嫁されるキリストの義」と呼ばれる唯一の箇所です。この「転嫁されるキリストの義」という語句は、新約聖書の中というより、宗教改革後の神学と敬虔の中に見いだされたものですが、聖書のテキストを根拠としています。けれども、もしもそうであると主張するなら、転嫁されるキリストの知恵や、転嫁されるキリストの聖めについて、転嫁されるキリストの贖いについても論じなければならないでしょう。もちろん、全体的・一般的な意味から見れば真理であることは疑い得ないのですが、神学の歴史の中で「キリストの義」という語句に含められた特別な専門的な意味は、確かに筋が通らないものとなるでしょう。パウロがこの箇所で述べている要点は、はば広いものです。人間が誇りとしているすべてのものは、キリストの十字架の福音の前では、何の価値もありません。私たちが持つ価値あるものはすべて、神から来るもので、キリストのうちに見いだされるものなのです。

◆ピリピ人への手紙

次はピリピ人への手紙です。一か所以外に義認についての言及はありませんが、私たちにとっては、三章二〜一一節がとても大切な箇所となります。

2 どうか犬に気をつけてください。悪い働き人に気をつけてください。肉体だけ

の割礼の者に気をつけてください。3神の御霊によって礼拝をし、キリスト・イ
エスを誇り、人間的なものを頼みにしない私たちのほうこそ、割礼の者なのです。
4ただし、私は、人間的なものにおいても頼むところがあります。もし、ほかの
人が人間的なものに頼むところがあると思うなら、私は、それ以上です。5私は
八日目の割礼を受け、イスラエル民族に属し、ベニヤミンの分かれの者です。きっ
すいのヘブル人で、律法についてはパリサイ人、6その熱心は教会を迫害したほ
どで、律法による義についてならば非難されるところのない者です。
7しかし、私にとって得であったこのようなものをみな、私はキリストのゆえに、
損と思うようになりました。8それどころか、私の主であるキリスト・イエスを
知っていることのすばらしさのゆえに、いっさいのことを損と思っています。私は
キリストのためにすべてのものを捨てて、それらをちりあくたと思っています。そ
れは、私には、キリストを得、また、9キリストの中にある者と認められ、律法
による自分の義ではなくて、キリストを信じる信仰による義、すなわち、信仰に
基づいて、神から与えられる義を持つことができる、という望みがあるからです。
10私は、キリストとその復活の力を知り、またキリストの苦しみにあずかること
も知って、キリストの死と同じ状態になり、11どうにかして、死者の中からの復

活に達したいのです。

この手紙全体の文脈は、パウロがローマ植民都市ピリピの異教世界にいる会衆に語ったものです。私はこの箇所を次のように読んでいます。パウロはキリストを得るために、あらゆる特権を捨てる準備ができており、ピリピ教会の人々にも同じようにするようにと勧めているのです。ピリピの人たちが自分に倣うべきだという議論の土台を、パウロは二章五～一一節で記したイエス・キリストについての詩に置いています。本書の第四章で見たとおり、キリストは神の御姿であったのに、神のあり方を捨てられないとは考えないで、ご自分を無にされたのです。それゆえ、神はキリストを高く上げられました。この枠組みの中で、パウロはピリピ人への手紙三章において、独立した救いのシステムについてではなく、またアウグスティヌス－ペラギウス論争における別の主題でもなく、契約のメンバーであることについて、ざっくばらんに語っているのです。結果的にパウロが述べているのは、自分は、肉による契約のメンバーシップを持っているが、そのメンバーシップを利用すべきものと考えていないこと、自分を無にして、メシアの死と同じ状態になったこと、それゆえ、神は本当に価値あるメンバーシップを自分に与えてくださっていること、そしてやがて、自分はキリストの栄光にあずかるということです。

このことはどのように実現するのでしょうか。パウロはまず、自分が持っている民族的契約の特権を列記します。そのうえで、新しい立場の特徴の輪郭を描いています。後者の解説における中心は明らかにキリストであって、義認ではありません。それは、使われている言葉の回数を見ればすぐにわかることです。ここでは、六回以上「キリスト」が使われていて、義認はたった一回です。

ここで私たちにとって大切なのはピリピ人への手紙三章九節です（「キリストの中にある者と認められ、……信仰に基づいて」）。これが、「義認」という用語がどのような意味であるかをはっきりと示しています。

第一に、それはメンバーシップに関する用語です。パウロが「自分の義」はないと言うとき、それはトーラーに基づくもので、前節の文脈では、契約における立場としての義のことを述べています。その立場とは、自分が生まれながらユダヤ人であり、割礼という契約のしるしによって特徴づけられているものです。また自分が熱心なパリサイ人というユダヤ人グループに所属していたことも主張しています。九節の前半でパウロが拒んでいるのは、道徳的義や自助的義ではありません。正統的なユダヤ人の契約のメンバーシップなのです。

第二に、パウロがいま享受している契約の立場は、神の賜物です。それは、「ディカイオスネー・エク・セウー」、「神から与えられる義」です。先ほど見たように、この表現を「神の義」、「ディカイオスネー・セウー」と混同してはなりません。神ご自身の義は、契約に対する神ご自身の真実についてであって、神がご自分の民に与える立場ではありません。ここでパウロが言及しているのは、契約のメンバーシップという立場です。それは神の賜物なのです。人間が何らかの形で貢献することで獲得できるものではありません。また、これは信仰に基づいて与えられる賜物です。こうしたなかで、信仰をどう位置づけるかが、宗教改革後の教義学において問題となってきました。信仰とは、私たちが神の好意を得るための「行為」なのでしょうか。もしそうでないなら、信仰にはどんな役割があるのでしょうか。けれども、パウロの使う義認という用語は「人がどのようにキリスト者になるのか」を説明するものだ、という固定観念から解放されるなら、こうした問題はすぐになくなります。キリスト者の信仰が道徳的義の代わりとなるというのはもちろんのこと、「行い」の代わりであると考える危険もなくなります。信仰とは、契約のメンバーシップのしるしであり、入学試験での「パフォーマンス」のようなものではありません。

実際にこれがどのように機能するのかを考えてみましょう。先ほど述べたように、人がどのように救いに導かれるかについて、パウロの考えは福音説教から始まります。それは、聖霊の働きによって継続し、その説教を通して聴衆の心に聖霊が働き、信仰が生み出され、バプテスマを通して神の家族に入ることで完結します。「聖霊によるのでなければ、だれも、『イエスは主です』と言うことはできません」（Ⅰコリント一二・三）。そのような告白がなされるとき、（おそらく本人も驚くでしょうが）福音を信じた人は真の契約の家族に加えられる、と神は宣言します。義認は、人がどのようにキリスト者になるのかということではありません。その人がキリスト者になっているという宣言なのです。ピリピ人への手紙三章における、この教理の文脈全体は、人が今の世界から取り去られるという最後の救いへの期待ではなく、主が地上を造り変えるために天から来られるときに、新しい天と地が完成することへの期待です（二〇～二一節）。義認は契約全体の枠組みの中に置かれ、それとともに法廷や参与などその他のニュアンスを含むものです。その時代の人々がローマ皇帝を主（「キュリオス」）、救い主（「ソーテール」）と見たように、キリストを主、救い主と見なければならないことを、義認を通してピリピ教会の人々は思い起こします。そして、神の民としての契約のメンバーシップを賜物として受け取るべきことも想起するのです。そしてローマ市民権はもちろん、ユダヤ民族の契約のメンバーシップも、せいぜい予告標識であり、悪く言えば、役に立たないパロディです。

◆ローマ人への手紙

いよいよローマ人への手紙を扱います。簡潔にまとめられれば理想的ですが、長くならざるを得ないでしょう。

まず初めに、もっとも重要な箇所の一つであるローマ人への手紙三章から概括したいと思います。パウロが「福音」と言うとき、それは「信仰義認」ではありません。福音はイエス・キリストが主であるという王の告知、メッセージを意味します。一章三〜四節にはパウロの福音の内容が要約されています。一章一六〜一七節には、福音の内容ではなく、効果が要約されています。

私は福音を恥とは思いません。福音は、ユダヤ人をはじめギリシヤ人にも、信じるすべての人にとって救いを得させる神の力です。なぜなら、福音のうちには神の義が啓示されていて、その義は、信仰に始まり信仰に進ませるからです。「義人は信仰によって生きる」と書いてあるとおりです。

これは、「信仰義認によってユダヤ教の自己努力による道徳主義に対立する真の救いの計画を、福音が啓示した」という意味ではありません。ローマ人への手紙全体の光の中で説明するなら、次のような意味になるでしょう。

メシアであるイエスの王権を告げ知らせる福音は、神の義を啓示している。神の義とは、契約に対する神の真実であり、神が主イエス・キリストにあってご自分の契約を完成し、それを通して世界の罪を解決することである。神はこのことを義をもって、すなわち公平に成し遂げた。罪を解決し、寄る辺のない者たちを救い出した。そのようにして神はご自分の約束を成就したのである。

パウロは、神が法廷における義なる裁判官として行動しているように描写していますが、注目すべきことは、それが、多くの中の一つの象徴ではないということです。それは、契約の目的とその中心を表現しているのです。すなわち、世界の罪を解決し、世界を救うことです。この目的がイエス・キリストにあって達成されたのです。

では、どのように達成されたのでしょうか。手紙を読み進めるなかで、私たちはある問いにぶつかります。多くの神学的伝統の中でローマ人への手紙は、「人がどのようにキリスト者になるのか」について書かれた書物であると考えられてきました。しかし、それではローマ人への手紙二章がこの構想にどうあてはまるのか、まったく不明瞭です。

多くの注解者や学者が、二章は難解だと認めています。

とりわけローマ人への手紙の中で、義認についての最初の言及が、行いによる義認というのは奇妙です。これは明らかにパウロが意図的に書いていることです（二・一三、「なぜなら、律法を聞く者が神の前に正しいのではなく、律法を行う者が義と認められるからです」）。この箇所を正しく理解する方法は、パウロが最後の義認について語っているととらえることである、と私は考えています。終末論とイスラエルの希望が、相変わらずパウロの地平を支配しているのです。要は、だれが終わりの日に正しい者と認められ、復活にあずかり、契約の民であると示されるのかということです。多くのキリスト者でないユダヤ人も同意したと思いますが、パウロの答えは、終わりの日に正しい者と認められるのは、神がご自分の律法、トーラーをその心と生活に刻んだ人々だ、ということです。手紙の後半でパウロが明確にしているとおり、このことはトーラーのみによって進められることはあり得ません。神はキリストにあって、また御霊によって、トーラーが望みながら、果たせなかったことを成し遂げました。それで差し迫った問題は、心と生活にトーラーを刻まれた人々とはいったいだれなのか、ということです。

ローマ人への手紙二章一七〜二四節で、パウロは、それがユダヤ人という人種ではないと宣言しています。イスラエル国家は不可分的に神の民であるという、ユダヤ人の人種的な誇りは、長く続くイスラエルの捕囚の状態によって完全に失墜しています。イスラエルの中に罪が存在するということは、そのままではイスラエルが認められないことを意味するのです。新しい契約が始まっている真のユダヤ人は存在するのか、とパウロは二章二五～二九節で述べています。エレミヤ書やエゼキエル書にある新しい契約の約束が実現している人はいるでしょうか。人種的にユダヤ人であっても、そうでなくても、割礼を受けていても、いなくても、真の契約の民として神に認められる人たちがいるのです。これが義認の教理です。厳密に言えば、その教理の第一手です。それから、神がご自分の真の民を正しいと認めるとき、大いなる日が訪れます。けれども、それがどんな人々なのか、私たちはどのように正確に知ることができるのでしょうか。

とりわけ、ご自分の契約の民を通して神が世界を贖おうとしているにもかかわらず、その民が神を裏切ったなら、どのように神は契約に真実であることができるのでしょうか。これが三章一～九節の問いです。ここでの鍵は、二節、「第一に、彼らは神のいろいろなおことばをゆだねられています」の動詞「ゆだねる」です。神は世界のためにイスラエルにメッセージをゆだねられました。しかし、メッセージをゆだねられたその使者が真実でないことが明らかになるなら、メッセージの送り手は真実でないということになるのでしょうか。もちろん違います。求められるのは、契約の使命を完成し、達成する真実な使者、真のイスラエル人です。契約の目的は、世界の罪を最終的に取り除くことです。この罪のゆえに異邦人（ユダヤ人はそう信じていました）だけでなくユダヤ人も（トーラーがそれを明確にしています）創造者の前で、被告席に着き、だれも弁護してくれる者がいないです（ローマ三・一九以下）。ユダヤ人が長い間待ち望んできた大いなる法廷、大いなる審判の場では、ユダヤ人が原告で、異邦人が被告になるはずでした。ところが、その法廷は恐ろしいほどに悪い方向に進んでしまいました。けれども、これは三章二一〜三一節のための道備えをしているのです。三章二一〜三一節で、神は問題の解決を明らかにしています。神はご自身の義、契約に対する真実さを啓示されたのです。それは、真のユダヤ人、メシアであるナザレのイエスの真実を通してです。

キリスト者としてのパウロの神学はこれを現実にするところから始まります。つまり、イスラエルのために、この世の終わりに神がなしてくださるとパウロが期待したことを、神はこの世の真ん中で、イエスのためになしてくださったのです。イエスのうちに、またイエスを通して、イスラエルの希望は実現しました。苦しみを受け、異教徒の手によって死んだ後、イエスは死人の中からよみがえりました。この事実が、非常に重要な三章二一〜三一節の段落の中心にあります。

21しかし、今は、律法とは別に、しかも律法と預言者によってあかしされて、神
の義が示されました。22すなわち、イエス・キリストを信じる信仰による神の義
であって、それはすべての信じる人に与えられ、何の差別もありません。23すべ
ての人は、罪を犯したので、神からの栄誉を受けることができず、24ただ、神の
恵みにより、キリスト・イエスによる贖いのゆえに、価なしに義と認められるので
す。

25神は、キリスト・イエスを、その血による、また信仰による、なだめの供え物
として、公にお示しになりました。それは、ご自身の義を現すためです。という
のは、今までに犯されて来た罪を神の忍耐をもって見のがして来られたからです。
26それは、今の時にご自身の義を現すためであり、こうして神ご自身が義であり、
また、イエスを信じる者を義とお認めになるためなのです。

27それでは、私たちの誇りはどこにあるのでしょうか。それはすでに取り除かれ
ました。どういう原理によってでしょうか。行いの原理によってでしょうか。そう
ではなく、信仰の原理によってです。28人が義と認められるのは、律法の行いに
よるのではなく、信仰によるというのが、私たちの考えです。29それとも、神は
ユダヤ人だけの神でしょうか。異邦人にとっても神ではないのでしょうか。確かに

神は、異邦人にとっても、神です。30
神が唯一ならばそうです。この神は、割礼のある者を信仰によって義と認めてくださるとともに、割礼のない者をも、信仰によって義と認めてくださるのです。31
それでは、私たちは信仰によって律法を無効にすることになるのでしょうか。絶対にそんなことはありません。かえって、律法を確立することになるのです。

この段落は次のように読まれる傾向があります。一つは、ユダヤ人と異邦人の問題は本質的ではないと脇に置き、ここがまるで法廷的義認を説明しているかのように読むことです。もう一つは、法廷のことを枝葉の問題とし、神の民に異邦人が含められることを述べているかのように読むことです。どちらの読み方にしても、二四～二六節の（前章で見た）契約の主題が無視されていて、初代教会におけるパウロ以前の思想の断片が、この手紙に紛れ込んだかのようです。

けれども、これまで述べてきたようにこの箇所を理解するなら、この手紙の文脈を据えることができ、こうした間違った区別を避けることができます。この箇所は、契約について、またユダヤ人と異邦人に同じように開かれているメンバーシップについて扱っています。ですから、神がイエスの十字架と復活によって世界の罪を解決したことについて語っているのです。それこそが、契約に意図された当初の目的だったからです。法廷のイメージはそれにふさわしい象徴的な手法であり、それを通して神の契約の目的は成就するのです。パウロの契約神学の性質を十分に把握するとき、ある人々が指摘する、パウロを「契約的」に読むことで罪と十字架の神学を捨てることになるという懸念には、まったく根拠のないことがわかります。契約の目的は世界の罪を解決することであり、それは主イエス・キリストの十字架によって成し遂げられたのです。

「私たちの誇りはどこにあるのでしょうか」とパウロは三章二七節で尋ねています。そして、「それはすでに取り除かれました」と自分で答えます。取り除かれた誇りとは、道徳主義者が成功したという誇りではありません。二章一七〜二四節にあるユダヤ人の民族的誇りです。もしそうでなければ、三章二九節（「それとも、神はユダヤ人だけの神でしょうか。異邦人にとっても神ではないのでしょうか」）は、辻褄が合いません。パウロはこの段落で、原始ペラギウス主義を打ち負かすことなど夢にも考えていなかったし、とにかくパウロの時代の人々は、原始ペラギウス主義の罪を犯しているわけではありませんでした。ガラテヤ人への手紙やピリピ人への手紙と同様に、ローマ人への手紙においても、パウロは、ユダヤ人の民族的特権を土台にして契約のメンバーシップを持つことはできないと宣言しているのです。

ローマ人への手紙三章二四～二六節で見たように、この文脈における「義認」とは、イエス・キリストを信じる人々が、真の契約の家族のメンバーであると宣言されることです。それはもちろん、罪が赦されることでもあります。なぜなら、それこそが契約の目的だからです。イエスを信じる人々は、象徴的な法廷で「義である」という立場を与えられます。契約の基本的な主題からこのことを換算すると、その人々は、将来なるはずの存在、すなわち真の神の民であると、現在において宣言されることを意味します。信仰に基づく現在の義認は、（二・一四～一六と八・九～一一によれば）人生全体に基づく将来の義認が公に確約することを宣言します。このような宣言の中で（三・二六）、神は正しく、契約にずっと真実であり、罪を解決し、寄る辺のない者を支え、十字架につけられたキリストにあって彼らを公平に取り扱うのです。それゆえ、イエスについてのメッセージである福音は、「信仰義認」ではなく、神の義、すなわち契約に対する神の真実を啓示しているのです。

それでは、ローマ人への手紙四章はどうでしょうか。四章でパウロは、アブラハムの信仰を論じていますが、ここはしばしば示唆されるような、抽象的な教理を「証明する」ために切り取られた「聖書箇所」ではありません。今や福音のうちに明らかにされた聖書的契約神学の解説なのです。創世記一五章はローマ人への手紙四章全体を支える柱となっています。創世記一五章は、一義的にはアブラハムとの契約が成立したことを描いています。パウロが、アブラハムの信仰が「義とみなされた」（ローマ四・五）と語るとき、イエス・キリストに対する信仰こそが、契約のメンバーシップの真のしるしであると言おうとしています。アブラハムの場合は、彼が歳を重ねているにもかかわらず、神は世界大の家族を彼に与えるという約束に対する信仰でした。全人類の罪のことを考えれば、ここで意味することは（繰り返しになりますが）、イエス・キリストに対する信仰が、罪赦された者たちの家族のしるしであるということです。ローマ人への手紙四章の強調点は、契約のメンバーシップは、割礼（九～一二節）や人種によって決められるのではなく、信仰によるということです。それが、アブラハムの家族が、他民族から構成される家族になりうることの理由です。そしてそれはキリストにあって、すでに実現しているのです。さらに、信じる対象のゆえに信仰そのものの性質が変わっています。もしあなたが遠く離れた、力のない神を信じるなら、そのような信仰は、そっけないもので不毛です。あなたが死者をよみがえらせる神を信じているなら、その信仰は生きており、いのちを与えます。アブラハムは、このような神、すなわち死者をよみがえらせる神を信じていたので、信仰を強くしたのです（一八～二一節）。この信仰とは、神の民に入るための権利を獲得するために、アブラハムが「行った」何かではありませんでした。信仰は、アブラハムが神の民のメンバーであることを示すしるしだったのです。しかも彼は結果的に、神の民の創立メンバーでした。

この議論を土台として、パウロはローマ人への手紙五～八章の論をさらに進めます。この福音を信じるすべての人は、罪が赦され、真の神の民となります。またこの民は未来の救いをも保証されています。その救いとは、神が世界のすべてを新しくする出来事の一側面である復活にあります。ローマ人への手紙五章一二～二一節で、パウロはこれまで描いてきたところからさらに時代をさかのぼり、「その結果としてあなたがたはここにいるのだ」と述べています。それはつまり、神の契約の目的はアダムの罪を解決することだったというのです。今やキリスト・イエスにあって、神は罪を解決しました。トーラーは奴隷状態をもたらしました。なぜなら、トーラーはユダヤ人の問題、すなわち彼らが「アダムにある」ことを際立たせたからです。選ばれた民は、他のすべての人と同じように、人間であり、堕落していました。ところが今や（八・一～四）神はトーラーによって意図したことを成し遂げたのです。神は世界にいのちをもたらしました。それは、最終的には罪と死の支配から、人間だけでなく、宇宙全体を解放する、ということです（同一八～二七節）。ローマ人への手紙八章三一～三九節で歌いあげられているのは、福音と義認の完成です。この箇所でパウロは、終末論的な、最終的な義認に戻っています。その義認は、キリストのすべての民が復活し、現在の苦難の後に正しい者と認められることによって成立するのです。

終わりに、ローマ人への手紙の中で義認について扱っている箇所で詳しく論じることはできないにしても、はっきりとした例を見ておこうと思います。それは九章三〇節～一〇章二一節で、そこには、イスラエルの歴史の中で神が成し遂げた結末が示されています。神はイスラエルを、世界のための救いの手段として選びました。神は、その召しをメシアにまで狭めましたが、それは、メシアの死にあって、すべての人々が、ユダヤ人も異邦人も、救いを見いだすためでした。けれども、もしもイスラエルが自分の立場に固執し続けるなら、自分自身に渡された死刑執行令状に固執していることになるのです。

それゆえ、（九章三〇節以降の一連の流れに従えば）異邦人は信仰によって特色づけられた契約のメンバーシップを見いだしました。一方で、イスラエルはトーラーによって特色づけられた契約のメンバーシップにしがみ続け、トーラーに到達することはありませんでした。トーラーの行いによって明確に区画された契約のメンバーシップを持ち続けることにこだわったからです。トーラーの行いによって、ユダヤ人だけに限定されたメンバーシップを維持しようとしたのです。その結果、イスラエルは神の契約の目的、また神の義（一〇・三以下）に従いませんでした。キリストが律法の目標また目的なので、信じる人はすべて、契約のメンバーシップを受け取ることができます。キリストは契約の目的を達成し、神の定めたクライマックスへと彼らを導きました。神の定めたクライマックスとは、罪を解決し、全宇宙を新しくすることでした。今やその目的は達成され、残されているのは宣教《ミッション》です（同九節以下）。それでローマ人への手紙は、さらに進んでいきます。人々がどのように救われるのか、人々がどのように個人として神との関係に入るのか、という孤立した声明文としてではなく、創造者である神の契約の目的の解説として進んでいきます。特に手紙は教会の一致と宣教《ミッション》を強調しています。それらは、パウロがローマ教会を拠点として宣教の働きを西方に拡大していくうえで、どうしても理解してもらわなければならないことだったからです。

結　論

パウロの義認の教理をまとめたいと思います。これは、私が先に述べた三つの鍵となるカテゴリー、契約・法廷・終末論にしたがって、一つひとつ注意深く進めていく必要があります。

1　契約――義認は、契約のメンバーであると宣言することです。それは終わりの日に発令されますが、その日、真の神の民はその正しさが立証され、偽りの神々を礼拝し続ける人々は間違っていたことが示されます。

2　法廷――義認は、法廷における判決のように機能します。だれかを無罪とすることで、法廷はその人に「義である」立場を与えます。これは将来における契約的正しさの法的側面です。

3　終末論――上述の宣言と判決は究極的には、歴史の最後に行われます。しかし、イエスを通して神は、歴史の中で期待されていたこと、世の終わりにすることを成し遂げました。このように、宣言と判決は、現在においてすでに、将来をも予期して発令されているのです。終わりの日の出来事は、イエスが十字架で死に、イスラエルの代表者メシアとして復活したときに、予期されたことです。（これがパウロ神学の出発点でした。）　それで、終わりの日の判決は、人がイエスについての福音のメッセージを信じるときにいつでも、現在において予期されるのです。

4　その結果――これは特にガラテヤ人への手紙の議論の大切な要旨です。けれども、ピリピ人への手紙やローマ人への手紙の中でも同様に中心的な役割を果たしています。つまり、イエス・キリストの福音を信じるすべての人は、罪が赦され、すでに真のアブラハムの家族のメンバーであると区別されているのです。

キリスト者はその信仰によって、特に、イエス・キリストの支配という「福音」のメッセージを信じることによって区別されています。これがきわめて重要な用語、「律法の行いによらない義認」の意味です。終末的判決に先んじて、この当時のユダヤ人たちが自分たちを区別しようとしたメンバーシップのしるしとして、律法の行いに焦点が当たっていました。行いは、ユダヤ人たちが契約を守っていること、真のイスラエルであることを、特徴づけるものでした。「律法の行い」——安息日規定、食物規定、割礼によって、彼らは、研究者たちが「開始された終末論」と呼ぶもの、つまり、将来もたらされるものを現在において期待することの基準を手にすることができたのです。将来の判決（神が真のイスラエルを、全世界の前で認めること）はイエス・キリストにあって、今の時代に期待できるようになったのです。

パウロは相変わらずユダヤ教教理の形を保持していましたが、そこに新しい内容を満たしたのです。彼にとって契約のメンバーシップは、福音そのもの、つまりイエス・キリストによって定められました。メンバーシップのしるしは、もちろん信仰です。イエスが主であると告白すること、神がイエスを死者の中からよみがえらせたと信じることです（ローマ一〇・九）。このしるしによって、人は今の時代にだれが終末的契約の民に属しているのかを告げることができます。ですから、パウロにとって、「信仰」は道徳的な意味において、代わりとなる「行い」ではありませんでした。信仰は、契約の民に入る許可を得るために行う何かではありません。人がすでに神の契約の民のメンバーであるということを宣言するしるしなのです。同様に、パウロにとって「信仰」とは、一般に言う宗教的覚醒でも、道徳主義に対する非現実的な抵抗でもありません。また内的な感情的宗教を優先させることへの抵抗でもありませんでした。それはもっと明確なものです。それは、イエス・キリストにあって、またイエス・キリストを通してはっきりと示されたまことの神の告知、福音のメッセージに対する信仰なのです。

この主題について、近年のいくつかの議論との関係から二つの結論を示したいと思います。

第一に、サンダースの改革は、十分には程遠いことが明らかになりました。しかし、その改革が行くべき方向に進むとき、弱まることはないでしょうし、むしろきちんと肉付けされて、完全に近い正統的パウロ解釈になることでしょう。ヴレーデ、シュヴァイツァー、ブルトマン、デイヴィス、ケーゼマン、サンダース、そしてその他多くの学者に対する誤った反論によって、パウロは、思想の一貫性を追求する研究の中でばらばらに分断されてきました。そういった議論は脇に追いやられなければなりません。私が述べたように、パウロを契約的に解釈することは、ばらばらになっているパウロの思想の要素を一つにします。そして、それぞれの要素、特にキリスト論と十字架がこれまで以上に明らかに示されます。

第二に、信仰義認の教理は、パウロが「福音」によって意味していることではありません。それは福音によって暗に示されていることです。つまり福音が宣言されるとき、人々は信仰を持ち、神によって、神の民であるとされます。けれども「福音」は、人々がどのように救われるのかの説明ではありません。本章の最初で見たように、福音とは、イエス・キリストが主であると宣言することです。近年の議論の中で、この点をはっきりさせれば、多くの間違った議論、特に教会の宣教《ミッション》についての考え方は、私たちの目の前で静かに解体されていくことでしょう。もっとはっきりさせましょう。「福音」はイエスが主であることを告げ知らせることです。それは力強く働き、人々をアブラハムの家族へと迎え入れます。今や、アブラハムの家族とは、イエス・キリストを中心に再定義されています。そしてキリストに対する信仰のみによって特徴づけられます。「義認」は、この信仰を持つすべての人々が、アブラハムの家族の完全なメンバーとして所属することです。そしてそれは信仰を土台としており、それ以外のものは何もありません。

パウロの福音と神学におけるいくつかの側面について、これまで簡潔に描写してきましたが、結果的にそれは、次の問いに直接的に繋がっていきます。この福音、この教理の結果として、現実に生きる人々の実際生活に何が起こるのか、ということです。続く二つの章で、このことについて述べたいと思います。まず、パウロの時代の人々はどうだったのか、そして今日の私たちはどうなのかについて考えてみましょう。

注

1 Alister McGrath, *Iustitia Dei. A History of the Christian Doctrine of Justification*, 1986, volume 1, pp. 2f.
2 Alister McGrath, *Iustitia Dei*, 1986, volume 1, p. 1.

第八章　神によって新しくされた人間

本書ではこれまでパウロの思想を解説してきました。タルソのサウロが持っていたユダヤ教の構想《アジェンダ》と神学の本質的な部分を保持しながら、それを抜本的に再考して、使徒パウロの神学とキリスト教思想が形成されたことを見てきました。パウロは生涯変わることなく「熱心さ」を持った人でした。その熱心さはキリスト者になった今「知識に基づく」ものである、と彼は主張します。その知識とは、十字架にかかり、復活したイエスのうちに見いだした唯一まことの神に関する知識です。パウロは異教徒たちと論争をしましたが、今はその人たちのための良い知らせを持っていました。同胞のユダヤ人たちに対して批判的でしたが、今は別の理由から批判を加えます。そして、ユダヤ人のための良い知らせも持っていました。それはユダヤ人の礼拝してきた神が、ずっと準備してきた驚くべき、隠されたご計画をどのように啓示したのかという知らせです。

異教に対してパウロが「優位な立場」(high ground) を取って、まことの神と世界のヴィジョンを打ち出し、人間生活の現実そのものを提示して、異教の示すものがそのパロディにすぎないと述べていることを、これまで見てきました。それと同時に、ユダヤ教に対するパウロの批判は、ユダヤ教そのものが悪いというのではなく、自らが立てられた目的を果たすことに失敗した点にありました。もちろん、メシアは別です。要するにパウロは、真のユダヤ教神学と宣教を展開したのです。それはまさに、真理とそれに基づく生き方を異教世界にもたらしました。そうした真理や生き方をユダヤ教は暗中模索していましたが、そこに到達することができませんでした。タルソのサウロの熱心さは、使徒パウロの熱心さへと姿を変えました。この明確な変化の中心には、一つの大切な認識がありました。それは、イスラエルの神が、十字架にかかり復活したナザレのイエスに、またイスラエルのメシアとして啓示されたという認識です。そのように、パウロの「熱心さ」が本質的に変化したのです。もはやその熱心さは、力ずくで神の戦いを勝利に導こうという暴力的なものではありません。そのようなエネルギーは完全に姿を消しました。かえって、新たな思いで礼拝するようになった神の中心的性質によって特徴づけられたエネルギーが現れました。神の中心的な性質、それは、彼が「アガペー」と呼ぶ性質、すなわち愛でした。

サウロからパウロへの変化をこのように見ることで、パウロの語ったことを理解し、それを適用するための新しい視野が開けてくると私は思っています。本章では、特に一つの点に集中しようと思います。それは、神によって新しくされた人間ということです。キリストにあって新しく造られた人間についてパウロが語っていることは、ここまで私が描いてきたものとぴったりと符合します。パウロは、異教の特徴ともなっている、人間性が破壊され、自らの価値を下げている人間とはっきりと対照させて、キリストにある新しい人こそが本当の人であると考えます。その一方で、キリストにある新しい人は、不信仰なイスラエルが達成に失敗したもともとの召しを成し遂げると考えました。こうしてパウロの熱心さは、異教に対しては神から与えられた答えとしてこの本当の人間性を宣べ伝え、召しに失敗したユダヤ人に対してはその歴史と伝統の真の成就として、この人間性を強く勧めたのです。

言い換えるなら、パウロは、本来の人の生き方を説明したのです。その倫理的な教え、共同体形成、とりわけキリストとともに死に、キリストとともによみがえることを通して得られる新しいいのちの神学と実践において、パウロは、真の人間の生き方を、回心者たちに向かって熱心に説明し、模範を示し、心に植えつけ、勧めました。このためにユダヤ人が召され、メシアによらなければユダヤ教は到達しなかったし、到達できなかった生き方であると考えました。キリストにあって新しくされた人間にパウロが抱いていたヴィジョンは、単なる表層的な倫理ではなかったことを、示したいと思っています。それは単に「救われた」とか、「どのように行動するのか」という問題ではありません。複雑に組み合わさったヴィジョンであり、さまざまな特有の必要を満たすために組み合わされ、パウロが述べているように、神が彼のうちに特別に霊感を与えたエネルギーによって推進していくものなのです。

新しくされた人間の中心――礼拝

第一のことは明らかです。真の人間についてパウロが持っていたヴィジョンの中心には、唯一まことの神への真の礼拝がありました。パウロは、異教徒の偶像礼拝に対して、そしてまことの神を礼拝するというユダヤ人の目的を完成するものとして、メシアであるイエス、イエスの御霊、そして聖霊のうちに啓示された神への礼拝を位置づけています。

パウロの初期の手紙の冒頭に、このことを見ることができます。テサロニケ人への手紙第一、一章九節でパウロは、テサロニケの人々に福音を最初に伝えた時に起こったことを次のように描写しています。「あなたがたが……偶像から神に立ち返って、生けるまことの神に仕えるようになり、また、神が死者の中からよみがえらせなさった御子、すなわち、やがて来る御怒りから私たちを救い出してくださるイエスが天から来られるのを待ち望むようになった」〔訳注＝九〜一〇節〕。もちろん、これは手紙の導入部としての役割を持つだけでなく、パウロが異教徒に福音を伝えた時に何を期待していたのかという土台をも示しています。パウロは異教世界を、偶像礼拝に特徴づけられた世界と見ていました。そして、まことの神への礼拝がこれに取って代わることを切望しました。

両者の違いをもう少し詳しく見るために、前の章で取り上げた二つの聖書箇所を振り返りたいと思います〔第三章の「神の福音」を参照〕。一つはガラテヤ人への手紙四章一〜一一節です。ここは、キリストを信じて御霊に満たされたガラテヤ教会のキリスト者が、それに何かを加えて見える形のユダヤ教のメンバーになる必要などないという議論を進めている箇所です。この文脈において、重大な議論の中で、パウロは自らの基本的な神観を示しています。御子を遣わした方は、御子の御霊を遣わされる方である、と。そして、すかさず次のような問いかけをしています。「ところが、今では神を知っているのに、いや、むしろ神に知られているのに、どうしてあの無力、無価値の幼稚な教えに逆戻りして、再び新たにその奴隷になろうとするのですか」〔訳注＝九節〕と。

ここで、パウロは人々を真の礼拝に招くのに、もろ刃の剣にもなる攻撃を加えています。彼は、御子の父、御霊を遣わすお方である神への真の礼拝が真実であり現実であって、異教の偶像礼拝はそのパロディにすぎない、という前提に立っていました。ところが、私たちにとって驚きであり、恐ろしささえ覚えるのは、この視点からすると、不信仰なユダヤ教自体も異教に歩み寄っていることが明らかになるのです。パウロの敵対者たちが唱えていた律法への執着は、異教の偶像礼拝と何ら変わらないからです。実際のところ、割礼を受けることは、権威と権力に屈服することです。血、土、民族、部族の宗教プログラムに逆戻りすることです。それは、回心した時に否定した異教に戻ることと何ら変わらないのです。

この議論上のねじれがどうして生じたのかは、あとで明らかにしたいと思います。けれども、二つめの聖書箇所であるコリント人への手紙第一、八章一〜六節にも同じような事柄を見ることになります。繰り返しますが、ここでパウロは異教に対して「優位な立場」を主張しています。自分たちは唯一まことの神の礼拝者であると言うのです。異教社会の中でいかに生きるべきかという問題（特にコリント人への手紙第一では、偶像にささげられた肉を食べるかという問題）に直面するとき、そのことがキリスト者の基本的な立場だと言います。自分の主張を証明し、さらなる議論の基礎を固めるために、パウロはユダヤ人の信仰告白を引用します。それは、ユダヤ人の祈りと礼拝の基礎である「シェマ」、「聞きなさい。イスラエル。主は私たちの神。主はただひとりである」(申命六・四)です。けれども第四章で見たように、パウロはこのシェマを書き直しています。その中にイエスを入れているのです。パウロはこう述べています。「私たちには、父なる唯一の主なる神がおられるだけで、すべてのものはこの神から出ており、私たちもこの神のために存在しているのです。また、唯一の主なるイエス・キリストがおられるだけで、すべてのものはこの主によって存在し、私たちもこの主によって存在するのです」〔訳注＝Ⅰコリント八・六〕。ユダヤ人の信仰告白の中心に、ユダヤ人のメシアが存在するのです。パウロは「優位な立場」、すなわちユダヤ人の立場を主張していきます。それは異教的な偶像礼拝に対しての、まことの神への礼拝です。けれども、唯一の神への礼拝の優位性を詳細に見ていくと、イエスの姿を通してその神を認めることのできない、あるいは認めようとしないユダヤ教への挑戦も含まれていることがわかります。パウロにとって、唯一まことの神は今や、メシアであるイエスの父として知られる存在なのです。

この点を理解すると、それが議論全体に広がりを見せても、同じ神学がそこにあることを認めることができるかもしれません。ローマ人への手紙一章一八節から始まる長い段落の要点は、異邦人は偶像礼拝者であり、それゆえ彼らの人間性は自己崩壊に至っているということです。パウロは言います。偶像礼拝は、健全な人間性にとって非常に深刻な悪である。異教世界は神を知っている。なぜなら、被造物のうちに神の永遠の力と神性を見ることができるからだ。ところが彼らは神を神として崇めること、礼拝することを拒否して、その代わりに鳥や、動物、這うものの像を礼拝した。その結果（人間が礼拝対象のようになってしまう。それが霊的法則というものである）人間は、神のかたちを映し出す真の、十全な人間性を示すことができなくなっている。その代わりに彼らが示しているのは、内側から崩れている人間性である、と。

彼らは、あらゆる不義と悪とむさぼりと悪意とに満ちた者、ねたみと殺意と争いと欺きと悪だくみとでいっぱいになった者、陰口を言う者、そしる者、神を憎む者、人を人と思わぬ者、高ぶる者、大言壮語する者、悪事をたくらむ者、親に逆らう者、わきまえのない者、約束を破る者、情け知らずの者、慈愛のない者です。

（ローマ一・二九〜三一）

ここでパウロは一貫して、異教世界に対するユダヤ教の典型的な批判に従います。普通のユダヤ教はこれにこう答えるでしょう。「そのとおりです。けれども、この私たちは神の民であり、神を知り、神を真実に礼拝し、諸国の光として立てられてきたのです」と。パウロはこのような答えを予期して、ローマ人への手紙二章一七～二四節で語ります。「ユダヤ人の誇りは回復されない。それは、イスラエルが未だに捕囚状態にあり、未だにのろいの下にあるからだ。そのことは、イスラエルが深いところで、他の人間と同じ問題を共有していることを示している。イスラエルは異邦人を神への礼拝に導く代わりに、神の名を汚している、と預言者たちは責めたのだ」と。（ローマ二・二四ではイザヤ五二・五が引用されています。）

こうした事態はどのように解決されるのでしょうか。神は新しい共同体を創り出しました（ローマ二・二五～二九）。そこでは、割礼も無割礼も大した意味を持たず、ユダヤ人であるかどうかも重要ではありません。パウロは「真のユダヤ人」とも言わないのです。ローマ人への手紙二章二九節の論点は、切れ味が鈍いどころか非常に鋭いものです。真に「ユダヤ人」と名乗るのにふさわしいのは、文字ではなく、御霊による、心における人目に隠れたユダヤ人です。その誉れは人々からではなく、神から来るものです。こうして、まことをもって神を礼拝する人々がいます。この人たちこそ真の人間です。イスラエルはこのような人々となるはずでしたが、失敗してしまいました。パウロは熱心にこの唯一まことの神を告げ知らせ、この方を礼拝するように人々を招いています。そうすることによって、一方で異教の偶像礼拝に対抗し、その一方でイスラエルの担う使命を達成する、と理解していました。

この主題について、ローマ人への手紙はこれで終わりというわけではありません。ローマ人への手紙四章のアブラハムとその信仰の描写は、ローマ人への手紙一章にあるアダムの人間性と偶像礼拝を明らかに反転させたものであることがわかります。ローマ人への手紙一章二〇〜二三節でパウロは、いかに人間が神を知っていながら、この方を礼拝できないでいるかについて語ります。

神の、目に見えない本性、すなわち神の永遠の力と神性は、世界の創造された時からこのかた、被造物によって知られ、はっきりと認められるのであって、彼らに弁解の余地はないのです。それゆえ、彼らは神を知っていながら、その神を神としてあがめず、感謝もせず、かえってその思いはむなしくなり、その無知な心は暗くなりました。彼らは、自分では知者であると言いながら、愚かな者となり……。

ここと対照させながら、パウロはローマ人への手紙四章一九〜二一節でアブラハムを描いています。

アブラハムは、およそ百歳になって、自分のからだが死んだも同然であること、サラの胎の死んでいることを認めても、その信仰は弱りませんでした。彼は、不信仰によって神の約束を疑うことをせず、反対に、信仰がますます強くなって、神に栄光を帰し、神には約束されたことを成就する力があることを堅く信じました。

異教的、アダム的人間は、神の力と神性に目を向けながら、こともあろうに世界を形づくっているものを礼拝したのです。アブラハムは、死んだも同然の世界の現実に目を向け、とりわけ自分とサラのからだが年齢のゆえに死んだも同然であることに目を向けて、そのことで自分の視野が定まってしまうのを拒否しました。その代わりに、神に栄光を帰し、神が約束を成就する方であると信じました。ローマ人への手紙四章の主題がアブラハムの信仰であると注解者が言うのは確かに正しいことです。けれども、その信仰の中心が唯一まことの神への礼拝であることには、あまり注目されていません。パウロによれば、それは、異教の偶像礼拝に挑戦するだけでなく、イエスを死者の中からよみがえらせた神を信じる者たちを特徴づけるのです。つまり、それは真のユダヤ教の礼拝であるのはもちろんのことですが、不信仰のユダヤ教に対するキリスト者共同体を特徴づけるのです。パウロのこの一連の思想は、知り尽くしがたく、測り知りがたいことをなさる神へのユダヤ教的形式をとる賛歌をもって締めくくられています（一一・三三〜三六）。パウロは一つ深呼吸をして、この神を礼拝するよう読者を招いています。そのような礼拝をささげることによって、人間は造り変えられていくのです。私はこの点に再度戻りたいと思います。パウロの解説によれば、福音によって捕らえられること、それはまことの神を礼拝することなのです。そして、より完全な人間になっていくことによって、この神を映し出していくのです。本当の人間性は真の礼拝の結果なのです。それこそがパウロのヴィジョンでした。

新しくされた人間の目標——復活

真の人間への道が真の礼拝であるなら、神によって新しくされた人間の目標は、もちろん復活です。この主題を十分に提示するのは、この本ではあまりにも込み入ってしまうので、できるだけ短く、簡潔に記したいと思います。復活の問題を追求しようとしている人にとって基礎となる聖書箇所は、コリント人への手紙第一、一五章、ローマ人への手紙八章、コロサイ人への手紙三章、コリント人への手紙第二、四〜五章、そしてピリピ人への手紙三章の締めくくりの数節です。

私が述べたいのは次の点です。パウロがキリストにある神の民の希望、復活について解説するときには、またもや、異教がそのパロディであるという現実（パウロの視点によれば）を提示し、そして再び、ユダヤ教が指し示してきた現実を告げ知らせているということです。異教では死後に何が希望となるのかについては、非常に曖昧です。この復活という主題については、夢のような不滅のいのち、死の向こう側にある希望に満ちたいのちなど、その憶測は広い範囲に及びます。パウロの手法を理解するには、とりわけコリント人への手紙でそうですが、パウロが異教に戦いを挑み、相手の用語を使ってこれに打ち勝とうとしていると見るのが一つです。復活の希望は、パウロによれば、いまだ明らかにされておらず、隠されていますが、将来における現実です。異教は単なるそのパロディを提供しているにすぎないというのです。復活は、単なる蘇生ではなく、変貌です。現在の肉体の状態から、まったく新しいからだに変化することです。その唯一の原型が、復活のからだをまとったイエスなのです。種子の、植物への変貌が、比喩として使われています。これが、被造物である人間の将来に対する、創造者の計画なのです。

復活の教理においてパウロは、二つの正反対の危険な思想を退けています。一つは創造秩序の神格化であり、もう一つは創造秩序を二元論的に否定する考えです。ストア主義は基本的に汎神論で、物質世界を神的なものと考えました。その場合、この世界に現実的に変化するものは一切ありません。歴史は繰り返しながら続き、今の時代は最後に火とともに消滅し、もう一度初めから始まり、また同じように消滅していくのです。パウロの復活の教理は、ユダヤ人の神観、世界観、歴史観にしっかりと立って、物質世界そのものが神的であると示唆することなく、創造秩序を積極的に評価しました。創造者は創造秩序を、今は種子にすぎない状態から、まったく新しい現実へと変貌させることによって、あらためてこれを良しとするからです。「神は……それにからだを与え」とコリント人への手紙第一、一五章三八節に記されていますが、ここに死後のいのちに関する異教の見解への基本的な解答があるのです。

ところがそれと同時に、私たちが理解するかぎり、パウロによる復活の説明は、その時代のユダヤ教信仰に対してもはっきりとした一つの提案をしています（そこには多様性と複雑さが、思う以上にありますが）。シャンマイ派のパリサイ人であるタルソのサウロにとって復活は、イスラエル国家の希望と結びついていました。イスラエルはいのちへとよみがえり、異邦人は刑罰を受けるのです。さらに、その希望は、再建という言い方で表現されることもありました。神はイスラエルをこの世界の中で元の状態に戻すというのです。これに対して、コリント人への手紙第一、一五章でパウロは、キリスト教的な黙示論を提示します。異邦人はもはや本当の敵ではない。そうではなく罪と死が敵であり、歴史のドラマにおける最後の大いなるみわざによって、神はそれらを滅ぼされる、と。

そのうえ、イエスの死と復活のゆえに、「それはいつ起こるのか」という問いに対して、キリスト教とユダヤ教とではまったく違う、とパウロは答えます。パリサイ人としての彼は、「私たちは終わりの時代に生きていて、やがて神は歴史の中の大いなるわざによって、異教徒たちを打ち負かして、イスラエルを解放してくださる」と答えてきました。キリスト者としての彼は、「私たちは、神が歴史の中で大いなるわざを成し遂げた最初の日々を生きており、神はやがて罪と死を滅ぼし、宇宙全体を解放してくださる」と答えます。さらにこう付け加えるでしょう。「これらの最初の日々は、神がキリストにおいて始められた神の大いなるわざを完成へと向かわせる最後の日々でもあるのだ」と。けれども、キリスト者としての彼の最初の言葉のほうがより重要です。それは、死後の人間に何が起こるのかという点から、異教を批判しているだけでなく、不信仰のユダヤ教をも批判しています。新しくされた人間の目標についてのパウロの見解は、神によって新しくされた人間がイエス・キリストのように復活にあずかるというものです。

この目標についてのヴィジョンは、現実を示しています。異教はこの現実のパロディであり、ユダヤ教はこの現実を追い求めましたが、結局のところ獲得できませんでした。

ここで、補足説明が必要になります。パウロの視野はこの宇宙の時空がまもなく終わりを迎えるという期待で占められていた、としばしば言われます。テサロニケ人への手紙第一の黙示的な箇所や、コリント人への手紙第一、七章二九～三一節の、「節制するように」とのその時代に対する警告は、これまで一つのことを強く印象づけてきました。それは、他の所でも詳述してきたように、一世紀のユダヤ人の大半、またイエスや特に初期キリスト者が信じていなかったことをパウロは信じていたということです。[1] 二〇世紀の新約聖書学、とりわけ原理主義者《ファンダメンタリスト》とされる人々の「字義主義」を痛烈に批判してきた人たちもまた、ユダヤ人の日常言語――「太陽と月は闇となる」など――を字義どおりに読むことに固執してきました。けれども聖書の文脈からすれば、それは効果的な比喩《メタファー》として意図されたものであると理解すべきです。

パウロは、世界が根底から揺り動かされる大いなる出来事を待ち望んでいました。それは疑う余地がありません。彼は、そのような出来事が起こる前に、成し遂げるべきことがあることを知り、自らの働きに緊急性を感じていました。また、将来のある段階で、全宇宙を創造された神が「滅びの束縛から被造物を解放する」（ローマ八・二一参照）ことを信じていました。最後に、神は敵対するものすべてを従わせて、「すべてにおいてすべてとなられる」のです（Ⅰコリント一五・二三〜二八）。このような大いなる期待感と、世界にまもなく訪れるとパウロが認識している差し迫った危機とを性急に混同すべきではありません。当時のユダヤ人は、昔のユダヤ人と同じように、この時空的な出来事、政治的な出来事を、「主の日」の観点から「見て」いました。そうでなければ、パウロがどうしてテサロニケの人々に対して、主の日がすでに来たという手紙（パウロ自身から出たかのような）を受け取っても、動揺しないようにと言ったのでしょうか（Ⅱテサロニケ二・二）。もし「主の日」が宇宙の時空の終わりを意味していたなら、テサロニケの人々は確かに、その出来事についてわざわざ手紙で知らされる必要はなかったでしょう。私たちはパウロ書簡を読むときに、「この世界の終わり」という課題《アジェンダ》によって、これまであまりにも長い間、閉じ込められてきました。パウロ自身がそもそもどう理解していたのかを考えるべきです。今、生きている私たちはすでに神の新しい時代に生きていること、その時代は、復活の日の朝に始まったということを。

新しくされた人間の変貌――聖《ホーリネス》

新しくされた人間の始まりと完成の間に何が起こるのでしょうか。異教徒とユダヤ人がイエス・キリストにあって啓示されたまことの神を礼拝するようになる時と、復活のいのちにあって変貌したとわかる時との間にはどんなことが起こるのでしょうか。パウロの基本的な答えは、今ここで変貌が始まるということです。そのことを示す有名な聖書箇所はローマ人への手紙一二章一～二節です。

そういうわけですから、兄弟たち。私は、神のあわれみのゆえに、あなたがたにお願いします。あなたがたのからだを、神に受け入れられる、聖い、生きた供え物としてささげなさい。それこそ、あなたがたの霊的な礼拝です。この世と調子を合わせてはいけません。いや、むしろ、神のみこころは何か、すなわち、何が良いことで、神に受け入れられ、完全であるのかをわきまえ知るために、心の一新によって自分を変えなさい。

この箇所にすべてのことが簡潔に記されています。礼拝と聖《ホーリネス》がいっしょになっているのです。繰り返します。ここは明らかにローマ人への手紙一章一八～三二節を反転させているのです。心とからだとは連動しています。それで、パウロがここで提示しているのは、ローマ人への手紙一章にあるアダム的人間、異教的人間の特質である分裂した人間性に対する、再統合された人間性です。

パウロの示すヴィジョンが異教に対する明快な代替案であるという、その手法をこの箇所では容易に見ることができます。「この世と調子を合わせてはいけません。……自分を変えなさい」とありますが、これは言い換えるなら、異教世界によってあなたの世界観、実際生活、象徴的世界、思考、物語《ナラティヴ》の世界を構築してはならないということです。異教は人間の自己破壊をもたらします。その代わりにパウロは、人間についてユダヤ教が持っていたヴィジョン、すなわち知恵と聖《ホーリネス》に特徴づけられた人間性の達成を提示しているのです。

聖《ホーリネス》は複雑で難解なテーマです。それで、この項では次の点だけを強調しておきます。パウロは聖《ホーリネス》を一つのオプションとして見ているのではないということです。あるキリスト者はそのように召され、あるキリスト者は異教的な側面を残したままでもよいという類のものではない。そうではなく、キリストにあって新しくされたすべての人々を特徴づけるものであると考えているのです。それとともに、パウロは現実主義者でもあります。ある注解者たちが考えるように、パウロは、キリスト者が洗礼や聖霊の内住などの恩恵によって、常に百パーセント、聖なる生活が送れるとは考えていませんでした。パウロはこの明確な緊張関係から生じる問題に直面し、対応しています。これがコリント人への手紙第一のような手紙が扱っている課題です。パウロによれば、新しくされた人の生活は、「今や（すでに）」と「未だ」という緊張状態の中にあって、常にまことの神への礼拝に召され、日々、造り主のかたちに似せられてますます新しくされていきます（コロサイ三章）。そして、やがて到来するものを絶えず熱心に待ち望むのです。「私は、すでに得たのでもなく、すでに完全にされているのでもありません。ただ捕らえようとして、追求しているのです。そして、それを得るようにとキリスト・イエスが私を捕らえてくださったのです。兄弟たちよ。私は、自分はすでに捕らえたなどと考えてはいません。ただ、この一事に励んでいます。すなわち、うしろのものを忘れ、ひたむきに前のものに向かって進み、キリスト・イエスにおいて上に召してくださる神の栄冠を得るために、目標を目ざして一心に走っているのです」（ピリピ三・一二～一四）。

かつてパリサイ派だったパウロは、ユダヤ人のトーラーを守ることに熱心であり、そうすることを他の人々にも強要していましたが、今はそうすることで聖《ホーリネス》を得るなどとは考えていません。キリスト者の聖《ホーリネス》についてのパウロの解説の中には、トーラーに対する強い批判があります。トーラーは、約束する聖なる生活を与えることができないというのです。ここで重要な箇所となるのが、ローマ人への手紙七章とガラテヤ人への手紙五章で、両者とも釈義的に大きな議論が続いています。

ローマ人への手紙七章とガラテヤ人への手紙五章で、パウロはイスラエルを肉にあるもの、アダムにあるものとして描いています。イスラエルがトーラーにいくら固執しても、トーラーができることは、イスラエルを罪に定めることです。まずローマ人への手紙七章を見ていきましょう。パウロはここで、同胞のユダヤ人を第三者的に批判しているように思われるのを避けるために、「私」という自伝的な表現を使っています。パウロが述べる窮状は、キリスト者としての立場からのものですが、自分がかつて熱心なパリサイ派であったことを認識してのものです。パウロによれば、イスラエルがトーラーに固執することは正しいのです。というのは、トーラーは聖なるものであり、正しく、良いものだからです。トーラーは真の人間性の目標をしっかりと指し示しています。ところが、イスラエルはアダムの状態にあるため、聖なるものであり、正しく良いトーラーはイスラエルを罪に定めなければならないのです。それ以外にトーラーができることはありません。「私には、いのちに導くはずのこの戒めが、かえって死に導くものであることが、わかりました」(一〇節)。イスラエルのアダム的人間という状態が、キリストにあって解決される時にのみ――それはパウロによれば、イエスの死と復活にあって起こり、キリスト者が洗礼においてそれらの出来事を自らに同一化する時に起こりますが――「いのちの御霊の原理が、罪と死の原理から、あなたを解放」(八・二)するのです。

ガラテヤ人への手紙五章で、パウロはガラテヤの人たちがトーラーを熱心に守ろうとする事態に直面しています。それは、とりわけこの人たちが、自分たちの持っていた古い異教的生活習慣からできるだけ遠ざかりたいと願ってのことでした。彼らはかつての異教の偶像礼拝と不道徳を、自らのありのままの姿であると認識し、その代わりに真の人間性、聖と礼拝の道を追い求めようと決意していました。ところが、「かき乱す者ども」(パウロが去った後にガラテヤ教会に入って来た人々)がやって来て、そのガラテヤ人に、トーラーを遵守することで、この目的を達成できると教えたのです。パウロは、これは間違いだと言います。もしあなたがたがその教えに従うなら、それは古い人間性、つまり肉に自らを縛りつけることなのだ、と。トーラーに固執するしるしが割礼であるという事実が、この点をさらに明らかにしている。仮にトーラーを担っても、トーラーが、かつての異教的な生活以上のところにあなたがたを引き上げることはないだろう。

また新しいキリスト者（トーラーを厳守する者ではない）の生活以上のところに引き上げることもないだろう。あなたがたは異教のレベルにもう一度自らを引き下げ、肉という古い人間性に縛りつけるものを重視することになるだろう。その結果、あなたがたは人間存在の自己崩壊へと再び向かうようになるだろう。もしもあなたがたが本物を得たいなら、御霊によって歩まなければならない。御霊の実は、愛、喜びそして平和である、と。

パウロ書簡全体を通じて、本当の聖《ホーリネス》は、キリストとともに死に、キリストとともによみがえるという表現の中に見ることができます。この主題について、コリント人への手紙第二以上に明確に述べている手紙はないでしょう。そこでパウロは、大きな痛みと悲しみの中から手紙を書き、その共同体生活という点から見て、福音の重要性を把握しておらず、その結果パウロと彼の使徒としての称号を認めないという共同体と取り組んでいます。この共同体の人々は、苦しむ囚人のような指導者は望んでいません。かえって権威と名声を持つ人、尊敬できる人を望んでいます。そのような彼らに対して、見事な修辞学と個人的な開示に満ちた手紙で、パウロは、メシアであるイエスの十字架と復活が、新しくされた人間の生活の中心であり原動力であることを、手紙全体を通して述べています。

あらゆることにおいて、自分を神のしもべとして推薦しているのです。すなわち非常な忍耐と、悩みと、苦しみと、嘆きの中で、また、むち打たれるときにも、入獄にも、暴動にも、労役にも、徹夜にも、断食にも、また、純潔と知識と、寛容と親切と、聖霊と偽りのない愛と、真理のことばと神の力とにより、また、左右の手に持っている義の武器により、また、ほめられたり、そしられたり、悪評を受けたり、好評を博したりすることによって、自分を神のしもべとして推薦しているのです。私たちは人をだます者のように見えても、真実であり、人に知られないようでも、よく知られ、死にそうでも、見よ、生きており、罰せられているようであっても、殺されず、悲しんでいるようでも、いつも喜んでおり、貧しいようでも、多くの人を富ませ、何も持たないようでも、すべてのものを持っています。

（Ⅱコリント六・四〜一〇）

パウロにとって、メシアであるイエスの死と復活は単なる過去の出来事ではなく、まさにクライマックスの出来事なのです。イエスの死と復活はパウロ自身と教会の日々の生活の土台なのです。「私たちがキリストと、栄光をともに受けるために苦難をともにしている」（ローマ八・一七）。これが、パウロが語る聖《ホーリネス》という言葉の基本的な意味です。本物の人間性は安価ではありません。

これはちょうど、新しくされた人間の第五の分野（宣教）に私たちを導きます。

新しくされた人間の一貫性——愛

パウロが異教世界を、本物の人間性を崩壊させるという観点から分析していることを、これまで見てきました。ローマ人への手紙一章を見てもわかるように、このことは人間個人の中にも起こります。ところが人間のあるカテゴリーが自らについて別のカテゴリーと対立するような定義をするときにも、恐るべき人間性の崩壊が起こります。パウロにとって、これは、プライドや恐れを持つ人間に起こることですが、もちろん、それにとどまりません。それは支配と権力のなす業によるのであり、それらの争いの中で世界は分裂するのです。それはまた「ストイケイア」、「世の構成要素」〔訳注＝新改訳聖書では「この世の幼稚な教え」（ガラテヤ四・三）と訳されている〕のなす業の結果でもあります。ストイケイアは地域や部族の神的存在で、さまざまな国を支配していると信じられていました。パウロによれば、これらすべてはキリストにあって打ち負かされました。ですから、ユダヤ人もギリシア人もなく、奴隷も自由人も、男と女もなく、すべての者がキリストにあって一つなのです（ガラテヤ三・二八）。このことにおいて、新しくされた人間の中心的な特徴が愛なのです。

愛という言葉を短く説明しておきます。パウロは、すべてのキリスト者が互いに、温かく穏やかな気持ちを抱くべきだと述べているのではありません。そのようなロマンティックで実存主義的な「アガペー」の読み方は、実際に起こっていることをとらえていませんせん。教会、キリスト・イエスにあって神を礼拝する人々が一つの家族として機能することこそが、大切なのです。その家族では、社会的、文化的、道徳的背景がどんなに違っていても、メンバー一人ひとりが平等な者として受け入れられるのです。そのような共同体の存在がまさに、支配と権力、偏見や疑いという、隠されていながらも大きな力を持つものに対して、そうした時がもう終わること、生ける神が勝利を収めること、まったく違った人間のありようを、この世界に示すのです。そのようなありようの中で、これまでの人間の間にあった差別が取り払われるのです。エペソ人への手紙の中に、こうしたことのクライマックス的な文章を見いだします。福音の目的は「天にある支配と権威とに対して、教会を通して、神の豊かな知恵が示されるため」である、と（エペソ三・一〇）。かつて互いに疑いと不信があったところにもたらされる愛、そうした愛の共同体の存在こそが、神の御霊が働いていること（コロサイ一・八）をパウロが知る大切な根拠なのです。

明らかにそのような共同体の存在と繁栄は、異教世界に対して、イエス・キリストの福音が主張していることを示しています。コリント人への手紙第一を執筆したとき、パウロは一つひとつ議論を積み重ねながら、一三章に至るまで、この共同体が異教徒の地域社会とはまったく違うものであることを示していきます。一三章は、ちょうどシベリウスの『フィンランディア』のコラールの主題のような、愛の賛歌という詩文になっています。そこでは「アガペー」が鳴り響き、私たちは、これこそがこの手紙全体の根底にあると実感するのです。

愛は寛容であり、愛は親切です。
また人をねたみません。
愛は自慢せず、高慢になりません。
礼儀に反することをせず、
自分の利益を求めず、
怒らず、人のした悪を思わず、

不正を喜ばずに真理を喜びます。
すべてをがまんし、
すべてを信じ、
すべてを期待し、
すべてを耐え忍びます。
こういうわけで、いつまでも残るものは信仰と希望と愛です。……
その中で一番すぐれているのは愛です。
（四～七、一三節）

ここまでのすべての主題でパウロが述べているのは、結局のところ「アガペー」の要請です。これが、真に新しくされた人間性のすべてを明らかにする生活スタイルなのです。異教はそれを真似ようと試みても、せいぜい人物崇拝や派閥争い（自分の派閥内で「すべての人を愛しましょう」と言うのは簡単です。それが派閥を生み出す第一歩でもあります）、あからさまな性愛へと流れていくのがやっとです。性愛は、「アガペー」の生活のパロディであり、同時に、その中に生きる人間を徐々に歪め、傷つけ、破壊します。

繰り返しますが、この「アガペー」の生活は、パウロが育ったパリサイ的なユダヤ教を内側から批判する役割も持っています。ユダヤ人と異邦人がキリストにあって一つの家族となるというパウロの訴えは、キリスト教をユダヤ教の一宗派にしようとするあらゆる試みに明らかに逆らいます。ここにパウロの最も鋭い反論のいくつかを見ることができます。そこには、非常に鋭い指摘があります。パウロは、教会がユダヤ人キリスト者と異邦人キリスト者に分裂してしまうなら、どういうことが起こるかをはっきりと見て取っています。おそらくある異邦人キリスト者は、割礼を受けることでユダヤ人キリスト者に加わるでしょう。このことは、支配と権力が結局のところ、未だにこの世界を支配しており、十字架のキリストによって打ち負かされていなかったことを意味します。そして、新しくされる人間などというものはいないし、パウロは暗闇の中で、新しくされた人間がいるかのようにずっと騒いでいたことになってしまいます。

この点を議論するパウロは、繰り返しますが、「優位な立場」の最も優位なところを主張するという手法をとります。ローマ人への手紙四章、ガラテヤ人への手紙三、四章で、ユダヤ人と異邦人あわせての信仰の家族が生み出されることは、唯一まことの神がアブラハムを召した時からずっと考えていることだった、とパウロは論じます。これは、常に成就することが期待されている約束でした。イスラエルに対する神の目的の成就とは（ある見方からすると逆説的なのですが）まさに、イスラエルの境界線を、あらゆる国と部族と国語から現れる新しい人、新たにされた人によって越えることです。このパラドックスは一目瞭然です。パウロが再三再四そのことを説明しているように、イスラエルの召し、選びの目的は、神としては常に、全世界の救いのために企てられたことでした。だから、十字架が神の契約の目的におけるクライマックスの瞬間となったのです。また、これまであった差別を乗り越える、新しくされた家族の創造によって、パウロは、異教に見られる共同体のパロディが現実に直面していること、ユダヤ教共同体のひずみが、自らの伝統の内側から徹底的に批判を受けていることを見ているのです。パウロは、自分が基礎を築いた共同体が、自分の示してきたその召しに従って行動することが決して容易ではないという事実と格闘しています。けれども、召しに従って行動すること、これこそがパウロのヴィジョンなのです。

新しくされた人間の熱心さ——宣教

先に、パウロによればイエス・キリストの支配権はカエサルの支配権に挑戦しているということを見ました。これについては、(もしスペースがあるなら)権力を扱う神学の分野で研究するべきでしょう。その内容とは、十字架と復活に端を発し、異教、とりわけ異教の帝国の中に見る権力の性質に挑戦し、これを転覆させるというものです。パウロは、唯一まことの神を礼拝することを通して、（不思議なことで、かつ逆説的なのですが）新しくされた人間が世界に対して権威を持つ者とされると信じています。私がここで取り組みたいのは、それがどのようにしてかということです。教会の宣教は、異教の帝国がパロディとなっているその現実なのです。

神を真に礼拝する人々のうちに神のかたちが回復されるという、パウロの基本的な神学を扱う必要があります。彼によれば、キリスト者は「造り主のかたちに似せられてますます新しくされ、真の知識に至るのです」（コロサイ三・一〇）。そして、「御子のかたちと同じ姿にあらかじめ定めておられたからです。それは、御子が多くの兄弟たちの中で長子となられるため」（ローマ八・二九）に選ばれた者です。ところが、神のかたちに新しく造り変えられた人とは、どういうことなのでしょうか。

被造物である人間のうちに神のかたちがあるという教理は、ただ人間が神を映し出し、神も人を映し出すという信仰ではありません。人間は世界に対して、神を映し出すように意図されています。そしてローマ人への手紙八章に、そうしたことがどのような結果をもたらすかをはっきりと見て取ることができます。神の民が復活において完全に新しくされるときに、被造物全体が滅びの束縛から解放されて、神の子どもたちの栄光の自由の中に入れられます。ところで、教会の宣教は全世界に神の国を告げ知らせることです。パウロは（使徒一七・七によれば）いつものように、「イエスという別の王がいる」と言っていました。そして、自分のあとに続く人々にも同じようにすることを期待しています。

もちろんイエスは、カエサルとはまったく種類の異なる王です。それは重要な点です。パウロはただ、同じ類の新しい帝国、もう一つの抑圧的な人間の政治体制を打ち建てているのではありません。けれどもパウロにとって、キリストとカエサルの違いは、一方が「霊的なもの」で、もう一方が「一時的なもの」であり、両者がまったく関係のない別個のものということではありませんでした。「『イエス・キリストは主である』と告白」（ピリピ二・一一）することは、キリストの御名によって、すべてのものがひざをかがめることなのです。カエサルにも一つの役割があります（ローマ一三章）が、それはきわめて限定されたものです。創造者は、ご自身の被造物である人間が、混乱と無秩序の中にではなく、秩序をもって、安全に、安定した生活を送ることを願っています。カエサルは、職務と権限を与えた創造者に服従すべきです。カエサルが自らを神であるかのように行動すればすぐに――パウロの時代、もちろん大多数のローマ皇帝が自分を神としていました――パウロは真っ先にありのままを告げたことでしょう。初期のキリスト者共同体で、ヘロデ・アグリッパ王の死が、国主である自らに神の名誉を帰したための神のさばきであると理解されていたとすれば（使徒一二・二〇～二三）、ローマ皇帝への異教的な礼拝に対して、パウロは明らかにこう言ったことでしょう。唯一の神がおられ、この神がご自分の御子イエスを、世界のまことの主として高く上げた。イエスの帝国が現実のものであり、カエサルの帝国はパロディなのだ、と。

パウロの宣教は、個人的な伝道主義という観点から考えるべきではありません。一人ひとりを将来の天国へと救い出すというものではありませんでした。確かなことは、パウロは聴衆一人ひとりに、イエス・キリストが主であるという福音を告げ知らせるときに、イエス・キリストの支配権に従う信仰を求めたということです。信仰を持った人々にパウロは、神の家族の真のメンバーとして、義と認められ、死者の中から復活し、やがて訪れる新しい創造の栄光にあずかる確証を与えました。けれども、パウロの宣教はそれだけにとどまりませんでした。彼は、福音が「天の下のすべての造られたものに宣べ伝えられている」（コロサイ一・二三）と述べています。自分の行っていることが、イエスの復活に始まり、万物の刷新によって終わりを迎える、宇宙規模の動きに関わるものである、とパウロは認識しているのです。先に見たように、パウロは王の使者であり、この王は、王の王、主の主です。イスラエルの王が世界の王になるというユダヤ人の希望は、メシアであるイエスにあって実現したのです。

結論

本書全体を通して、タルソのサウロの熱心さは使徒パウロの熱心さに姿を変えたということを示そうとしてきました。この熱心さの基本的な形は、ほとんどそのままであると論じてきました。かつては、異教に対して強力に対峙し、同じように強い批判を、妥協したユダヤ教に加えていました。けれども、パウロはイエスの死と復活、御霊の賜物を中心に、ユダヤ教のプログラム全体を再構築したとき、その形は新しい内容で満たされました。本章で私が提示したかったことは、簡潔に言えば、パウロは自分の聴衆に手を差し出し、回心者に懇願し、そして全力を尽くして自分の教会を、神によって新しくされた人間の現実を保持しようとしたことです。それはあらゆるレベル、あらゆる方法において現実であると証明されるべきであり、異教はそのパロディにすぎないのです。またあらゆるレベル、あらゆる方法において、イスラエルの大いなる希望は成就したこと、またイスラエルが深い意味で、逆説的に異教と妥協し、不信仰になったことを明らかにしているのです。新しくされた人間のヴィジョンは、私たちの思想に豊かな養分をもたらします。パウロが何を語ったかということの学術的なレベルの研究にとどまらず、教会の生活と宣教にまで広がるのです。このテーマについては、次の章で扱いたいと思います。

注

1　特に、*The New Testament and the Peope of God*, chapters 10 and 15〔邦訳、『新約聖書と神の民』〕; *Jesus and the Victory of God*, chapters 6 and 8を参照。

第九章　パウロの福音　当時と現在

聖パウロが本当に何を語ったかということに関して、これまで述べてきたことが、今日的な意味において新たな考え方を提供できたのではないかと思っています。けれども、ここで、いくつか強調しておかなければならないことがあります。本書では、特に二つのことに焦点を当ててきました。それは「福音」と「義認」です。

パウロによれば、「福音」は教会を生み出し、「義認」は教会を定義づけます。福音が告げ知らされるとき、人々を救う力をもたらし、それまで王座に据えられていた偶像をそこから追放します。「福音」そのものは思想のシステムでもなければ、人々をキリスト者にする技術でもありません。福音は、イエスという人物を人格的に告げ知らせることです。それだからこそ、福音は教会を生み出します。イエスを主と信じ、神がこの方を死者の中からよみがえらせたことを信じる民を創り出すのです。そして「義認」とは、だれでも福音を信じるなら、どこで信じようと、いつ信じようと、神の家族の真のメンバーになるということを宣言する教理です。どこの出身であろうが、肌が何色であろうが、その他どんな違いがあっても、関係はありません。福音そのものが教会を生み出し、義認はいつも、教会とは福音によって、まさに福音のみによって生み出された民であること、そしてこの福音を土台として生きるべきことを教会自身に思い起こさせるのです。

パウロの思想についての考察

まず初めに、パウロの思想の中心で二律背反、矛盾と思えるものが、実は論理的に一貫していることを示すその方法を述べようと思います。第一章で、私はシュヴァイツァーからサンダースに至る一連の思想について記しました。そこでは、シュヴァイツァーが「神秘主義」と呼び、サンダースが「参与論」と呼ぶカテゴリーと、「法廷的」用語を戦わせました。パウロの思想には契約的な性質があり、契約の中心に神の大いなる法廷の意味合いが存在すると理解するときに、この矛盾と見えるものがどういうものであるかが明らかになります。パウロの矛盾として区別されてきたことが、かなり後代の哲学や神学から発していることがわかり、実際のパウロとはほとんど関係がない、あるいはまったく無関係であることが判明します。パウロにとっては「キリストの内にあること」――これが基本的な「参与論」の考えではありますが――は、「メシアを中心にして再定義された神の民に属すること」です。言い換えるなら、この言葉は特別な契約的表現なのです。それと同様に、「義」という言葉――神ご自身の契約に対する真実が一方にあり、神の民に与えられる契約に基づくメンバーシップという立場がもう一方にあり、また法廷という比喩《メタファー》のレンズを通してこれら二つの本質を見る方法がありますが――も徹頭徹尾、契約的です。あえて言うなら、これらのカテゴリーを間違ってとらえて議論し合っている著作や注解書と取り組んでいる人々にとって、今日パウロについて説教する人たちにとって、このことはきわめて重要です。

同じことは、本書でこれまで触れなかったもう一つの議論についても言うことができます。それは近年、米国のパウロ研究において主流を占めていて、注解書や研究論文のテーマにもなっています。パウロを「契約的」に解釈するいくつかの立場に対して、(J・L・マーティンのような)ある研究者たちは、パウロの思想の「黙示的」性質を強調します。契約のカテゴリーは、アブラハムからキリスト以降まで、旧約聖書と新約聖書の大いなる連続性、約束と成就との間で、しっかりと展開されていると考えられます。けれども、パウロの中に見いだすのは、(おそらく)「黙示的」思想という突然の中断、以前のあらゆる期待とまったく食い違う十字架刑という思いもよらない衝撃なのです。コリント人への手紙第二、五章一七節は、このことのスローガンのような役割を果たしています。「古いものは過ぎ去って、見よ、すべてが新しくなりました。」

問題は、この箇所も基本的に、また明らかに契約的だということです。使徒の契約的な働きをどのように実践していくのかという大きな議論（Ⅱコリント三～六章）の中の一節なのです。ところがそのことによって、マーティンをはじめとする研究者たちの設定したものが誤ったアンチテーゼの症状を示してしまいました。パウロの考える契約のカテゴリーがどのようなものであるのかを理解すると、その中心に十字架と復活があることがわかります。救い（契約）の計画は、いわば十字の形をとっています。契約は悪と死を解決することになっていました。滑らかに進む救いの歴史を形成し、人々に乗船するように招くような事柄ではなかったのです。

同じように、一世紀において「黙示的」という言葉が、イスラエルの歴史と伝統が廃棄され、何もない状態から新しい世界が造り出されるという考え方を示していると理解するなら、それはまったくの誤りです。『新約聖書と神の民』の第十章で論じたように、黙示的という言葉自体が、基本的に契約に基づいたものです。神が新しい天と新しい地を創造し、神の民をいのちへと回復するという、神からの契約の約束を、イスラエルが信じているからです。もちろん、「契約」のような概念に飛びつき、それがパウロの中に一貫して流れているとみなして、古いものと新しいものの間にある相反する思想の対立をぼやけさせることは、十分可能でしょう。しかし私が意味するパウロの契約神学は、それはもちろんパウロは意味したことだと考えますが、その中心には隠された計画が含まれていました。そしてその計画は、大いなるもの、劇的なものであり、だれも期待していなかった形で明らかにされるものでした。パウロによれば、福音は契約に対する神の真実を啓示しています（ギリシア語は「アポカルュプテタイ」）。繰り返しますが、誤ったアンチテーゼに気をつけなければなりません。

「パウロの福音、当時と現在」を扱う本章の冒頭で、私がパウロ神学の様式についての考察を含めたのは、パウロのような思想家に取り組もうとするときに、後代の人々が頭に思い描いた骨組みや型にパウロをはめ込むことができると考えてしまう危険に、常にさらされているからです。パウロを実際のところ歪曲して理解する伝統的な方法に、いつのまにか戻ってしまうことはよくあることです。時には、歪んでいるにもかかわらず、本当のパウロの姿がそこに多く残されていることもあるでしょう。けれども、パウロの実際の心を理解することはどれほど素晴らしいことでしょう。パウロが実際に述べていることが現在と将来に対して何を語るのかということを考察する冒険は、どれほど胸躍らせることでしょう。それこそが、今これから取り組もうとしていることです。三つの事柄を取り上げたいと思います。それぞれについては、すでに土台を据えています。その三つとは、「福音」、「義認」、そして「神」についての再定義です。

王を告げ知らせる

◆イエス・キリストが主であると宣言すること

パウロの福音を教会における説教の中心に戻さなければいけない、と私は思っています。これまで強調してきたとおり、福音とは人々をキリスト者にするための技術ではありませんし、組織神学の概念でもありません。もちろん、組織神学が大切であることは言うまでもありません。福音とは、イエスが主である――世界の主、宇宙の主、地球の主、オゾン層やクジラ、滝、樹木、カメなど、全被造物の主である――と告げ知らせることです。この点を正しく理解すれば、これまで、一方で「福音を伝えること」、他方で「社会活動」や「社会正義」と漫然と言われていたことの間で人々を分断してきたものを、一掃することができるのです。福音を宣べ伝えるとは、イエスが世界の主であると告げ知らせることです。もしも私たちが息を吸うたびに自己矛盾に陥ろうとしていないのであれば、イエスの支配が世界の隅々まで及ぶよう、この方を告げ知らせるでしょう。数年前に取り沙汰されたスローガンがありました。「もしもイエスがすべてのものの主でないなら、イエスは主ではまったくない」というものです。この言葉は、個人の敬虔や献身にも当てはまります。宇宙大に広がるイエスの支配からいっても、これは真実であり重要です。

もちろんパウロにとってそうであったように、このことは、十字架にかかり復活したイエスの主権のもとで批判されない存在やいのちの領域など、人間の生活を含めて存在しないことを意味します。イエスへの忠誠を免除される領域はないのです。ある人々は、イエスがメシアであることをパウロの福音の中心に据えることを敬遠してきましたが、そこにはある暗黙の了解があったからです。もしもイエスの王権が行き過ぎたユダヤ思想であるとみなされてしまったなら――そのユダヤ教がパウロや初代教会を生み出したのですが――キリスト教は、啓蒙主義の望むものに簡単に変わってしまう、というものです。啓蒙主義が望むものは、この世界と関わりを持たない、あくまでも個人の敬虔の領域のことです。けれども、ルカが「使徒の働き」の中で描いていることは、少なくともこの点では妥当です。私はこう問いたいと思います。カエサルの要求に対して「イエスという別の王がいる」（使徒一七・七）とパウロが告げているなら、福音の説教者たちは今何をすべきなのか、と。

何よりも、説教者たちはパウロに倣う必要があります。すなわち、「あなたがたの時は終わり、イエスご自身に忠誠を尽くさなければならない」という知らせをもって、この世の権力に立ち向かうことです。それは、「イエスを自分の人生の主として認める必要がある」と、政治家や陰の実力者一人ひとりに告げるようなことではありません。もちろん、それも大切なことではあります。パウロに倣うとは、まったく異なる生き方があることを、イエスの名によって語ることです。自己犠牲的な愛を示し、正義や誠実さを重んじて、争いがほとんどなくても人々を分断へと追いやってしまう従来の障壁を打ち破る道を語ることです。もちろん、教会がその姿を通して語らなければ、何の意味もありません。このメッセージは、単なる教義やお話というものではなく、しるしと実践をもって示されるときに、もっとも力強いものとなるのです。よく言われるような「宗教に政治を持ち込む」ということではありません。全世界をキリストの支配のもとに持ってくることなのです。福音のメッセージは、それ以外の選択肢を残してはならないのです。

具体例を挙げましょう。後期近代《レイト・モダニティ》の偉大な預言者はもちろん、マルクスであり、フロイトであり、ニーチェです。パウロの福音は、これらの人たちにとって大きな主題であった富、性、権力について何と言うのでしょうか。

まず、イエスが全世界の主であるなら、大いなる神マモン〔訳注＝富〕は主ではありません。パウロの福音を説教することは、私たちの社会におけるマモンの力に挑戦することになるでしょう。マモンの大祭司としての役割を担う人々、マモンの神殿で礼拝するように私たちを誘う人々に、「イエスという別の王がいる」ことを気づかせることになるでしょう。T・S・エリオットは五十年前、近代西洋社会が実際は他ならぬ複利の原則に基づいているのかと問いました。これは私には、今日、より緊急性の高い問いのように思えます。かつて借金は卑しむべきもの、恥ずべきものと考えられていました。けれども現在、私たちの社会では、借金はきらびやかで、魅惑的なものとさえなっています。マスターカードを所有すれば、「あなたは全世界を自分の手に入れたのだ」、あるいはVISAカードで「世界を動かすことができる」という広告がされています。両方ともマモンを求めています。理論的にはイエスの主張と真っ向から対立します。実際のところ、そこにごまかしがあるのは明らかです。ところが何百万もの人がクレジットカードを信じており、カードで生活しています。世界レベルで考えると、借金は非常に深刻な問題です。ごく少数の人にとって借金は何百万という利益を生み出しますが、ほとんどの人々にとっては悲劇しか生み出しません。近年、幾人かの教会指導者たちが、紀元二〇〇〇年にヨベルの年を宣言するプロジェクトへの賛同と支援を呼びかけています。

ヨベルの年には借金が取り消され、すべての人が一からやり直すことができるというものです。当然そのような計画自体に、とても大きな問題があります。けれども、最も深刻な問題は、権力の立場にある人々の私利私欲です。どうして教会全体が協力し、十字架にかかり復活したイエスの福音の説教を語り、マモンという偶像が何ものであるのかを明らかにし、キリストにある神の愛をマモンの座に据えないのでしょうか。

同じように、イエスが全世界の主であるなら、女神アフロディテ、エロティックな愛の女神もまた主ではありません。パウロは、訪れたあらゆる異教都市の路上でこの女神と対峙しました。もしパウロが今日の西洋世界に来たとしても、まったく同じことをするでしょう。アフロディテは、何百万という人々を強大な力で捕らえ、至福の喜びを約束しながら、混乱と悲劇をもたらしています。これに対してはイエスの名によって戦いを挑むべきです。

性について二つの間違った考え方がありますが、教会は多くの場合、その一方を使って性のことを教えようとしています。教会が教える性は古い二元論によるもので、それが神から人間に与えられた素晴らしい賜物ではなく、無視し、否定し、抑圧しなければならないものであるとします。時として、パウロがこのような見解を持っていると非難されることがあります。けれども、これは嘆かわしい中傷です。今日、多くの思慮深いキリスト者は、こうした二元論とそれがもたらす問題点に気づいています。そんな気づきも残念なことに、神から与えられた本能を否定したり抑圧したりするのはもってのほかであるという考えのもと、多くのキリスト者をアフロディテへの屈服へと導いてきました。二元論への恐れは、半異教主義や隠れ異教主義へと導きます。そして、アフロディテが要求したり提示したりするものはどんなことであれ、それに直ちに服従し、人間の基本的権利の問題として考えることを求めるのです。そのようなものは、「福音」が個人の宗教的経験への招きにまで矮小化された世界の中でしか力を持たず、十字架にかかり復活したメシアに従うように招くものではありません。パウロの福音は二元論と異教の両方を否定します。彼の福音は、まことの王に忠誠を誓い、また時として死と再生という痛みを通りながらも、純粋な自己犠牲の愛がどういうものであるかを再発見するように、人々を招くのです。

富と性の問題に続いて、権力について考えます。第八章で述べたように、パウロの福音の本質をとらえるうえで、「支配と権力」というテーマはどちらでもよい問題ではなく、物事の本質に関わる事柄です。教会の歴史は二千年に及ぶにもかかわらず、私たちの住んでいる世界では、ほとんどの人たちが、「権力」には実際のところ逆らうことができないと考えています。西洋世界の民主主義は、少なくともこの二世紀にわたって、全体主義と無政府主義という恐るべき体制の中間に位置する安定した状態を示してきました。この体制がこれからも継続していくのか。それは、イエスが世界のまことの主であり、この世とまったく別の類の権力、文字どおり力強くて、弱さのうちに全うされる力があることを、教会が宣言できるかどうかにかかっている、と私は思います。

もちろん、私たちの日常生活のレベルでは、権力をひっくり返そうなどという提案は、愚かで、取るに足りないことだと思われます。なぜなら、それはただただ恐ろしいことだからでしょう。そして何よりも、他の人々と同じように教会がパウロの福音を真剣に受け取っていないために、当時と現在にまたがっている神の目的の中で、行政官と裁判官という立場についてパウロが行った信仰的な再定義を看過してしまったからなのです。ローマ人への手紙一三章は、大きな政府や弱いものいじめをする政府に許可証を与えるために書かれたのでは決してありません。反対に、この世界の権力を、そのあるべき地位、すべての主である方に対して責任ある立場に位置づけています。玄関のドアに鍵が必要なように、大いなる悪が未だに存在するこの世界には、司法制度が必要です。けれどもその司法も、自分たちよりも高位のものに対して責任があると考えなければなりません。もし司法がイエスに啓示された神に対して責任を負うなら、その権力を行使する方法と目的に関して、自らが従うべき特別な基準を持つようになるでしょう。

以上のようなことが、イエス・キリストが世界の主であると告げ知らせることに、多少なりとも含まれていると思います。パウロがイエスについて述べたことが正しいなら、パウロに聴くキリスト者でありたいと願う二〇世紀後半の人々は、こうした問題について緊急の案件として取り組まなければならないのです。

最後に、パウロの福音が今日の問題についてどんなことを語っているのかについて、先に述べたことをもう一度記したいと思います。福音は本来、「宗教的な経験」ではなく、王への忠誠を生み出します。私たちがイエスの支配を本当に告げ知らせるなら、この福音にしたがって、唯一まことの神がイエス・キリストにあって罪と死、咎、恥を解決し、今、全世界のすべての人に対して、自分たちを虜にしている偶像から離れて、キリストのうちにある新しいいのち、新しい生き方へと招いていることをはっきりと示すことができます。福音は、宗教的な新しい生き方を提供しているだけにとどまりません。ある種の自己完結タイプの宗教経験を与えるだけのものではありません。気が向いたら、試着して購入しようというような、選択の余地があるものとは異なります。福音とは、王を告げ知らせることです。古代世界で、「カエサル・ティベリウスが皇帝に即位しました。よかったら彼のことを認めてください」と告げるような王の使者などいなかったでしょう。福音は、究極的には自己完結する新しい生き方を提示します。けれども、まず十字架を提示します。イエスの十字架です。それは、よみがえった主がその追従者たちに与える十字架です。ですから福音はイエスを告げ知らせることであり、それ自体新しい経験を提示するわけではありません。イエスへの忠誠から生まれた新しい経験はどんなものでも、新しい経験に変わりありません。イエスの招きに裏づけられた経験、それは十字架を負う経験なのです。

「福音」は「義認」へと導きます。それでは、この中心的教理は今日どのような新鮮な意味を持っているのでしょうか。

義認　当時と現在

◆義認と共同体

福音は個々のキリスト者ではなく、共同体を生み出します。これまでの伝統的な意味での義認を神学の中心に据えているなら、ある種の個人主義を維持するという危険にさらされるでしょう。アウグスティヌスの時代やルターの時代でも、これはそれほどたいした問題ではありませんでした。その当時の社会自体が今日よりもはるかに統合されていたからです。けれども啓蒙主義的な近代《モダニズム》や今日のポストモダンの時代では、個人主義があらゆるところに浸透しています。それを象徴するものが携帯オーディオプレーヤーであり、さまざまな個人仕様の物です。悲しいことに、「福音」として提示されるはずのものが、個人主義を受け入れてしまいました。人は終始個人として義とされ救われると暗に語っているのです。パウロの福音は、決してそのようなものではありません。そして、そこから生まれた義認の教理もそうではないのです。もちろんすべての人は一人ひとり、福音に個人的に応答するよう招かれています。だれもそのことを否定しません。けれども「単一の」キリスト者というようなものは存在しないのです。パウロの福音は共同体を生み出すからです。そして、義認の教理はそれを支えています。私たちの教理もまさしくそうあるべきです。

◆エキュメニカルな働き

パウロの信仰義認の教理は、今日の分断した教会を、エキュメニカルな働きへと向かわせます。イエスを信じる人はみないっしょに食事をする（ガラテヤ二章）と宣言しているはずの教理が、義認についての理解が異なる人と同じ食卓に着けないというなら、それはどう考えてもおかしなことです。カトリックとプロテスタントが合意に達することのできる教理は義認の教理であり、それはエキュメニカルなたゆまぬ働きの実であるということにとどまりません。実は義認の教理そのものがエキュメニカルな教理なのです。文化的な拘束の中にあってすぐにグループ化してしまう狭量な教会を叱責し、イエスを信じる者はみな一つの家族であると宣言する教理だからです。もちろん、困難はまだまだあるでしょうし、教理的な議論も続くでしょう。しかし、キリスト者がガラテヤ人への手紙二章（ローマ人への手紙一四〜一五章、エペソ人への手紙一〜三章などは言うまでもありませんが）のメッセージを理解して、ようやくパウロ神学の野球場で一塁ベースにたどり着いたところでしょう。義認の教理は、まさに偉大なエキュメニカルな教理なのです。

ガラテヤ人への手紙二章は、パウロ書簡の中でも最初に義認についてしっかりとした解説をしている箇所です。この章で取り上げられた問題の核心は、食卓に座って、いっしょに食事をすることが許されているキリスト者はだれか、ということです。パウロによれば、ユダヤ人キリスト者は異邦人キリスト者といっしょに食事ができるのかという問いでした。宗教改革の伝統の中にあるキリスト者、対抗宗教改革の伝統の中にあるキリスト者双方が、「義認」の教理を神学論争の中心に据えることで、また、救いを獲得するためのシステムであると理解することで、自らと教会に深刻な害を加えてきました。そして義認の教理を真逆のものに変えてしまったのです。義認は、イエス・キリストを信じるすべての人が、文化や人種の違いがあっても、同じ食卓に着くことを宣言します（私たちは正直に向き合いましょう。教派教団の違い、同じ教派教団内での違いは詰まるところ、教理というよりも文化の問題であることに）。重要なのはイエスを信じることなのであって、義認の教理についての細かな合意が聖餐の交わりを決定づけるのではありません。もしキリスト者がこのことを正しく理解するなら、自分が福音を信じているだけでなく、福音を実践するようになるでしょう。それこそが福音を伝えるための最善の土台を築くことなのです。

◆教理を知らなくても義とされる

これから述べることは、私たちを励まし、自由をもたらしてくれます。私がこの主張と初めて出会ったのは、偉大な国教会の神学者リチャード・フッカーの著作においてです。そのことのゆえに、いつも感謝しています。「人は、信仰によって義とされるという義認の教理を信じる信仰によって義とされるわけではない。」人はイエスへの信仰によって義とされるのです。つまり、はっきりとしているのは、信仰によって義とされるということを知らなくても、多くの人は信仰によって義とされるのです。ガラテヤの教会のキリスト者は、そのことを理解していなかったし、自分たちは割礼を受けなければならないと考えていました。それにもかかわらず、実際には、信仰によって義とされていたのです。フッカーが述べているように、宗教改革以前の多くの人々も、実際、信仰によって義とされていました。たとえ信仰義認の教理について知らなくても、あるいはそれを信じていなくても、確証がなくても、こうした空白を他の方法で埋めようとしていたとしても、とにかくイエスを信じたからです。今日、多くのキリスト者がこの教理の細かな点についてしっかりと理解していないかもしれません。しかし、しっかりと理解していなくても、イエスにしっかりと繋がっていれば、パウロの教えによれば、信仰によって義とされているのです。彼らは神の家族のメンバーであり、そのように扱われなければなりません。もちろん私は、義認の教理が大切ではないとか、不必要な教えであるとか言っているのではありません。それはとんでもないことです。教会が義認の教理を正しく理解せず、また教えないなら、教会は必ず問題に直面するでしょう。義認の教理は、教理自体を指し示しているわけではありません。この教理が指し示しているのは、イエスを信じることです。イエスが主であり、神がイエスを死者の中からよみがえらせたことが大切なのです。

◆義認と聖《ホーリネス》

私がこれまで述べてきた方法で福音と義認の教理を理解するなら、「信仰義認」と、キリスト者が聖《ホーリネス》なる者とならなければならないということとが、神学的にも実際的にも衝突することはありません。何世紀にもわたって敬虔なキリスト者は、絶えず存在するペラギウス主義の危険性、自らが道徳的な誇りを持つことの危険性を知っていました。そしてどのように、またなぜ道徳的であるべきなのか、思いと言葉と行いにおいて聖であるとはどういうことなのかについて明確に語ることに困難を覚えてきたのです。時には、道徳的な要求のレベルを下げてはいけないという熱心さから、実際にペラギウス主義に陥ってしまいました。またある時には、とりわけ今日そうなのですが、信仰義認の教理を中途半端に理解して、反道徳主義を支えました。反道徳主義は教会内にも起こっていますが、もともと世俗文化にではなく、とりわけポストモダニズムの中にあるものです。

しかし、これはまったくおかしな話です。パウロの義認の教理は、イエスは主であると宣言する福音に基づくものです。このイエスに忠誠を尽くすとは、全人格的です。パウロを理解するのに欠かせない言葉の一つが「信仰の従順」です。信仰と従順は対極に置かれるものではありません。二つはまったく同類のものです。「信仰」という言葉はしばしば「忠実さ」と訳すことができますが、それは、このことの正しさを証明しています。もちろん、こっそりと「行い」をもぐりこませて、福音や義認を損なうことは決してありません。私がここまで再整理してきたことを理解しなければ、そうした事態が起こるかもしれません。けれども、こうした能動的な意味を持つ信仰でさえ、人間の側から見るなら、神の家族に加えられるための資格や、家族であり続けるための資格とはなりません。信仰とは、神から与えられた賜物であり、神の家族のメンバーシップのしるし以外の何ものでもないのです。ただ恵みによって神の家族の信仰のメンバーであると自覚する人々の状態、それが聖《ホーリネス》なのです。

◆義認と権威

ですから、義認の教理論争における主要な論点の一つは、この教理をとにかく執拗に擁護しようとする人たちが一般に理解しているものとはかなり違います。パウロの信仰義認の教理は、イエス・キリストへの信仰以外のものによって神の民のメンバーシップの境界を定めようとするものと衝突します。とりわけ、人種や社会的地位、性別に基づいて神の前における立場を主張するものを排除します。イエス・キリストへの忠誠以外のもので教会のメンバーシップを定めようとするものは、偶像礼拝なのです。これこそが、パウロがアンティオキアやガラテヤなどで戦わなければならなかった問題でした。義認の論点は、エペソ人への手紙三章一〇節によくまとめられています。それは、教会が何を言わなければならないかではなく、教会がどのように行動し、どうあるべきか、ということです。「天にある支配と権威とに対して、教会を通して、神の豊かな知恵が示される」べきだ、とパウロは勧めています。教会は信仰共同体として生きており、そこにおいては、人種、社会的地位、性別などの壁は教会のメンバーシップや職務を保持するために意味がありません。その教会が、支配と権力は自分たちの時が終わりを迎えていること、人としての新しいあり方があることをはっきりと告げるのです。これこそが信仰義認の今日的な論点の主要なものの一つだ、と私は考えています。そしてこのことは、私たちにもっと大きな疑問を提示します。それは、パウロの書いた最も大いなる主題が、現在とどんな関係があるのかということです。

神と神の義の再定義

神概念そのものについての、パウロによる再定義は、今日の私たちとどんな関わりがあるのでしょうか。

三位一体論の今日的な問題と取り組むのは、本章、いや本書でさえその範囲を超えています。とはいえ、この問題が一九六〇年代の神学界では、話題にする価値もないと一笑に付されていたことを思えば、ここ数年、神学の分野で力強い貢献をしていることを、私は嬉しく思い、注目しています。けれども私はあらためて、「神」という言葉の意味は今日のキリスト教神学と説教の中心的課題の一つであるべきだ、と強く主張したいと思います。

本書の最初のほうで、ここ十年ぐらい西洋世界で起こった一つの大きな変化について述べました。パウロの生きた世界ではきわめて明白でしたが、「神」という言葉が多様な意味を持っていることを、人々が認識し始めてきたということです。人が自分は神を信じていないと言うときに、どの神を信じていないのかを尋ねることは理にかなっています。それとともに、人が神を信じていると言うときにも、同じ質問を、優しく、かつしっかりとしなければなりません。

英国の人々の多くが神を信じていながら、それと同じ数の人々が教会には出席していないという調査を聞いて、一昔前のジャーナリストは驚きの声を発しました。けれども、それは驚くような事態ではなかったのです。ほとんどの人が信じている「神」とは、はっきり言えば理神論の神です。それは、パウロの世界ではエピクロス派の神あるいは神々に相当します。こうした神的存在は、人間から距離を取り、遠く離れていて、人間などに関心を持ちません。自分たちの完全な至福の状態に満足していて、自らの手を汚して私たち人間の世界の世話をしたり、活動したりすることは決してありません。このような神の存在を信じている人たちが、たまにしか教会に行かないのは驚くことではありません。そんな神を求めて、朝起きて教会に行く意味などほとんどありません。パウロが福音を告げ知らせたとき、異教徒たちは驚きました。それは、唯一まことの神が存在し、その神は生きて働いており、人々に関心を持ち、一人ひとりを愛していて、全世界を再創造するために、歴史の中で、また人間の中で働いておられるという知らせだったからです。イエスの福音を私たちが告げ知らせる時に何よりも大切なことは、パウロと同じメッセージがその中に含められていることです。すなわち、いわゆる「キリスト教的」文化の中で端に追いやられ、見向きもされなかったが、まことの神が現実に存在すること、その神はナザレのイエスを通して、イエスの御霊によって明らかにされた、というメッセージです。

　この神は理神論が創り出すような神とはまったく違うので、人々は大きなショックを受けるでしょう。そしてこう言うでしょう。「神が熱い思いをもって、心から私たちを愛しているとはどういうことですか。人間を救うために、人となって来られた神とはどういうことですか。いかがわしく、非論理的で、いい加減な話ですね」と。もちろん、そのとおりです。もしも一八世紀の神の概念から出発しているなら、そのとおりです。私たちは、公の講演や説教の中で「神」という言葉を周知のこととして使うのをやめる必要があります。そして、神という言葉が指し示す真実が、イエスを中心にしてどのように定義され、明らかにされているのかを、この世界に再び提示するべきです。

このようにすることはもちろん、近年、次々に現れてくる偽りの神々と対峙することをも意味します。自然と同じように、神学も真空状態を忌み嫌います。歴史を振り返ると、理神論は無神論を生みました。神を家主と仮定します。すると神は私たちにとって不在家主となります。そして単なる不在者となるのです。けれども、こうした状態は不安定です。それで私たちがすぐに他の家主を探すと、いにしえの神的存在がそこに現れ、その地位を占めるようになります。このことはニューエイジ運動を見れば明らかです。その中のいくつかは新手の異教であることははっきりしています。ユダヤ教の唯一神論が、二元論、異教、エピクロス主義、ストア主義の前に立ちはだかったように、そのユダヤ教の唯一神論を受け継いだキリスト者は、他のあらゆる神学なるものに立ち向かわなければならないのです。パウロが説教の中でそうしたように、です。

ニューエイジが最も入り込んできたのはどこでしょうか。それは、広く浸透している二元論が忍び込むことを、教会が許してしまったところです。二元論は、神を遠く離れた場所に追いやり、（人間個々の創造物の一片、すなわち人間のからだを含めた）被造物に消極的な態度を教会にもたらしました。ニューエイジはこれに対して突然、心躍らせるような逆転劇をもたらしました。私たち自身を含む被造物が神的存在であるというのです。パウロの福音は真の現実を提示し、こうした考え方がそのパロディにすぎないことを明らかにします。被造物は神ではありません。けれども神は、ご自身の美を反映するように被造物を創造し、究極的には、ご自分の子どもたちの栄光の自由の中に入れてくださいます〔訳注＝ローマ八・二一〕。人間は神ではありません。神のかたちを反映し、神の霊に満たされるように造られたのです。

もちろん、こうした問題に取り組むのは、ただ正しい答えを得るためではありません。神学とは、人々の生き方、世界の体系化、互いの接し方を決定づけるものなのです。ここ数年、世間では理神論的な文化の中で、「神学」という言葉は、意味のない理論を表す侮蔑語となりました。私たちがパウロの福音を携えて、「優位な立場」を主張し、イエスと御霊にあって知らされた唯一まことの神について語るなら、神学の用語が、人生、文化、愛、芸術、政治、さらには宗教とどれほど密接に、また本質的に関わっているかを示す必要があります。このことは学術の世界にもチャレンジを与えます。神学研究が本質的にあらゆる学問分野と結びついていることを示すという新しい手法によってです（もちろんその前に、そのような研究にこそ時間を費やす価値があり、面倒な書類作成や調査の時間をもっと短縮してくれるよう、大学の財務に理解を求めなければなりません。それには、研究者はヨブのような忍耐を求められ、支配と権力に立ち向かう勇気をもち、常識とは異なる生き方があり、それを真剣に受けとめるべきであるというメッセージを伝える必要があります）。

繰り返しますが、パウロによる神の再定義は、神の義の再定義を含んでいます。このことについて十分に説明するスペースはありませんが、この主題はローマ人への手紙で展開され、八章で一つのクライマックスに達します。そこでは、ある日、全宇宙が大いなる出エジプトを経験するとの希望、つまり滅びの束縛から解放されるという希望について、パウロは喜びをもってその概要を述べています。その論点は、神とイスラエルの間で結ばれた契約は、神が全世界を救うための手段として意図したものである、というものです。神は、小さな一団を起こして救い、その他の人々を地獄に堕とす（それがどんな意味であろうと）ために契約を結ばれたのでは決してありません。ですから、神がイエス・キリストの死と復活において、また御霊の働きにおいて契約に忠実であるのに、神の究極の目的が、救われるもう一つの、ただの別個にすぎない小さな一団を起こし、この世は宇宙のゴミとして処分することであるなどと想像するのは、パウロの福音をまったく無意味なものにすることです。このことを記したローマ人への手紙八章の中央部やコリント人への手紙第一、一五章の中央部が、釈義的に、また神学的に研究がほとんどなされていないのは、決して小さなことではありません。とりわけプロテスタントの釈義は、これらの箇所をどう扱ってよいかよくわかっていないようです。

さらに私たちは正義の問題を、神の義と呼ばれるテーマの中でじっくりと考えなければなりません。この問題は、将来において、また今日期待されている世界に対する神の正義です。ディカイオスネーという言葉は、「義」と同様に「正義」とも訳されるからです。神がキリストを通して、御霊によって全宇宙を新しくしようとしておられるなら、そして、パウロがローマ人への手紙八章やコリント人への手紙第一、一五章で意味のないことを言っているのでなければ、現在におけるキリスト者の聖《ホーリネス》は、それがたとえ将来における復活のいのちの前味として不完全で、一時的で、理解しがたいものであっても、妥当と言えるものです。それと同じように、現在における正義と赦し、平和の行動もまた、神の最終的なご計画の前味として不完全で、一時的で、理解しがたいものであっても、妥当と言えるのです。こうしたことは、意味のないことではありません。昔の風刺「崖の上を走ろうとする車に油を注入する」ということではありません。苦難の中でうめき、約束された解放を待ち望んでいる世界に対する希望のしるしなのです。

私たちが神の義について、その究極的目的を探るなら、（すでに見たように）神の愛が明らかとなります。それは、ご自分が造られた宇宙への創造者の愛です。そして、その宇宙を汚し、歪める権力に打ち勝ったキリストを通して、これを再び造り直そうとされる神の意志です。神は、水が海を覆うように、地がご自分の栄光で満たされるまで、被造物にご自身の愛を注ぎたいと考えておられます。もしも福音が神の義を明らかにするなら、そして、もしも教会がその福音を告げ知らせるように命じられ、その権威を与えられているなら、――釈義的に、神学的にどんな理由をつけたとしても――このヴィジョンの完成以下のもので満足することができないはずです。それゆえ、不義や抑圧、暴力が神の世界に忍び寄っていながら、教会は満足などできないのです。キリスト者は、小さな被造物の端くれ、つまり自分のからだをもって、キリストにある神の癒しの愛に従うように命じられています。キリスト者は、将来において神が私たちに意図しておられることの光の中で、現在を生きるよう求められています。それが聖《ホーリネス》のすべてです。同じことを被造物全体に適用できないはずがあるでしょうか。

結論

歴史批評に基づく釈義研究と神学的な分析方法によって新たな発見があるパウロ神学は今なお、教会で語られる説教と教会生活に欠かせないものです。私は、パウロがポストモダニティをどう語るのかということについては扱おうとしませんでした。けれども、パウロが、たくましいキリスト者としての品位をもって、問題に立ち向かうことができるよう助けてくれると思っています。その品位とは、ここ数年来人々が聞いている不安や不満とはまったく異質なものです。真理、現実、自己、創造者と宇宙の物語《ストーリー》、契約の神と契約の民に対するパウロの考え方は、真理と現実を瓦解させ、自己を不安定化させて中心から端に追いやろうとし、あらゆるメタ・ナラティヴ〔訳注＝歴史や経験に意味づけを与える絶対的な概念や物語〕を破壊しようとするポストモダニティの試みに対する真実の答えであると言うことができます。別の表現をするなら、パウロの福音と、そこから当然のごとく生まれてきた義認の教理は、今日の世界と教会に対して、パウロの生きていた時代と同じことをする力を有していると言えるのです。

もちろんそれは、パウロを真似るという危険を冒すように求めることになるでしょう。

人間的に言えば、賢い愚か者、強い弱者、失敗者となるということです。もしもキリスト者が福音を説教しようとするなら、福音に生きることが必ず期待されます。そのことが、私たちが再発見しなければならないメッセージに含まれています。福音の真理は、概念にだけではなく、象徴《シンボル》と物語《ストーリー》と実践《プラクシス》にもあるからです。パウロ自身述べているように、神の国は言葉にはなく、力にあるのです〔訳注＝Ⅰコリント四・二〇〕。これまで聖パウロが何を語ったかを再述してきましたが、こういった種類の実践は、本物を指し示すものであると思い起こすことが大切です。きょうも明日も、パウロの時代と同じように、神の福音は、分析され、理解され、それを知的なポケットに収めて、満足して家に帰るというようなものではありません。福音の真理は、致命傷をもたらすような妥協をしてはならないのです。イエスが肉体をとられたように、福音は血となり肉とならなければなりません。準備の整っていない世界において、イエス・キリストによって、おいが取りのけられたなら、繰り返し取りのけられなければなりません〔訳注＝Ⅱコリント三・一六〕。それは、イエス・キリストを信じる人々が御霊によって生き、言葉と生活において、福音をこの世界に告げ知らせることを通してなされるのです。

第十章　パウロ、イエスそしてキリスト教の起源

私たちは今、細部にわたるパウロ研究で残された問題に取り組もうとしています。パウロは、本当に「キリスト教の創始者」だったのでしょうか。つまり彼は、私たちの知っているキリスト教を創作し、ナザレのイエスの考えていたことや使命としていたことを、イエスご自身が決して認めないようなシステムや運動に変えてしまったのでしょうか。あらゆる難題、矛盾、栄光と不名誉も含めて二千年のキリスト教の歩みは、パウロに負っているのでしょうか。

専門的あるいは一般のレベルでも、この点について論じる著作家は多く、その中でも一般読者に強く訴える一冊の書籍が最近出版されました。この最後の章では、主たる対話の相手として、その本を選びます。A・N・ウィルソンは多くの小説や伝記を執筆してきましたが、最近、『パウロ――使徒の思想』（*Paul: The Mind of the Apostle*）[1]という本を出版しました〔訳注＝この本は本書の原著が出版される直前に出版されました〕。この本は学

問的で機知に富み、興味深い内容です。パウロが伝道旅行で訪れた場所やその地域の特色が描かれ、パウロを動かしたものが何だったのかなど、私たちをひきつける論が多く記されています。他の人と同じように、ウィルソンがパウロに魅了されているのは明らかです。けれどもウィルソンは、パウロの著作は最終的に「理解できない」ものだと結論づけています。パウロ書簡は「自己矛盾によって破壊され、相反する二つの方向に引っ張られている人間の視点から書かれている」（五六頁以下）。パウロは「不安定で、ニーチェのような哲学思想を持つ人物だった」（二二二頁以下）。「人間の状態について、見事なまでに葛藤した見解」（二二二頁）を持っていて、自分自身を「極端に世離れした、孤独な立場に置いた」（二二四頁）としています。

ウィルソンによれば、パウロにとって「キリストとは、歴史的に実在したイエスとはほとんど無関係の存在だった。イエスの史実性は、パウロが黙示的思想を持ったときから、重要なものではなくなった」（七三頁）。「キリスト」という言葉は、理想、宗教的な内面性を表すもの、「人の心の最高の憧れ、あるいは憧れとなり得るもの」（二二一頁）だったのです。パウロにとってのキリストは、「記憶にとどめられた人物［エルサレムのクリスチャンたちから］ではなく（もちろん、イエスはそうであったにもかかわらず）、信仰者の心の中にある神の愛という存在なのだ」（二〇七頁）。ウィルソンによれば、これは大きな不幸ということではありませんでした。というのはパウロ神学は、ナザレ出身の男のことをほとんど扱っていないかもしれないからです。そうではなくパウロは、その時代的な制約のある地域や政治的メッセージを、普遍的な、心の宗教へと変えたというのです（二三三頁）。「イエスの語った言葉は私たちにショックを与える。しかしそれらは、私たちの生き方の基盤となる、しっかりとした枠組みを示してはいない。その一方で、パウロの宗教は荒っぽくて、熱狂的、雑然としているが、そこには……普遍的な訴求力を持って一つの宗教を創り出すものがある」（二三九頁）。これが、私たちの認識するキリスト教の始まりのようです。パウロに追従する異邦人にとって、「キリストという言葉は、『イスラエルの油注がれたユダヤ人の救い主』という意味ではなく、心の中で認識する神、隠された救い主、イエスと呼ばれる『聖体』であった」（二三二頁）。このようにして、ウィルソンはそれでも何とかしてイエスとの連続性を組み立て直そうとしています。ただしそれは、非常に抽象的な概念の世界においてです。「ペテロの追従者やパレスチナ人は、記憶にとどめられたイエスに執着している。その一方でパウロは、イエス自身の持っていた天に対する認識を、普遍的な信条としたのだ。つまり、おのおのが神を父として頼り、愛の応答をもって答えることができると確信した」（二三九頁）。

それでは、どこでパウロはこの新しい宗教を手に入れたのか。本書の第二章でキリスト者になる前のパウロの歩みについて解説しましたが、ウィルソンはシャンマイ派パリサイ人サウロに一度も目を向けていません。その代わりに、非常に興味深い新しいパウロ像を創作しました。サウロがタルソの異教宗教のただ中で成長し、特にミトラ教の儀式やヘラクレス崇拝に精通していたとの仮説を立てます。そしてエルサレムへ行き、祭司長に雇われて、神殿の奉仕者となったというのです。その立場にあったときに、パウロは確かにイエス自身と会い、実際にその話を聞いた。そこでイエスの十字架刑のことを聞き、おそらくはそれに立ち会ったであろう、と。もしかするとパウロはイエスの逮捕の手伝いをしたかもしれない。彼はローマの協力者だったというわけです。

ウィルソンは自分の考えをまとめるにあたって、パウロの思想と想像力を、異教的礼拝から受け継がれたカテゴリーに取り込んでしまいました。ミトラ教の信奉者は、ささげ物の雄牛の血を浴びて、「犠牲から血が流れ落ちるとき、そこから力、つまり神の力を得た。そして地の深みに長い間葬られ、いま明らかにされる密儀を受けた」。それから年を経て、「十字架はパウロの強迫的な宗教における注目の的となり」、「彼はこれを神話化させ、それに意味づけをしようと試みた」（六〇頁）。パウロはミトラ教の思想と十字架にかかったイエスの思想とを一つにまとめ、後者に自分自身を重ね合わせたというのです。「ローマ化したユダヤ人の思想の中で、苦悩するパリサイ人、神殿の守衛、ローマ軍従属の天幕づくりだったのがパウロであり、十字架という拷問手段に釘づけされたのもパウロであり、死んで、よみがえったのもパウロだった」（六〇頁。また七一、七七頁以下、一二二頁を参照）。ミトラ教儀式は、パウロによるキリスト教の聖餐式の基盤となった。ウィルソンは聖餐式を、歴史的なイエスとは関係のない、まったく新しく作られたものとして貶めながら、意外にも大きな影響のある文化的現象として評価しています（一六五〜一六八頁）。また同時に、半神半人のヘラクレスの概念を、死んでよみがえったイエスのモデルとしてパウロは借りてきたと言います（七一、一二五八頁）。

パウロ自身の宗教経験は「入会者を獲得した密儀宗教の熱狂的信者のそれに匹敵する」（七六頁）とし、パウロの有名な詩（Iコリント一三章）の最後にある「ぼんやりと鏡に映るものを見ています」というイメージは、異教徒から回心した人々に心地よさを感じさせたに違いない（一七三頁以下）と言います。つまりパウロは、イエスの十字架という事実を新たな密儀宗教の基礎に変え、こうしてイエスを神話化した。パウロは、「古い宗教の神話的な意味を引き出すことができた。……そして、パレスチナのユダヤ教という限られたものよりもはるかに大きな広がりを持つ神話をつくりあげたのである」（七二頁）。

ウィルソンによれば、パウロが説教者、宣教師になった時点で、その視野の中心には、こうした神話的な構想と、他の人々にこれを共有させるという差し迫った必要が占めていました。そしてこれと同時に、別の緊急の必要もありました。それは、世界の終わりが来る前に果たさなければならない働きでした。その終わりの時は、すべての初期キリスト者が目前のことと信じていたものでした（九三、一〇八、一四一頁など）。やがて到来するこの終わりは「パウロの信仰の中でも最も基本的なもの」でした（一七七頁）。ウィルソンは、パウロが常に、終わりの時、パルーシア、イエスの再臨がいつ来てもおかしくないと意識しており、また神の御手を動かそうとしてエルサレムに向かっていると見ています。メシア預言は、パウロを通して、彼の働きを通して実現すべきものである、と考えます（二一二頁）。パウロにとって「復活」とは、ついこの間イエスの身に起こった出来事ではなく、パウロをはじめすべての人に間もなく起こることであり、彼の行動すべてを特徴づける希望である、と。けれどもパウロが実際にエルサレムに到着し、暴動の後に逮捕されたときに、自分の黙示思想が間違っているのではないかと疑い始めます（二一二頁）。再臨は、自分が思っていたようには実現しなかったのです（二〇七、二一八頁）。（ここにはある種の緊張関係があります。というのは、ローマ人への手紙を書いたとき、すなわちエルサレムへの最後の旅の前に、パウロは自分のスペインへの伝道旅行の結果として、世界の終わりが来ると思っていたからです。）　それでパウロは、これまでにないぐらい混乱し苦悩したメッセージを携えてローマに行きます。そこでパウロがどうなったかを私たちは知りませんが、彼が残したものが確かにあります。イエスではなく、他のほかでもないパウロこそが「キリスト教の創始者」である、というのです（二五八頁）。

ウィルソンの描いたパウロ像の問題点

ウィルソンのパウロ像は、すべての点が賛同できないというわけではありませんが、過度に色づけされていて、面白さにおいて事欠きません。それで読者には多くの疑問が生じ、パウロを再読し、彼は何を語り、なぜそう語ったのか考えたいという思いが起こってくるでしょう。ウィルソンは、決して消してしまってはならない響きをパウロから聞き取っています。それは愛、個人的信仰であり、心と召しから生じて他の人々の心に伝わる信仰的情熱の響きです（その他のあらゆる種類の雑音があるにもかかわらず）。これらのことについて、私たちはウィルソンに感謝しなければなりません。彼の歴史的再構築は使徒パウロに三つの側面からいのちをもたらしています。たとえエルサレムの水がエリコから引かれたとしているように、ウィルソン自身が時として細かな点で混乱しているようであっても、です（四三頁）。彼は、近年のパウロ研究を多少なりとも意識しています。そしてさまざまな問題点についても両立させようと試みています。（たとえば）ユダヤ教は律法の行いによって義と認められるという宗教ではないというE・P・サンダースの立場と、パウロはユダヤ教に論争を挑み、「宗教」対立を引き起こしたとする立場があります。後者をサンダースは徹底的に攻撃したのですが、この両者をウィルソンは組み合わせようとしたのです（一九五、二〇九頁など）。

けれどもこれらはあまり重要ではありません。私たちは大切な事柄を扱わなければなりません。ウィルソンによるパウロ像には、取り上げなければならない深刻な問題がいくつかあるからです。

◆サウロの背景

まず初めに、タルソのサウロがローマの協力者であり、大祭司のしもべであったというのは、歴史的に考えられません。ウィルソンはこのことを使徒の働き九章一～二、一四、二一節、二六章一〇～一二節から憶測しています。そこでは、サウロがダマスコで迫害をする権威を祭司長から得ているからです。しかしこれは、当時の政治状況やその中で生きるさまざまな人たちのことを完全に誤解しています。シャンマイ派のパリサイ人は、すでに見たように強硬派で、ローマに協力することに反対し、革命運動まで熱烈に支持していました。それが、キリスト者になる前のタルソのサウロが持っていた「熱心」だったのです。

けれども、どの派のパリサイ人も迫害する公的権限を持ってはいませんでした。パリサイ派は一つの圧力団体ではありましたが、ユダヤ教を牛耳るグループではありませんでした。パリサイ派の人が議会のメンバーであれば、パリサイ人だからというのではなく、議会のメンバーであるがゆえに権限を与えられたのです。それで、新たな迷信が急速に広がり、律法の学びや神殿を重視することから人々を遠ざけているのを見て、熱心なタルソのサウロは苛立ち、宗教的にも怒りを覚え、そうした悪に対して暴力で応じようとしましたが、律法の範囲の中では方法がなかったのです。そのため、憎むべき売国奴である大祭司のところへ行き、キリスト者襲撃を承認する公的文書を手に入れたというわけです。大祭司はユダヤ教内の新しい宗教運動を憂慮していました。それは、律法や秩序を脅かし、ユダヤ教を破壊し、ローマ軍を招き入れてしまいます。ダマスコで起こっている事態を大祭司たちが些細なことと見ていたと考える理由はありません。特に熱心な超右翼パリサイ人であるサウロであれば、なおさらそうです。大祭司に雇われた、ローマの協力者などという考えを聞けば、ガラテヤ人への手紙一章やピリピ人への手紙三章を書いた人は腹を抱えて笑い続けるでしょう。

◆ユダヤ教とヘレニズム

ときどき語調が強くなっているものの（七二頁など）、ウィルソンの歴史的再構築全体の根底にあるのは、古い歴史宗教学派が抱えている最も深刻な欠点とも言えるものです。全体を通して、ウィルソンは、ユダヤ教を一地域の部族宗教と考える一方で、ヘレニズムは普遍的な哲学体系であると見ています。パウロはイエスのメッセージをユダヤ教からヘレニズムに翻訳したというのです。すべての人が加われるようになるためだ、と。こうして、二世紀の異端マルキオンしか真の意味でパウロを理解していなかった、いやマルキオンさえもパウロのことを誤解していた、と古くからある不毛な論をウィルソンは繰り返します。（マルキオンがキリスト教を非ユダヤ教的、反ユダヤ教的宗教として新たに考案した人物であることを思い起こしたいと思います。）これが半分は正しいために厄介なのです。ただし、もう半分は完全な間違いです。ウィルソンは、パウロがユダヤ教やユダヤ人キリスト者、そしてエルサレムを棄てたと繰り返し述べています。ウィルソンが読み進める物語《ストーリー》において、パウロが「パレスチナのユダヤ教を棄てた」（一三六頁）のは、パレスチナに住むユダヤ人キリスト者のために、異邦人教会から献金を集めるという非常に困難な仕事を進めていた時だったとまで述べています。

本書の初めのほうで見たように、パウロはかつての、またその当時のユダヤ教にとって基本的な事柄をとらえたのです。けれども皮肉なことに、ヘレニズムの流れにある「宗教」史家にとってそのような事柄を理解するのは困難です。もしもユダヤ教の唯一神が全世界の創造者であり、イスラエルをご自身の民として召すことが、全世界の問題に対処するためのものであるなら、世界はユダヤ教以外のメッセージを必要としないのです。世界は自分たちの問題にうんざりしていました。世界はユダヤ教のメッセージを必要としていたのです。それは、世界がこれまで礼拝していた偶像を唯一まことの神が打ち破り、その結果、全人類が閉じ込められていた牢獄の扉を開いたというメッセージでした。

このことは、ウィルソンが提唱するミトラやヘラクレスに関する想像力に富んだ理論を一蹴します。どんなに見積もっても、こんな理論はあり得ないのです。もちろんパウロは異教にも精通していました。コリント人への手紙第一、八章で「多くの神や、多くの主があるので」〔訳注＝五節〕と述べ、使徒の働き一七章でルカも、パウロがアテネでたくさんの偶像を目にして、元シャンマイ派の善良なユダヤ人として心に憤りを感じた、と記しています。第一章で見たように、パウロの宗教やその神学は、異教哲学や密儀宗教にその起源があるという説明が、さまざまに試みられてきました。パウロ研究者がみな実際に認めているように、そのすべては失敗に終わりました。ウィルソンが試みたことは、まったく無意味だったというのではありませんウィルソンはそもそも無理な説明をやろうとしただけだったのです。

◆十字架と復活

イエスの重要性に関して、パウロがどこからその思想を得たのかについての、ウィルソンの仮説は奇妙で、とても本当だとは思えません。これはもちろん、ウィルソンがイエスの死と復活の意味をまったく誤解し、それによって生じた真空状態を埋めるために作り出されたものです。第三章で見たように、十字架と復活は、奇妙かつ神秘的に説明されるものではありません。それは終末論的な成就だったのです。イスラエルに対する唯一まことの神の目的は、十字架と復活の出来事によって達成されました。この点こそ、ウィルソンの再構築の中で最も大きく欠落していたことなのです。そして、彼の研究全体を歪めることにもなりました。ちょうどフランスのことを忘れてヨーロッパの地図を描こうとするようなものです。フランスを忘れれば、他の国が間違った形となり、国境もおかしくなってしまいます。また、フランス抜きでヨーロッパ史をつくり直せば、見当違いな憶測に基づくものとなり、実際の歴史とはかけ離れたものとなるでしょう。

パウロにとって、イエスの復活は大いなる終末的出来事でした。ウィルソンは、その事実に触れることなくパウロの書物をどうにか書き通しました。結果として、ある箇所では、パウロには復活の思想がないとまで主張しています（二三六頁）。ウィルソンにとって、パウロの「復活」とは、実際に起こった出来事というよりも、一つの概念、信仰、将来の希望なのです。ウィルソンによるパウロは、「そして、キリストが復活されなかったのなら、私たちの宣教は実質のないものになり、あなたがたの信仰も実質のないものとなるのです。……そして、もしキリストがよみがえらなかったのなら、あなたがたの信仰はむなしく、あなたがたは今もなお、自分の罪の中にいるのです」（Ⅰコリント一五・一四、一七）と決して書けなかったでしょう。また、終末的出来事の順番の輪郭を描くことはなかったでしょう。終末的出来事は、メシアであるイエスの復活と支配をもって始まりました。すでに起こった事であり、すでに現実のものとして進んでいます（Ⅰコリント一五・二〇～二八）。パウロは終わりの時代、つまりメシアに関する預言が成就する前の混乱した時代に生きていただけではありません。彼は新たな時代、メシア預言が成就した直後の時代にも生きていたのです。「神の約束はことごとく、この方において『しかり』となりました」（Ⅰコリント二・二〇）とパウロは書いています。それは、パリサイ人として期待したものではありませんでした。けれども復活はパウロを、ある結論へと導きました。それは、「神の義」、すなわち、アブラハムから最後の贖いへと及ぶ契約の計画は、メシアの出来事、換言すれば、イエスの生涯、死と復活という出来事の中で明らかになったのです。

パウロは、イエスの復活という目に見える出来事を、ヘレニズム様式の神秘的な出来事に変えるようなことをしませんでした。復活を徹頭徹尾、ユダヤ人として理解したのです。そしてパウロが見いだしたことは、神がご自分の世界の問題を解決するのに中心となるのはイスラエルであり、創造者がイエスにあって、またイエスを通してなされたことは、全世界に対するものだったということでした。ウィルソンが提唱した怪しげなパウロ思想の起源の代わりに、パウロが取り組んだ論争にもう一度目を向けるべきです（私が第五章でその概要を示したとおりです）。パウロは、「すべてのはかりごとをとりこにしてキリストに従順させ」ています（Ⅱコリント一〇・五）。ヘレニズムから始めると、全体像が崩壊してしまいます。ユダヤ教から始めると、全体像を保つことができ、ヘレニズムとの類似性を含めて、あるべき場所に落ち着くのです。

イエスの十字架についてパウロが理解したことに関しても、同じことが言えます。密儀宗教の儀式と、パウロがイエスの死について語った事実とその意味との間に、不完全で誤解を招く類似点を設定することは、時計の針を戻すようなものです。そうした方法は、大きな専門書（たとえば、A・J・M・ウェダボーンの『洗礼と復活』〔*Baptism and Resurrection*〕）でも禁じられていることです。[2] とはいえ、それはウィルソンの誤り自体とは無関係です。ウィルソンは前掲書の五七頁で、ガラテヤ人への手紙三章一三〜一四節を取り上げ、「キリストは私たちのためにのろわれたものと（なった）」というパウロの主張は「非常に理解しにくい比喩表現の一つである」と述べ、十字架はユダヤ人の律法ではなく、ローマ法のゆえにのろわれたものだと説明します。注目すべきは、パウロがのろいを宣告されているユダヤ人の律法（申命二一・二三）を引用しているにもかかわらず、また、ウィルソン自身もそれを引用しているにもかかわらず、そのような主張をしている点です。それでもなおウィルソンは、「十字架のスキャンダルは……ローマにおけるスキャンダルである」（五八頁）と結論づけているのです。

この結論は、ユダヤ教の文脈とパウロがそれを改訂したことに対する誤解を浮き彫りにしています。十字架刑について、申命記ののろいのゆえに恐怖をもって語っているユダヤ教文書があります。けれども、ウィルソンの主張が注解者にとって確かに不可解なものでないにしても（どれくらいの数のガラテヤ人への手紙の注解書をウィルソンは実際に読んだのでしょうか）、パウロがガラテヤ人への手紙三章で扱っている問題は、アブラハムに対する約束がどうなっているかということです。その約束とは、アブラハムの家族が律法ののろいと向き合っているときに、神がアブラハムに世界に広がる家族を与えるというものです。これは完全にユダヤ人にとっての問いであり、パウロは完全にユダヤ人にとっての答えを出しています。これも注目すべきことですが、その答えは、神が全世界に手を差し伸べておられることについてであり、神ご自身が全世界に、とりわけガラテヤ教会のかつて異教徒だった人々にそのことを告げたということです。

　別の著作で詳述したように[3]、この答えは、神学にとって非常に重要なことですが、イエスは実のところユダヤ人のメシアであり、その生涯、死、復活にイスラエルの運命が集約され、完成されるというパウロの基本的な信仰に基づいています。イエスはイスラエルの運命を担いました。それはアブラハムに対する約束を含み、イスラエル、また全世界のために死の陰の谷を通り、のろいの場所を通るものでもありました。非キリスト教文書の中で、これに最も類似しているものは、ローマやギリシア文化の中ではなく、殉教者について記したユダヤ教文学の中にあります。手始めに、第二マカベア書七章三六～三八節、第四マカベア書六章二七～二九節、一七章二〇～二二節を調べるとよいでしょう。

パウロが熟考した十字架の神学は、自分の「福音」の他の要素と完全に統合されています。（ところで、どんなギリシア語辞典も、彼の推察のとおり〔一五〇頁〕パウロが「福音」という言葉を「作らなかった」ことと同様に、「愛」を表現するために「アガペー」という言葉を作り出した〔八四頁〕ことをウィルソンに教えてくれるでしょう。）十字架とは、唯一まことの神が旧約聖書の預言にしたがって、「支配と権力」を打ち破った瞬間だったのです。それゆえこのとき、罪と死が打ち破られたのです。「キリストは、聖書の示すとおりに、私たちの罪のために死なれ」ました〔訳注＝Ⅰコリント一五・三〕。具体的に言うと、ユダヤ人と異邦人両者に敵対する罪が、一人の忠実なイスラエル人であるメシアによって、適切に解決されたのです。この方にイスラエルの召しと運命（これが世界を救う手段となります）は集約され、実現しました（ローマ三・二一～二六）。十字架は、神が罪を処罰された瞬間だったのです（ローマ八・三）。ウィルソンの考えるプロセスでは、実のところ、こうした一連の思考を生み出すことは到底できませんし、まして維持するなど不可能です。歴史的に、釈義的に、また神学的に見ても、ユダヤ人パウロはユダヤ人として、一方でユダヤ人の聖書〔訳注＝旧約聖書〕をもとに、他方でイエスの復活の光のもとで思索し、イエスがユダヤ人のメシアであり、この方にあってすべての約束が実現したのだと主張したと考えるほうがはるかに容易なのです。

さらに、この主張が真理であるとともに、全世界と、とりわけ異邦人世界と深く結びついているとパウロがすぐに考えるようになったことも想像に難くありません。その異邦人世界は、創造者が全被造物に対して深くて情熱的な愛を抱いているというユダヤ人のメッセージを理解することも想像することもできなかったのですが。

全体を見てウィルソンが明らかに矛盾しているのはどんなところでしょうか。それは、とにかくパウロをヘレニストにしようとしながら、ギリシア思想よりも、明らかにユダヤ的思想をパウロにとどめている点です。そのユダヤ的思想とは、私たちが解釈したような終末論です。この終末論が、一般で考えられている「世界の終わり」ではないことは、先に述べました。けれども、これを新しい形のヘレニズムの密儀宗教の世界のこととすると辻褄が合わなくなります。このような問題全体に対する非常に優れた解説がありますそれはアルベルト・シュヴァイツァーによるもので、以下の言葉をウィルソンは熟考すべきでしょう。

パウロの思想のすべては終末論に土台を置いているので、ヘレニズムに基づいてパウロを説明しようとする人々は、川のそばにある庭園の水やりをするのに、穴のあいた缶でもって遠くから水を持ってこようとするようなものである。[4]

パウロにとって、十字架と復活は卓越した終末的な出来事でした。いつの日か神がこの宇宙で（ローマ八章、Ⅰコリント一五章）そしてすべての信仰者のうちに（ピリピ一・六）、パウロ自身のうちに始めた御業を完成されることを、パウロは知っていました。また、それらが来たるべき時代（Ⅱテサロニケ二章）の終末的な介入の一部分として、イエスの復活とともに、歴史の中におぼろげに見え始めていることもわかっていました。とりわけ、来たるべき時代は、ナザレのイエスが死を打ち破ったときに夜明けを迎えたことを知っていました。それこそが重要なことだったのです。これを完遂し、またこれと関わるには、たゆまぬ努力と実践が必要であり、苦難や迫害に遭うことさえも求められたのです。とはいえ、すべてのことは喜びをもってなされます。全能であり、すべてを包み込み、すべての勝利者、創造者である契約の神の愛から、キリストにある人々を引き離すものは何一つないからです〔訳注＝ローマ八・三七～三九〕。

◆イエスと神

こうしたことは私たちをキリスト論へと導きます。第四章で見たとおり、パウロのイエス像の中心にあるのは、イエスを含めた一神論の再定義です。ウィルソンは（その他の多くの優秀な学者と同様に）ユダヤ教の一神論から一歩離れて、いわば異教の一つのように、イエスと神を並べようとしました。興味深いことにウィルソンはピリピ人への手紙二章五～一一節と取り組み（一一三～一一五頁）、この「高い」キリスト論〔訳注＝キリストの神性に焦点が当てられるキリスト論〕がどれほど早くに存在していたかに注目します。すなわち、第四福音書〔訳注＝ヨハネの福音書〕よりもはるか以前、またパウロ自身よりも前からあった可能性があるのです。ところがウィルソンは、パウロがこの箇所ではっきりと述べていること、ユダヤ教の一神論が聖書で確かに主張していることの中にイエスを位置づけているという事実を見落としています。その代わりに、こうした箇所を読むと、「自分の神性を封印して地上を歩いた」ディオニュソスのような姿を思い浮かべる、とウィルソンは主張します。そしてその姿が「人々の実際の記憶、あるいは民間伝承のガリラヤの説教者に取って代わった」（一一四頁）と考えています。

ウィルソンは、ピリピ人への手紙二章の詩がかなり初期のものなので、自分自身の説明にまったく満足していないようです。けれどもほかに提示すべき説明もなかったのです。イエスの神性を認めることは、ユダヤ教の軌道を離れて異教世界に入ることである、とウィルソンはずっと示唆しています。ところが第四章で見たとおり、真実はまったく違うのです。パウロがイエスをユダヤ教の一神論の中に位置づけたのは、異教と対峙したときでした。コリント人への手紙第一、八章では異教の儀式と、ピリピ人への手紙二章では異教の帝国と、コロサイ人への手紙一章では異教の支配と権力と対峙しています。これは偶然ではありません。異教と対峙することについて、パウロが自分で何をしているのか理解できていないということなどあり得ません。確かにそれには危険が伴いました。聴衆の中には誤解する者がいるかもしれないとパウロは気づいていたに違いありません。（アテネでのときのように）外国の神々（「イエスとアナスタシス」〔使徒一七・一八〕、「アナスタシス」とは、ギリシア語で「復活」を意味する言葉）を伝えていると考える人がいるかもしれない、と。（ちなみに使徒の働き一七章は、アテネ人の中に、パウロが二人の神的存在、男神と女神について語っていると誤解した人がいるという可能性を残しています）〔訳注＝ギリシア語イエスースは男性名詞、アナスタシスは女性名詞なので。イエスという男神、アナスタシスという女神と受け取られるということ〕。そのようなリスクを負わなければならないとパウロは主張したのかもしれません。イエスの復活という事実は、漠然とした神秘体験ではなく、ユダヤ人の聖書によって理解するときに、彼に他の選択の余地を与えませんでした。ユダヤ人のメシアであるイエスは現実であり、異教の偶像はすべてそのパロディなのです。ユダヤ人のメシア、イエスにあって、イスラエルの神は人格的に、直接知られるようになりました。このイエスは、イスラエルの歴史、伝統、預言、苦難、希望すべてが指し示した現実なのです。

◆歪んだイメージ

ウィルソンは非常に博学で緻密に再構築を行っていますが、そのパウロ像はいくつかの点で間違っています。歴史の面では、ウィルソンはパウロの背景、回心、宗教思想の展開について一つの仮説を提示します。宗教思想の展開についての主張にはそれ自体説得力がなく、身近にある他の説明を蔑ろにしています。神学の面では、中心と言えるもの（イエスについての出来事、とりわけその死と復活、そしてイスラエルの神の啓示、イエスご自身にある「神の義」）が欠落したパウロの思想を再構築します。そのため、苦しい想像力と思弁的な空想に満ちた仮説でギャップを埋めています。釈義の面では、いくつかのパウロ書簡、とりわけピリピ人への手紙に興味深い考察を加えていますが、それらの手紙には当然大きな愛着を持っているようです（二一七～二二一頁）。しかし、真のテストケースとなるローマ人への手紙になると、ウィルソンが敬意を抱いていることは明らかですが（一九二～一九八頁）、その神秘に踏み込むことはしていません。けれども、これは驚くべきことではありません。なぜなら、歴史的に神学的に議論を構築するにあたり、開くべき扉に合う正しい鍵を探そうとしなかったからです。パウロはイスラエルの神との契約の約束と格闘し、ユダヤ人のメシアであるイエスの死と復活にあってその約束が成就したと信じて、その扉を開いたのです。

歴史、神学、釈義について見ました。それでは適用についてはどうでしょうか。ウィルソンはパウロのことを好きなのか嫌いなのか、パウロを私たちに推薦しているのか、警戒するよう呼びかけているのか、はっきりしたことがまったくわかりません。彼はパウロに（かなりの条件付きで）賛成しているのでしょうか。それとも（かなり譲歩しながらも）反対しているのでしょうか。イエスのメッセージを壊してしまったとパウロを非難しているのでしょうか。それとも、そのメッセージを広く聴衆に受け入れられるようにしたと称賛しているのでしょうか。キリスト教を一つの「宗教」にしてしまったとパウロを非難しているのでしょうか。それとも、ユダヤ教と後代のキリスト教という「宗教」と対立しているとパウロを称賛しているのでしょうか。こき下ろしながら褒めているのでしょうか。褒めながらこき下ろしているのでしょうか。所詮、パウロは混乱し、自己矛盾に陥っている人物だったのでしょうか。ウィルソンはキリスト教を、この世界の文化を形づくった素晴らしい芸術品として評価しながら、実践的な教えとしては、とても今日受け入れられるものではないと拒否しているようです。彼は英国国教会の教義を特に蔑み、数年前に国教会から離れています。その教義はパウロにとって「きわめて不条理なものだ。パウロを絶望感で満たしてしまう、『キリスト教』の中でも他にないほどばかげたものだ」（一九五頁以下）と、ウィルソンは述べています。

それにしても、どうしてもわからない疑問が残ります。ウィルソンは、パウロが錯乱し、自己矛盾に陥り、無意味な美辞麗句を並べ、大言壮語をする人物であるとおおかた考えています。「この霊的なトード氏（訳注＝ディズニーのアニメ映画『イカボードとトード氏』に登場するカエルのキャラクター）は自分の大きなドラムを出してきて、自分にとって価値があるもののために、叩いたり打ったりするのだ」（二一七頁）。この文章はピリピ人への手紙三章四〜六節における議論の展開の目的をまったく無視したものです。しかし、こうしたことにもかかわらず、ウィルソンはパウロをきわめて高く評価していす。パウロは何度も一つの声、はっきりとした召しの声を聞いているようだ、と言います。その声は、外部からの騒音でかき消されるものではない。それは愛という声である。神の愛は、イエス・キリストにあってすべての人に無償で与えられ、地の果てにまで届けられた。どんな背景の人であっても受け入れられ、また人の人生により深みを与え、より豊かに変えるものだ、と。この点ではウィルソンは、イエスとパウロが声をそろえて語っていることを認めています（二一九頁）。

ウィルソンは正しくこの声を聞いています。そしてこの点でパウロが哲学者以上の人物であることを正しく理解しています（二二一頁）。けれども、パウロが「歴史上、最初のロマンティックな詩人である」と主張して、「多くの」制限を加えてしまっています。ロマンティックな詩がウィルソンにとって、創造者である神の愛の窓となっているのなら、それも認めましょう。ウィルソンは、たくさんの誤解をしながらも、イエスのことを書いたその著作の中で、真理の重要な要素をいくつか認め、そこにキラッと輝く光を垣間見ています。もしもその光にしっかりと目を留めているなら、憶測の霧の中から抜け出て、自分がこれまで描いてきたものよりもはるかに満足のいく、完成度の高いパウロ像に行き着くでしょう。それ以外のことがどうして起こるでしょうか。

以上のことは、最大の問題へと私たちを導きます。ウィルソンの著書は、彼が意図したほどには問題解決に寄与していません。その問題とは、パウロとイエスそしてキリスト教の起源の関係です。

イエスからパウロへ——そしてその先へ

この問題はもちろん、パウロをどう見るかではなく、イエスをどう見るかにかかっています。私はこのテーマについて、一番最近の著書である『イエスと神の勝利』（*Jesus and the Victory of God*）の中でずいぶん長く論じました。[5] その本でどこから議論を始めるかを明らかにしました。

私たちが、一世紀のユダヤ教世界の中に、また大きく揺れ動く神学的、政治的運動の中に、その時代特有の期待の中にいるイエスとパウロを見つけるなら（そうしなければ、二人についてほとんど知らないことになります）、両者とも、時間を超えた宗教体系や倫理体系、どのように人が救われるのかについてのメッセージなど教えなかったという事実に直面するに違いありません。二人とも、イスラエルの神が長きにわたる目的を達成するために作られたドラマに出演していると思っていました。つまり、イエスもパウロもユダヤ人の終末論の空気を吸っていたのです。

ですから、「イエスが重要と考えていたこと」と「パウロが重要と考えていたこと」を並べて、互いに戦わせるよう仕向けるべきではないでしょう。イエスは悔い改めと来たるべき王国について語り、一方パウロは信仰義認について語ったと指摘すべきではありません。二人を同じ文脈に置いて、その教えに整合性をつけ、二人がほとんど同じことを教えていたと言うことさえ、的を外すことになります（ついやってしまいがちなことですが）。要は、イエスもパウロも、自分が終末論のドラマの中で特別な役割を果たすために召されたと信じていたのです。真の問題は、その役割とは何だったのか、二人の関係はどのようなものであったのかということです。

私が他のところで論じたように、イエスは、神がイスラエルに対して持っておられた不思議な目的を、定められたクライマックスに到達させるために自分が召された、と信じていたということです。イエスはイスラエルに、長い間待ち望んできた王国が到来したことを告げ知らせました。そのことを彼に従うすべての人々と共に喜んだのです。イエスはその人たちを食事の交わりに迎え入れ、その罪が赦されたと宣言しました。ところがその王国は、イエスの時代の人々が想像した王国とは異なるものでした。イスラエルが持っていた特別な構想《アジェンダ》を認めなかったのです。とりわけ、「熱心さ」に躍起となっている人々は、イスラエルを厳格で排他的な敬虔に追いやり、神、トーラー、約束の地、神殿の要求に絶対的に従い、ローマからの解放戦争に身をささげるように主張しましたが、そのような構想《アジェンダ》を認めませんでした。イエスは、そのようなやり方をしていれば、大きなわざわいが来ると警告しました。そんなわざわいをイスラエルが自らの上に招くとすれば、それはまさにご自分の民に対する神の怒りなのだと警告を発したのです。そうした行為は、罪人が世界の光となるようにとの召しを、世界の裁判官になるようにという召しに取り替えたことを意味します。さばく者たち自身がさばかれるのです。剣を取る者は剣で滅びるのです。神殿を強盗の巣にした者たちは、神殿が破壊され、その石が積まれたまま残ることがなくなったときには、自らその責めを負うのです。

ところが、イエスは傍観者にとどまって、外からこうした出来事について語ったのではありません。その舞台の中心に来たのです。象徴的にではなく、文字どおりイエスはエルサレムに入り、神殿で活動しました。イエスのドラマティックな活動は、自分がメシア、イスラエルの運命を実現するために召されているという信仰を象徴的に表していました。（イエスが活動した前後百年の間に、自分はメシアだと信じる人々が少なくとも十数人はいたことを思い出す必要があります。）　イエスは神殿に対して権威を持っていました。神の家は破壊されても、イエスの正しさは立証されます。けれども、自分の象徴的な行為によって、神殿についてあらかじめ語った運命が自らに降りかかっていました。多くのユダヤ人の殉教者が苦しんだように、イエスも苦しみを受け、異教徒たちに引き渡され、殺されることになります。けれども自分の召しを意識して、イエスはもう一つの大いなる象徴を成立させました。それは新しい出エジプト、大いなる解放で、自分の弟子たちとともにとった最後の過越の食事と符号します。イエスは自らに、来たるべき地殻変動をもたらし、道を切り開きました。それによって、世界に入り込んでいた悪が打ち破られ、イスラエルが解放され、全世界に対するイスラエルの神の救いの目的が実現するのです。

この道を歩みながら、イエスはメシアとしての召し以上の強い召しを意識していました。イスラエルの大いなる希望は、イスラエルの神ヤハウェご自身が帰還し、さばき主、贖い主としてシオンに来られることでした。エルサレムに向かう最後の大いなる旅の中で、神殿での行動や二階座敷において、イエスは神の帰還をドラマティックに象徴的に体現しました。それはまるで、イスラエルの聖書〔訳注＝旧約聖書〕の中でヤハウェが行うと言われたことを、イエスが行い、具現化しているようです。これ以上、力強い主張はありません。途方もない主張のようですが、イエスの思想と行動すべてと深く結びついている一世紀ユダヤ教世界の文脈の中でのみ生まれ、意味をなす主張だからです。イスラエルと世界の希望と恐れがただ一度一つになったことを信じて、イエスは死に向かって行きました。これこそが大いなる出来事、イスラエルの歴史のクライマックスであり、贖いと新しい出エジプトでした。このようにして王国は到来したのです。

当時のユダヤ人の殉教者たちと同様、イエスも、神の御心に従って死ねば、死者の中から復活することによって正しい者と認められると固く信じていました。けれども、ほかの殉教者たちと違って、イエスは、自分の行っていることが特別でクライマックスなのであり、イスラエルの救いにとって一回限りのこと、すなわち自分の復活が遅くなることなく到来すると信じていたようです。イエスは「三日目に」復活します。イエスが信じていた他のことと同じように、これは驚くべきことですが、一世紀のユダヤ人の世界観の中では完全に筋が通っていることなのです。神が常に約束してきたことをその民に対して成し遂げるために自分たちを召しておられるという世界観です。

こうしたことから明らかなように、もしもパウロがイエスの教えたことをただそのまま繰り返していたのなら、それこそイエスのたとえ話を繰り返し、御国の開始とそのことを同じように語っていたとしたら、パウロは忠実な弟子としてイエスを伝えていないことになるでしょう。パウロはイエスを否定したことになるでしょう。メシアと思われるる人物が行うことを真似る人は、自分自身メシアになろうとすることなのです。つまり、初めの主張を否定することなのです。ユダヤ人の終末論の文脈における配列を見るときに、忠実な「イエス・キリストのしもべ」〔訳注＝ローマ一・一、ピリピ一・一など〕であると述べているパウロが、同胞のユダヤ人にイエスが語った独特で一度限りの御国の告知を繰り返すことはない、と結論せざるを得ません。私たちが探し求めているのは、イエスとパウロの抽象化されたメッセージの間にある並列性ではありません。終末のタイムテーブルの中で異なった時を生きており、そのことを意識する二種類の人々の間にある一貫する連続性なのです。

イエスは、イスラエルの歴史をクライマックスに導くことが自分の召しであると信じていました。パウロは、イエスがその目的を果たしたことを信じていました。その信仰のゆえに、また自分自身の特別な召しの一つとして、パウロは、イスラエルの歴史がイエスによってクライマックスに到達したことを全世界に告げ知らせました。パウロが異邦人世界に「福音」を告げ知らせたとき、自覚しながら、慎重にイエスが成し遂げたことを実践しようとしたのです。パウロ自身が述べているように、すでに据えられている土台のほかに、他のものを据えることはできません（Iコリント三・一一）。つまり、パウロは「別の宗教を据えていた」のではないのです。パウロは新しい倫理システムを築いていたのでもありません。また時代を超える救いのプログラム、実在した人物であるナザレのイエスからかけ離れた、新たな密儀宗教を作ったのでもありません。世界に対して、正当な権威を有する主、ユダヤ人のメシアに忠誠を誓うように呼びかけたのです。この方は、常にそのようにあるべき姿でユダヤ人のメシアとして、今や高く上げられています。神話的な「主」に焦点を当てる新たな密儀宗教など、ギリシア・ローマ世界ではだれも脅威を感じなかったでしょう。けれども、カエサルの主張に対峙する「イエスという別の王」（使徒一七・七）こそ、脅威を与えるものだったのです。

　こうしたことは、そのメッセージやその告知がイエスにとってもパウロにとっても単なる「宗教」の問題ではなかったことを、私たちに思い起こさせます。ポスト啓蒙主義という箱に、現実の生活と宗教は無関係であるとする人々、あるいは現実生活の荒廃から宗教を守ろうとする人々によって、「宗教」が組み入れられました。けれどもその箱は、創造者であるイスラエルの神が権力を持って支配していると信じる一世紀のユダヤ人の世界観とは何の関係もないのです。イエスは「新しい宗教」を告げ知らせていたのではありません。パウロも同様です。そして、現実の生活と宗教は無関係であるとする人々、また現実生活の荒廃から宗教を守ろうとする人々が「宗教」の問題としたことも、ユダヤ教が期待したものではありませんでした。（それらの人々が、私の述べていることを真逆なものに変えないよう警戒しなければなりません。）もちろん、イエスの宣言とパウロの福音宣教は人々にチャレンジを与え、呼び集め、警鐘を鳴らすものでした。それは人間の深奥部にまで入って、心の奥にまで届き、他のメッセージが届かない部分を目覚めさせました。イエスとパウロの告げ知らせたことはそのようなものをもたらしましたが、それは、現実生活から切り離された「宗教」について語ったものではなかったからです。イスラエルの主張、イエスのメッセージ、パウロの宣教は常に人々に、人としての真の道を示し、そこへと招き、呼び集め、それを発見する力を与えました。真の道とは、人生のあらゆる局面において、全存在をかけて、神のイメージを反映することです。もしもそれが「宗教」と呼ぶものならば、それはそれでよいでしょう。イエスとパウロは、それこそが人としての、そして神の子どもとしての「まことのいのち」であると考えたのです。

こうしたことが語られ行われるとき、イエスの行動とメッセージ、そしてパウロの構想《アジェンダ》とその手紙に向き合うのが比較的容易になります。そしてイエスとパウロは逐一一致しているわけではありませんが、二者には一貫性があり、適切な相関関係があって、それぞれのまったく異なる視点を認め合う統一性があるのです。イエスはイスラエルの歴史にクライマックスをもたらしました。パウロはそのクライマックスの光の中で生きていました。イエスは一つの使命に焦点を絞り込みました。パウロはその使命が見事に達成されたことを喜びながら、多種多様な方法と状況からその実を見いだしたのです。イエスは、自分がヤハウェのさばきと救いのみわざを具現化していると暗示しながら、行動し語るという危険な道を進むべきだと考えました。パウロは、イエスがユダヤ教一神論の神を具現化した方であると主張しながら、手紙を書いたのです。

もしもイエスとパウロの問題を細部まで扱おうとするなら、注意深く研究しなければならない分野が何十か所も出てきます。今の時点で、そういった問題に入っていく必要はないでしょう。それらについては、最近、デイヴィッド・ウェンハムが『パウロ――イエスの追従者かキリスト教の創設者か』〔*Paul: Follower of Jesus or Founder of Christianity*〕

という著書の中で非常に適切に取り上げています。[6] その本と同じことをここでもう一度詳しく論じても、退屈なだけでしょう。実のところ、一般的な印象とは異なって、パウロ書簡にはイエスの言葉が、非常に多く反映されています。けれどもパウロは独創性がなく、ただイエスの教えを繰り返したのではなく、彼の聞いた豊かな資料を誠実に再考し、イエスとは異なる文脈の中で新たな形でこれを用いたのです。イエスとパウロを神学的なシーソーの両端に配置して、バランスを取ろうとすることよりも、両者をとらえた真理をとらえることが大切です。その当時、この二人の働きを通して——イエスが焦点で、パウロがそれを指し示す側ですが——生けるまことの唯一の神がイスラエルと世界を解放し、愛という神の国を樹立するために、最高の形で決定的に働かれました。その神の国の到来を通してこの世界は、長きにわたる罪と死の冬の時代から引き出され、来たるべき時代の結実を味わえるようになったのです。

もちろんパウロは、自分が始まったばかりの春の時代に生きていると思っていました。まだ氷と雪がほとんど残っていますが、それも溶けようとしています。二千年後の世界を見て、(北半球の用語で言えば) 三月から先に進んでいないと言う人がいるかもしれません。ある場所は真の日差しを感じ、冬が本当に終わったことを示す花や開花する姿を見ているでしょう。ある場所は氷に覆われたままでしょう。またある場所では、早い開花を経験しながら、再び雪に覆われているでしょう。新しい時代の特徴は、自然の四季のようなタイムテーブルに従っているように見えない点です。けれども被造物は最終的に、生と死、滅びの束縛のタイムテーブルから解き放たれるのです。大いなる希望について述べているその同じ箇所でパウロが主張するように、このことが実現するのは、証し、聖《ホーリネス》、苦難、祈り、そして神によって「御霊の初穂」をすでにいただいている人々が復活する時を通してです（ローマ八・一八〜二七）。大いなる希望について記した別の箇所でパウロが「堅く立って、動かされることなく、いつも主のわざに励みなさい。あなたがたは自分たちの労苦が、主にあってむだでないことを知っているのですから」と述べているとおりです（Iコリント一五・五八）。パウロもよく知っていたように、これこそ、苦難の中であっても喜びの中であっても、カルバリとイースターの勝利と、神がすべてのすべてとなられる日との間を生きる人々にふさわしい姿勢であり生き方なのです。

注

1　A. N. Wilson, *Paul: The Mind of the Apostle*, 1997. 以下に続くページ数は、同書からのものです。

2　A. J. M. Wedderburn, *Baptism and Resurrection: Studies in Pauline Theology against its Graeco-Roman Background*, 1987.

3　N. T. Wright, *The Climax of the Covenant*, 1991, chapter 7.

4　Albert Schweitzer, *The Mysticism of Paul the Apostle*, 1968, p. 140.〔邦訳は、武藤一雄、岸田晩節訳『使徒パウロの神秘主義』（上巻）〕

5　N. T. Wright, *Jesus and the Victory of God*, 1996.

6　David Wenham, *Paul: Follower of Jesus or Founder of Christianity*, 1995.

参考文献（解説付き）

この参考文献にはパウロ書簡の注解書は含まれておらず、パウロとパウロ書簡、神学に関するものが掲載されています。注解書まで含めてしまうと、かなり大きなリストになってしまうからです。パウロ研究を含め、聖書学におけるほぼすべての分野を網羅する重要な著作は、六巻ものD・N・フリードマン編集による『アンカー・バイブル・ディクショナリー』（ダブルデイ、一九九二年）です。もちろん、数百にのぼるパウロ研究の論文がありますし、その中のいくつかはとても重要なものです。とはいえ、とにかく始めることにしましょう。

まったくの初心者や、この主題について読みやすいものを探している人には、＊印を付けたものがよいと思います。

Beker, J. Christiaan, *Paul the Apostle: The Triumph of God in Life and Thought*, Fortress, 1980.

この本は長くて、いくぶんまとまりがありませんが、力作であることには間違いありません。ケーゼマンのパウロ神学のアメリカ版と言えます。

＊ Beker, J. Christiaan, *Paul's Apocalyptic Gospel: The Coming Triumph of God*, Fortress, 1982.
先の本よりも短く、より一般向けの内容です。ベーカーは、パウロ神学の根底には、やがて到来する、世界への神の勝利の黙示的出来事があると論じています。

Boyarin, Daniel, *A Radical Jew: Paul and the Politics of Identity*, University of California Press, 1994.
ポストモダンに基づいたパウロ解釈の傑作です。ボヤリンはユダヤ教のラビ、タルムードの学者でありながら、その研究の中でパウロ研究に入ってきました。ラディカルかつポスト・フロイト派に基づいたパウロの再解釈を行い、現代のシオニズム運動、フェミニズムなど魅力的な主題を論じています。

＊ Bruce, F. F., *Paul: Apostle of the Heart Set Free*, Eerdmans, 1977.
パウロ伝の最高傑作です。とてもきちんと整理されていて、知りたい詳細の情報を得

ることができます。またこれまで考えてこなかったようなことも考えさせてくれます。唯一の弱点は、ややありきたりで、神学的な深みに欠けるところです。

Bultmann, Rudolf, *Theology of the New Testament*, translated by K. Grobel, 2 volumes, Scribner's, 1951-1955.（邦訳、ルドルフ・ブルトマン『新約聖書神学』〔『ブルトマン著作集三～五』〕川端純四郎訳、新教出版社、一九九四年）

いまだに大きな影響力を持つ作品です。

Dahl, N. A., *The Crucified Messiah and Other Essays*, Augsburg, 1974.

Dahl, N. A., *Studies in Paul: Theology for the Early Christian Mission*, Augsburg, 1977.

ダールによるこの二つの論集は、非常に創造性があり、独創的で刺激的な内容です。パウロ研究の主要な学派と対話しながらも、「独自性」を貫いています。

Davies, W. D., *Paul and Rabbinic Judaism*, 4th edition, Fortress, 1980〔1948〕.

デイヴィスによる代表作の第四版になりますが、第二次世界大戦後のパウロ研究の方向性を変えた書です。

＊ *Dictionary of Paul and His Letters*, edited by Gerald F. Hawthorne, Ralph P. martin, and Daniel G. Reid, InterVarsity Press 1993.

最近の主要な参考書。批評的でありながら保守的な内容です。

Dunn, James D. G., *Christology in the Making: A New Testament Inquiry into the Origins of the Doctrine of the Incarnation*, 2nd edition (1989), Eerdmans, 1996.

ダンによる有名なキリスト論の著作。ここではパウロが中心的な役割を占めています。現段階ではダンの結論はあまり受け入れられていません。

Dunn, James, D. G., *Jesus, Paul and the Law: Studies in Mark and Galatians*, Westminster/ John Knox, 1990.

最近の学術的な議論に欠かせない論文が含まれている論文集です。

Fee, Gordon D., *God's Empowering Presence: The Holy Spirit in the Letters of Paul*, Hendrickson, 1994.

九〇〇頁以上の大作。パウロが聖霊について言及している箇所をすべて網羅しています。宝庫と言ってよいと思います。

Gaston, Lloyd, *Paul and the Torah*, University of British Columbia Press, 1987.

ガストンは、気持ちの良いくらい独自な路線を進む学者です。パウロがユダヤ教にまったく反対しなかったと論じています。彼に追従する人があまりいないことが示しているように、その議論には説得力がありません。それでも卓越した創造性があります。

Gospel in Paul: Studies on Corinthians, Galatians, and Romans for Richard N. Longenecker, edited by L. Ann Jervis and Peter Richardson, Journal for the Study of the New Testament Supplement Series, Sheffield Academic Press, 1994, no. 108.

代表的なパウロ研究者による最新の論集です。

Hays, R. B., *The Faith of Jesus Christ: An Investigation of the Narrative Substructure of Galatians 3:1-4:11*, S. B. L. Dissertation Series, Scholars Press, 1983.（邦訳、リチャード・ヘイズ、『イエス・キリストの信仰　ガラテヤ三章一節～四章一一節の物語下部構造』河野克也訳、新教出版社、

二〇一五年）
Hays, R. B., *Echoes of Scripture in the Letters of Paul*, Yale University Press, 1989.
ヘイズはパウロ研究をリードする学者の一人。彼の二冊目の本は、欧米で広く影響を及ぼしています。パウロを研究する学者たちが気づかず、また忘れてしまっていた点、ユダヤ人の聖書〔訳注＝旧約聖書〕がパウロ書簡にどのように反響しているかに目を向けています。

Hengel, Martin, *The Pre-Christian Paul*, in collaboration with Roland Dienes, translated by John Bowden, Trinity Press International, 1991.1（邦訳、マルティン・ヘンゲル、『サウロ――キリスト教回心以前のパウロ』梅本直人訳、日本キリスト教団出版局、二〇一一年）
今日、おそらく世界を代表する新約聖書学者と知られるヘンゲルが、回心に至るまでのパウロのユダヤ人としての成長過程を明らかにしています。非常に重要な研究書です。
〔訳注＝ヘンゲルは二〇〇九年に死去〕

＊Hooker, Morna D., *Pauline Pieces*, Epworth Press, 1979.
とても役に立ち、明快で読みやすいパウロの緒論。フッカーは英国の代表的な学者の

一人です。

Hokker, Morna D., *From Adam to Christ: Essays on Paul*, Cambridge University Press, 1990.
学的でありながら、明快で非常に興味深い論文集です。

Käsemann, Ernst, *New Testament Questions of Today*, Fortress, 1969.

Käsemann, Ernst, *Perspectives on Paul*, translated by Margaret Kohl, Fortress, 1971〔1969〕.（邦訳、E・ケーゼマン、『パウロ神学の核心』佐竹明、梅本直人訳、ヨルダン社、一九八〇年）

Käsemann, Ernst, *Commentary on Romans*, Eerdmans, 1980〔1973〕.（邦訳、E・ケーゼマン、『ローマ人への手紙』岩本修一訳、日本キリスト教団出版局、一九八〇年）

ケーゼマンは、ドイツのパウロ研究でブルトマンの次の世代を担った人です。もちろん、サンダース以前のものですが、まったく色あせない価値のある本です。けれどもそのほとんどは決して読みやすいものではありません。『ローマ人への手紙』は非常に素晴らしい著作です。

Kim, Seyoon, *The Origin of Paul's Gospel*, Wissenchaftliche Untersuchungen zum neuen Testament

2, 2nd edition, J. C. B. Mohr（Paul Siebeck）, 1984.
キムは非常に詳細に、ところどころかなり専門的に、パウロの回心について独特の解釈を施しています。その回心が、その後に展開したパウロ神学の原点であると論じます。

Maccoby, Hyam, *The Mythmaker: Paul and the Invention of Christianity*, Harper and Row, 1986.

Maccoby, Hyam, *Paul and Hellenism*, Trinity Press International, 1991.
マコビーは、パウロが一貫してヘレニズム思想を持っていたと考えました。パウロはイエスの純粋なユダヤ人宗教を堕落させ、実際、異教のシステムに変え、それが反ユダヤ主義の端緒になったと論じています。ほとんどの研究者はマコビーに同意していませんが、この見解はそれなりの影響を与えています。

Malherbe, Abraham J., *Paul and the Popular Philosophers*, Fortress, 1989.
マレルブは、一世紀における哲学思想に関する研究分野のアメリカでの第一人者。本書は、一世紀当時の哲学思想とパウロの類似点と相違点に目を開いてくれます。

McGrath, Alister E., *Iustitia Dei. A History of the Christian Doctrine of Justification*, 2 volumes,

Cambridge University Press, 1986.
義認についての教理がすべて書かれていますが、詳細な聖書的な裏づけは記されていません。マクグラスが認めているように、それらは聖書的でない可能性もあります。

Meeks, Wayne A., *The First Urban Christians: The Social World of the Apostle Paul*, Yale University Press, 1983.（邦訳、ウェイン・ミークス、『古代都市のキリスト教　パウロ伝道圏の社会学的研究』加山久雄監訳、布川悦子、挽地茂男訳、ヨルダン社、一九八九年）
パウロとその教会を一世紀の社会的文脈の中で考える非常に重要な研究書です。

Neill, Stephen（スティーヴン・ニール）については Wright, N. T.（N・T・ライト）の文献を参照してください。

Räisänen, Heikki, *Paul and the Law*, Fortress, 1986a〔1983〕.

Räisänen, Heikki, *The Torah and Christ: Essays in German and English on the Problem of the Law in Early Christianity*, suomen Eksegeettisen Seuran Julkaisuja, Finnish Exegetical Society, 1986b.
レイセネンの見解（パウロは律法についてまったく一貫性がないとの主張）は、辛辣

岸田晩節訳、白水社、一九五八年）
巨匠の手による名著。今でもその価値は失せることがありません。シュヴァイツァーは、他のだれよりも先に、問題提起をし、創造的な解決を試みています。

Segal, Alan F., *Paul the Convert: the Apostolate and Apostasy of Saul the Pharisee*, Yale University Press, 1990.
マコビーよりもはるかに興味深いユダヤ人によるパウロ研究です。シーガルはパウロに共感的でありながら、その見解はバランスを欠いています。

Stendahl, K., *Paul Among Jews and Gentiles*, Fortress, 1976.
ステンダールによる独創性に富んだ小論「使徒パウロと西洋の自己内省的良心」を収録。サンダースより少し前に、伝統的なパウロ解釈の問題点を指摘して、警鐘を鳴らしています。そのほかにも興味深い資料が掲載されています。明快な内容で、一般の読者にとっても読みやすいものです。

Theissen, Gerd, *The Social Setting of Pauline Christianity: Essays on Corinth*, Fortress, 1982.

ミークスのように（必ずしもそのように明快にではありませんが）、タイセンはパウロと彼の教会を社会学的文脈で解釈しようとしています。

Theissen, Gerd, *Psychological Aspects of Pauline Theology*, translated by John P. Galvin, Fortress, 1987〔1983〕.（邦訳、ゲルト・タイセン、『パウロ神学の心理学的側面』渡辺康麿訳、教文館、一九九〇年）

必ずしも十分に説得力があるわけではありませんが、力作であることは間違いありません。パウロを心理学的に理解しようという興味深い試みがなされています。洗練されているとは言えませんが、独創的な解釈も施されています。

Thielman, Frank, *From Plight to Solution: A Jewish Framework for Understanding Paul's View of the Law in Galatians and Romans*, Supplements to Novum Testamentum, E. J. Brill, 1989.

Thielman, Frank, *Paul and the Law*, InterVarsity Press, 1995.

次の世代を担う若手パウロ研究者の第一人者。明快で、鋭い分析がなされています。もちろんこの見解に同意できない人もいると思います。

＊ Wenham, David, *Paul: Follower of Jesus or Founder of Christianity?* Eerdmans, 1995.
イエスとパウロの関係を扱った最新の名著です。

＊ Westerholm, Stephen, *Israel's Law and the Church's Faith: Paul and His Recent Interpreters*, Eerdmans, 1988.
現代のパウロ研究の卓越した入門書。パウロと律法について、サンダースでない立場から緻密で妥当な議論がなされています。

Wilson, A. N., *Paul: The Mind of the Apostle*, Norton, 1997.
パウロの働きを、いくつかの示唆に富んだ発想をもって、歴史的、文化的側面から興味深く、生き生きと描いています。神学的にはまったく駄目。というのは、パウロにとってイエスの復活がどれほど重要であるかを無視し、十字架は心理学的な強迫観念とミトラ教を起源とするものが混じり合っているとされているからです。

Witherington, Ben, III, *Jesus, Paul and the End of the World: A Comparative Study in New Testament Eschatology*, InterVarsity Press, 1992.

Witherington, Ben, III, *Paul's Narrative Thought World: The Tapestry of Tragedy and Triumph*, Westminster/ John Knox, 1994.

パウロを扱う内容の充実した、しかも読みやすい二冊。二冊とも私たちの思索にさまざまな材料を与えてくれる。いくつかの題材は、さまざまな方向に飛び散っている。

Wright, N. T., *The Epistle of Paul to the Colossians and to Philemon*, Tyndale Commentaries, Eerdmans, 1986.（邦訳、N・T・ライト、『コロサイ人への手紙、ピレモンへの手紙』〔ティンデル聖書注解〕岩上真歩子訳、いのちのことば社、二〇〇八年）

短くて手頃な注解書です。コロサイ人への手紙一章一五～二〇節の重要な詩についても詳しく論じています。

Wright, N. T. (with Stephen Neill), *The Interpretation of the New Testament, 1861-1986*, Oxford University Press, 1988.

シュヴァイツァーから一九八〇年代までのパウロ研究の特色がこの中で論じられています（四〇三～四三〇頁）。

Wright, N. T., *The Climax of the Covenant: Christ and the Law in Pauline Theology*, Fortress, 1991.
パウロのキリスト論と律法理解の釈義論文を収録。専門的な議論とギリシア語が豊富。議論の盛んなローマ人への手紙九～一一章を取り上げている章が非常に役立つ、と学生たちが伝えています。

Wright, N. T., *The New Testament and the People of God*, Fortress, 1992.（邦訳、N・T・ライト、『新約聖書と神の民　上』山口希生訳、新教出版社、二〇一五年。下巻は現在出版準備中）
初期キリスト教研究の基礎を提示していますが、ここにパウロも含まれています。特にパウロに関しては、パリサイ派や第二神殿期ユダヤ教のさまざまな側面を議論しています（原書、一八一～二〇三頁）。

Wright, N. T., '"That we might become the righteousness of God": Reflections on 2 Corinthians 5:21', in *Pauline Theology*, edited by D. M. Hay, Fortress, 1993, volume II, 200-208.
「神の義」について鍵となる聖句を議論分析したものです。

Wright, N. T., 'Gospel and Theology in Galatians', in *Gospel in Paul: Studies on Corinthians,*

Galatians and Romans for Richard N. Longenecker, edited by L. Ann Jervis and Peter Richardson, Journal for the Study of the New Testament, Supplement Series, Sheffield Academic Press, 1994, no. 108, 222-239.
パウロにとって「福音」とは何かを解説します。

Wright, N. T., 'Romans and Pauline theology'. in *Pauline Theology*, edited by David M. Hay and E. Elizabeth Johnson, Fortress, 1995, volume III, 30-67.
ローマ人への手紙がどんな動機で書かれ、神学的に何を語っているのか、この手紙はどのような役割を果たしているのかを述べます。

Wright, N. T., *Jesus and the Victory of God*, Fortress, 1996.
パウロに直接言及してはいませんが、パウロがイエスを誤解していたのかという問いと関わっています。

Wright, N. T., 'Paul, Arabia and Elijah（Galatians 1:17）', in *Journal of Biblical Literature*, 1996, volume 115, pages 683-692.

Wright, N. T., "The Law in Romans 2", in *Paul and the Mosaic Law*, edited by J. D. G. Dunn, J. C. B. Mohr（Paul Siebeck）1996, 131-150.

＊ Ziesler, John A., *Pauline Christianity*（revised edition）, The Oxford Bible Series, Oxford University Press, 1990〔1983〕.（邦訳、J・ジースラー、『パウロの福音理解』〔オックスフォード聖書概説シリーズ〕森田武夫訳、ヨルダン社、一九八七年）

短いけれども、パウロの思想についてすばらしい洞察がなされています。読みやすく、内容も明快。

訳者あとがき

N・T・ライトは、著名な新約聖書学者であり、現在は英国セント・アンドリュース大学の新約聖書・初期キリスト教学の教授です。英国モーペス出身で、幼少期に明確な回心経験をしています。後に教会に仕えるように召しを受け、オックスフォード大学に進み、国教会聖職者となるためにウィクリフホールで学びます。そして一九七五年、国教会の按手を受け、一九七六年には司祭に任じられます。一九八一年には、オックスフォード大学で博士号（新約聖書学・パウロ研究）を取得し、その後、カナダのマギル大学や、英国オックスフォード大学で教鞭をとります。一九九四年からリックフィールド大聖堂、二〇〇〇年からウェストミンスター大寺院、二〇〇三年からダラム大聖堂で主教として奉仕しています。

このような経歴からわかることは、ライトが優れた新約聖書学者であると同時に、ひとりの敬虔なキリスト者であり、教会に仕える聖職者であるということです。彼は枚挙に暇がない学術論文を著し、新約聖書学の専門書を出版し続けています。それだけでなく、一般の読者にも読みやすい注解書やキリスト教書籍も著し続けています。これは、卓越した新約聖書学者であると同時に、牧会者としていつも教会と社会の課題と向き合っているライトだからこその業績であり、その意味では私たちにとって稀有の存在であると言えるでしょう。

本書は専門書ではなく、一般のクリスチャン読者を念頭に置いて書かれています。本書でライトは、パウロ書簡のテキストにしっかりと土台を置きながら、「パウロ」と「パウロが伝えた福音」を、旧約聖書との連続性、第二神殿期ユダヤ教、ギリシア・ローマ世界の異教文化というコンテキストの中で解説しています。原著が出版されたのは一九九七年です。二十世紀末を意識した文章も散見されます。学術的には当時の最先端を反映していますが、今から見れば古くなっている側面は否めません。それでも、本書を邦訳する必要性と価値は非常に高いと私は確信しています。とりわけ、N・T・ライトの著作が邦訳出版され始めた日本のキリスト教界では、本書はライトによる「パウロ神学入門」として位置づけられるのではないかと思います。また本年開催された第六回日本伝道会議の神学部門でも一つの主題として取り上げられた義認論についても詳細に解説しているので、ライトの義認理解を整理するうえでも役に立つと思います。

ライト自身が前書きで述べているように、第九章が本書の結びとなるはずでした。ところが、原著が出版される直前にA・N・ウィルソンによる *Paul: the Mind of the Apostle* が出版され、欧米で話題となったことを受けて、ライトは急遽、ウィルソンへの応答を書き加えたのです。ウィルソン自身は伝記作家であり、パウロ研究者ではありません。日本ではもちろん、その名前はほとんど知られていません。ですから第十章は、アペンディクス（付録）として読んでいただければと思います。ウィルソンの著作を知らなくても、ライトはイエスの福音とパウロの福音の連続性について、非常に優れた考察をしているので、その主題に関心のある人にとってはたいへん読みごたえがある章となっています。

本書の原題は *What Saint Paul Really Said* です。直訳すれば「聖パウロが本当に語ったこと」となるでしょうか。ライトはもちろんある意図をもって「聖パウロ」と表記したのですが、日本のプロテスタント教会における「聖パウロ」のイメージとライトが意図する「聖パウロ」にはギャップがあるように感じ、あえて『使徒パウロは何を語ったのか』というタイトルにしました。

私が原著を初めて手にしたのは、一九九八年（原著が出版された翌年）、博士課程の学生としてマンチェスター大学での学びを始めたばかりのときでした。大学の近くにあ

著者

N・T・ライト

英国セント・アンドリュース大学神学部教授。

専門は新約聖書学と初期キリスト教学。史的イエス研究、パウロ研究について多くの論文、専門書を執筆、出版している。また、英国国教会の教職者でもあり、一般向けのキリスト教書籍も多数執筆している。

邦訳には『コロサイ人への手紙、ピレモンへの手紙』〔ティンデル聖書注解〕(いのちのことば社)、『クリスチャンであるとは』(あめんどう)などがある。

訳者

岩上敬人（いわがみ・たかひと）

イムマヌエル武蔵村山キリスト教会牧師。

イムマヌエル聖宣神学院、東京基督教大学、東京聖書学院、お茶の水聖書学院などで教鞭をとっている。英国マンチェスター大学神学部博士課程修了。専門は新約聖書学・パウロ研究。

著書には『パウロの生涯と聖化の神学』(日本聖化協力会出版委員会)、『パウロ――ギリシア・ローマ世界に生きた使徒』(いのちのことば社)などがある。

使徒パウロは何を語ったのか

2017年4月1日　発行
2018年3月20日　再刷

著　者　N・T・ライト
訳　者　岩上敬人
印刷製本　モリモト印刷株式会社
発　行　いのちのことば社
〒164-0001 東京都中野区中野2-1-5
電話 03-5341-6922（編集）
03-5341-6920（営業）
FAX03-5341-6921
e-mail:support@wlpm.or.jp
http://www.wlpm.or.jp/

ISBN 978-4-264-03624-1